形象心理试论

俞汝捷 著

中国盲文出版社

图书在版编目（CIP）数据

形象心理试论：大字版 / 俞汝捷著. —北京：中国盲文出版社，2018.12

ISBN 978－7－5002－8707－0

Ⅰ. ①形… Ⅱ. ①俞… Ⅲ. ①人物描写—小说研究 Ⅳ. ①I106.4

中国版本图书馆 CIP 数据核字（2018）第 259267 号

形象心理试论

著　　者：俞汝捷
责任编辑：黄巧莉
出版发行：中国盲文出版社
社　　址：北京市西城区太平街甲 6 号
邮政编码：100050
印　　刷：北京新华印刷有限公司
经　　销：新华书店
开　　本：787×1092　1/16
字　　数：201 千字
印　　张：16
版　　次：2018 年 12 月第 1 版　2018 年 12 月第 1 次印刷
书　　号：ISBN 978－7－5002－8707－0/I·1835
定　　价：48.00 元
编辑热线：（010）83190275
销售服务热线：（010）83190297　83190289　83190292

稿成偶赋

俞汝捷

《人心可测——小说人物心理探索》稿成，感灵府之幽深，信科学之必至，率赋二律，聊寄斯情云尔。

天涯望断独凭楼，憔悴为伊春复秋。[①]
苦向灵台研奥义，甘从魂梦探潜流。
茫茫如海人千面，默默寻源叶一舟。
莫道遗珠无象罔[②]，蓦然回首已忘忧。

剧怜先哲叹亡羊，心学多门仔细商。
诸子道来皆有据，一家言出岂无常。
目迷锦绣星霜夜，指点瑕瑜翰墨场。
我亦自评还自笑，刘桢平视忒痴狂[③]。

---

① 王国维以“望尽天涯路”，“为伊消得人憔悴”，“蓦然回首……”为治学三境界。见《人间词话》。

② 《庄子·天地》：“黄帝……遗珠，……象罔得之。”宗白华释曰：“‘象’是境相，‘罔’是虚幻，艺术家创造虚幻的境相以象征宇宙人生的真际。”（《美学散步》）可见由形象入手，亦探测人类心理之一途也。

③ 《三国志》卷二十一裴注：“太子……命夫人甄氏出拜。坐中众人咸伏，而桢独平视。”窃以为治学亦如处世，“俯”、“仰”皆不足取，“平视”斯可耳。

人心可测

姚雪垠题

目 录
Contents

文学与科学之间的桥梁

这是一本迄今在文坛上少见的对小说人物的精神世界作心理分析的著作。作者通过对大量文学作品（以名著居多）中的人物形象进行情绪情感、气质性格的剖析，从心理学的角度向读者展示了作品人物内心世界的深层印迹。

科学和文学一样，是源于生活、高于生活的。这是从不同的意义上作出的概括。文学展现的是典型环境中的典型人物和事件，而科学是对人的实践的高度概括化和规律性的总结。心理学作为一门科学，规范了人的精神生活的功能结构，包括认知（知觉、记忆、思维、想象）、动机、情绪、个体行为方式——性格与气质、意识与无意识、探索与创造活动、应付与防御行为等。心理规律的揭示理应与作家对人物精神生活的观察相一致，只是科学的揭示只能以极简约的形式表述出来，而作家则能以更细腻、更深刻和更引人入胜的笔墨去对前者得出的人的心理结构的框架予以填充和润饰。

文学艺术塑造角色，涉及人类心理的种种方面。

首先涉及情绪和情感。作家和艺术家要处理人物在创建自身生活中的理想、期待和追求，要面对人物的生物性和社会性需要，还要描述他们的决心和决策，他们解决问题和达到目标的方法和手段以及他们遇到障碍和克服困难的历程。而所有这一切都不能不引发复杂而深刻的情绪和情感。

人们面对切近的任务或长远的目标，会抱有成功的希冀、热切的盼望、预期成功的兴奋和欢快，同时又怀着无限的疑虑、惶恐和担忧。在实现目标的过程中，人们回顾每一次成功，会产生由衷的满足和喜悦；而当遇到人为的或客观的干扰时，则会忍受挫折，品尝痛苦，也会在无可忍让时产生强烈的敌意甚至勃然大怒。人们在相互交往中维系着一定的社会关系，在亲情和友情中得到欢乐和享受、安慰与同情；然而人际间的矛盾和冲突也比比皆是，交谊中潜藏着疑惧和焦虑、却步与歉疚。此外，人生旅程中遭遇的各种磨难，都会折磨人的感情，侵蚀人的心扉，生离死别造成的悲伤、忧郁和无助感，更会超出自我承受的能力……由此可见，情绪、情感经常出现在人的心理生活的前沿。

文学，必然要描写和述说人的感情生活。抽掉感情描述的作品就不成其为文学了。

性格也是作家塑造角色的中心课题。人物的坚强或脆弱、犹豫或果断、逆反或顺从、独立或依赖、内倾或外倾，像是一个色彩斑斓、明暗闪烁的多棱面球状实体，棱面之多，不可胜数。要构成一个活生生的个性，靠单一的特征、单独的棱面难以奏效。只有多种类、多维量的特征的各种组合，才能形成多样化的、人各一面的人物形象。

性格是模式化了的行为方式。只有当某种特征经常地、恒定地出现在行为中，才能被认为属于性格的范畴。性格中渗透着人的无数次经验，积累着人的一次又一次决断，同时还浸润着深邃的感情。人格心理学家艾森克和情绪心理学家普拉切克从他们各自的专长方面，不约而同地把性格特质与情绪特质融合起来。在他们的人格模式中，人格特质也是情绪特质。在我看来，就大多数人格特质来说，确是如此。所以，乐观性格蕴涵着经常发生的满意、欢快、疏松反应；而遇事多疑和苦恼，自卑和羞怯，则易构筑忧郁人格。如果一个人总是在独处时感到舒适坦然，而在公众场合局促不安，他就必然会尽量寻找清静，回避稠人广众，从而形成一种内倾个性。与之相反，一个不甘寂寞、乐于与众人相处、喜好出头露面的人，则必然会形成外倾个性。可见，性格的形成与人的经常性情绪感受是结合在一起的。

蕴涵在人格结构中的还有气质。气质与性格是那么密不可分地掺混在一起，在许多情况下简直不好区分。但从科学界定来说，两者属于不同的范畴。气质更多地决定于并代表着人格中先天生成的那些特质，如活动性——活跃或安静，反应速度——快捷或迟缓等。而由生活经验中生成的那一面，则更多地成为性格特征。例如，坚强或懦弱，善交际或孤僻等，绝不是天生的。尽管如此，由于生活经历的磨炼，气质与性格在生活适应中经常融为一体，只不过有时仍能观察到某个人物的原本气质而已。所以虽然莽撞属于不可遏止的气质，脆弱属于弱型气质，而在人们心目中，它们又不可避免地被视为性格。

本书作者正是主要从情绪情感、性格气质的角度探讨了小说人物心理结构之秘。

他从文学作品中观察到，人物总是在失落时体验忧郁和悲伤，在成功和满足中感受欢乐和幸福，在危险和威胁面前发生恐惧……他还揭示了多种情绪同时或相继发生所引起的感情冲突。在分析《红楼梦》中少女们的羞涩之情时，他特别指出林黛玉的羞涩中包含着深沉的忧虑和期待、痛苦与焦灼、嫉妒与气恼。而多种情绪的叠加或冲突，会掀起人心灵上的巨大波澜，使人身心受到沉重的伤害。

他在许多篇中都曾谈到情绪的外显表情、内在体验和引起的生理反应；还曾谈到情绪的社会化和对个体行为的影响。他熟谙文艺，许多例证都似信手拈来，而又十分生动恰当。比如以巴尔扎克笔下的伏脱冷为例，说明人在大怒时的生理变化和体态表情；以伊凡雷帝为例，说明恐惧引起的生理反应，等等，都很贴切。在论移情作用时，他以《牛虻》中的琼玛为例，指出她因受亚瑟悲惨经历的感染而产生深深的内疚和伤痛，从而使读者明白，情绪在社会化过程中，必定要受生活经历的锤炼，受文化传统的熏染，受道德规范的影响，尤其是内疚之类的情绪，不能不折射着道德的光芒。他又曾以《围城》中的赵辛楣为例，说他虽然厌恶女方，却因受社会文化礼仪的约束，只得采取巧妙的回避行为。这就使读者不但理解了作品人物的心态，而且也看到了情绪在社会生活中的复杂表现。他还曾以林冲为例，指出他内心经历的是一条由压抑愤怒带来痛苦，又由积累痛苦导致愤怒的曲折的历程。而他终因怒火难平而杀死仇人，奔赴梁山，则生动地显示了情绪对行为的影响。

关于性格和气质，作者于论述过程中简明地介绍了若干有影响的心理学派的观点，并同样举出了众多令人悦服的小说例证。事实上本书篇篇均谈到古今中外名著中典型人物的情绪情感和气质性格表现，远不止这里所提及的。我也不可能对所有精彩的例证一一加以复述。我的用意在于强调，作者从文学人物的心理构件上所作的分析，向作家展现了一个宽广的地带，可供他们在编织丰富多彩、格调浓郁的人物心理世界的画面时，更加自觉地把创作灵感与作为参照的科学知识联系起来。文学是人学。它触及人的表层的和深邃的、现象的和本质的、外显的和内隐的心灵世界。借助于心理学就有根据、有可能使所塑造的形象更真实，更接近活生生的人。反过来，文学描述的丰富性对心理学家也大有裨益。它从生活的大千世界去发现人的心理操作和心理机制（这原是心理学的研究任务），以无数艺术细节去充实心理学所提供的人的心理框架，从而使心理学的发展也更加贴近真实的人。

我与本书作者素昧平生。是俞汝捷先生借助文学与心理科学之间无形的桥梁构建了一座真实的桥——他花了大量的精力去接近心理学，写出了这本著作。我们通过书信来往彼此相识，但由于路途遥远而从未谋面，因此在交流思想和互相理解上均受到局限。这次遵嘱书此代序，却不知所述是否与作者原意及本书内容相切合。为此，特请俞汝捷先生及读者予以指教和见谅。

孟昭兰

1992年11月于北京大学心理系

第一章　论欢愉

欢愉是一种情绪。

情绪是什么？心理学界至今尚未形成众皆曰可的定义。人们从不同的角度出发去从事研究，于是便有了基于生理唤醒的、行为主义的、认知的、精神分析和体验的种种理论。每种理论对情绪心理学的发展都有所贡献，同时又各有其局限。情绪，对于心理学家来说，仍是一个未能完全参透的神秘王国。

对于普通人来说，情绪似乎并不神秘。它伴随着衣、食、住、行，伴随着学习、工作、爱情、婚姻，伴随着人的整个一生。每个人都会在生活中体验到自身以及周围人的各种情绪。

以人物为塑造对象的小说，必然要面对如何表现情绪的问题。小说家多数并不研究心理学，但一个善于观察和体验、又善于描写和刻画的作家，其笔下人物的情绪生成和表现往往能与科学研究的结论相符，也为读者所接受；反之，则与科研的结论相悖并为读者所拒斥。

我们所要探讨的，正是此类描写所以成功或所以失败的奥秘。

情绪包括哪些类型？不同的学派和专家有不同的划分。我们结合小说人物形象，准备讨论的是：欢愉、焦虑、忧悒、悲伤、厌恶、羞涩、内疚、兴趣、惊奇、愤怒、嫉妒、恐惧、敌意、移情。本篇先谈欢愉。

欢愉是情绪心理中主要的正情绪。欢愉缘何产生？心理学家曾用饭团做奖赏，在小白鼠身上测试“欢快效应”。结果表明，饮食能够引起欢愉。

作为社会关系总和的人，其情绪的产生远较动物为复杂，而且总是带有社会性。以饮食而论，并不一定给人带来快乐。鸿门宴上一顿酒菜，在几位当事人身上，可以分别看到犹疑、恐惧、焦虑、愤怒，唯独不见欢愉。当然，一般情况下，珍馐美味是令人愉快的。这里也就反映了情绪研究的一个难点：同一情境、同一事物可以引起不同的情绪；同一情绪也可产生于不同的情境并有不同的表现。

小说家们早就注意到了美食与欢愉的关系。巴尔扎克笔下的邦斯舅舅，有两大嗜好：美食和古董。作者曾用整整一节篇幅来描述他的饕餮。不仅写到咀嚼时的津津有味，而且写到消化时的莫名快感——

消化食物，需要不少精力，那是一场内部的战斗，对那些供养口腹的人，其快感竟不下于爱情。一个人只觉得生命力在那儿尽量发挥，头脑不再活动而让位给横膈膜那边的第二头脑，同时所有的机能都麻痹，使你入于完全陶醉的境界……[①]

无独有偶，前几年陆文夫写《美食家》，也注意到消化的愉悦——

他觉得吃是一种享受，可那消化也是一种妙不可言的美，必须潜心地体会，不能被外界的事物来分散注意力。集中精力最好的方法是泡在温水里，这时候四大皆空，万念俱寂，只觉得那胃在轻轻地蠕动，周身有一种说不出的舒坦和甜美。

---

① 《邦斯舅舅》，傅雷译，平明出版社初版，第 26 页。

心理学研究把欢愉分为感觉欢愉、驱力欢愉①、玩笑中的欢愉等多种。感觉欢愉指的是人在一定场合或一定事物的作用下产生的某些感觉引起的怡悦之情。上述邦斯和朱自冶的快感来源于美食，产生于静静的消化过程中，可以称为感觉欢愉。如果作品描写的不是美食家，而是《绿化树》中的饥不择食者，其饮食也不是为了享受，而只是为了让过度失调的生物机能恢复平衡，使处于紧张状态的内驱力获得释放，那么所产生的乃为驱力欢愉。如果像《红楼梦》中宴请刘姥姥那样，人们只是拿个乡下婆子来开心，目的不在品尝佳肴，这时产生的就是玩笑中的欢愉了。

邦斯是《人间喜剧》中著名的穷亲戚典型，朱自冶在我国民族资本家画廊中也是不可多得的形象，讲究饮食在他们的性格塑造中均为至关重要的一笔。由于作者准确生动地刻画了人物的怡悦心理，描写了山珍海味作用下生命体的快感激活②，才使这一嗜好变得非常可信，从而也赋予了对象以令人难忘的典型特征。

毫无疑问，邦斯和朱自冶的美食之乐都带有社会烙印，而且透过他们的经历可以分别看到法国由帝政时期到第三共和时期，我国由 20 世纪 40 年代到 80 年代社会生活的变迁。然而，就他们情绪的生成和表现来看，主要是由生理上的满足所引起，社会性内容消融在生理性追求之中。这样的欢愉是常见的，却绝非唯一的。因为，在人类世界，社会交往、社会活动可以直接影响人的情绪，并不总是需要同生理因素结合在一起。诸如事业的进展、荣誉的获得、道德的满足……均可带来欣慰、带来快乐。也有些时候，社会性的欣悦与生理性的欣悦同时萌发，而又彼此区分。

莫泊桑的《漂亮朋友》中有这么一段情节：穷困潦倒的杜洛

---

① 驱力（Drive），或译内驱力，心理学名词，指个体为满足生理需要而活动的内在驱动力量。

② 激活（Activation），心理学名词，系生理心理学家提出的一个推测性概念。详见《情绪心理学》，辽宁人民出版社 1986 年版，第 398 页。

华为了进入《法兰西生活报》当记者，必须赶写一篇《非洲从军行》给报社老板过目，可是他整晚冥思苦索，一个字也写不出来。次日上午，在穿着白色晨衣的福雷斯蒂埃夫人身边，经她口授，他笔录，文章轻松地完成了。整个过程，他都处在愉快而且想入非非的心情中，以至于后来他简直不愿离开她，“似乎要一直待下去，像在自己家里一样”。他的欣悦实际包含两种内容，一种是社会性的：因为文章关系自己能否由一个卑微的小职员逐步跻身上流社会，所以完稿便意味着前程已是一派曙光，他怎能不高兴？另一种则主要是生理的：“……由于能逐渐亲近她，不仅精神上对她感激而且肉体上也感到幸福。仿佛她周围的一切，连同墙壁和壁上的书，都已经成了她身体的一部分。椅子，家具，带着烟草味儿的空气，都散发出一股来自她身上的异样的幽香，甜蜜而使人陶醉。”当然，这里也有心理的因素，即“精神上对她感激”。准确地说来，这是一种以生理快感为主的复合情绪。

情绪的复杂，不仅表现在同一情绪可以蕴涵着社会的、生理的、心理的或多种因素复合的内容，而且表现在它的时常转换和变化。俗话说的“乐极生悲”、“一场虚惊”……都表示着由一种情绪到另一种情绪的突变。事实是情绪既可以突变，也可以渐变，而且在两种主要情绪之间往往会出现一种过渡性的中间变量情绪。高明的作家描写心态，常常不自觉地就把情绪的转变及其中介都摹绘出来。这是因为，生活中人的心态本来就是如此，于是艺术思维与科学实验殊途同归，达到一致。对于这些成功的心理描写，仅仅用一般的文学批评很难切中肯綮；唯有在前者的基础上，再用心理学的眼光加以剖视，才有可能将作家的迁想妙得上升到规律性的认识上来。

莫泊桑是个擅写心理的作家。他最后的三部长篇《彼埃尔和若望》、《如死一般强》、《我们的心》几乎可以称为心理小说，而且都涉及变态心理，这些我们在《论内倾》一章中将会继续谈到。

这里仍然以他最杰出的长篇《漂亮朋友》为例。书中野心勃勃的杜洛华有过一次决斗的经历，那是在《笔报》对他发起攻击的时候。为了保住自己在《法兰西生活报》的地位，尽管内心害怕，他不得不邀对方决斗。莫泊桑是怎样描写这一事件的呢？他侧重的不是外部行为的刻画，而是内心世界的呈示；着意渲染的不是事件的经过，而是事件中人物情绪的起落与转换。整个事件中，杜洛华有过两次欢愉，每次都是在与他种情绪的交替变换中出现，每次出现都完全符合他的性格，都是他灵魂的又一次曝光。

第一次欢愉的发生，是在练习射击的阴森森的地下室里。当时杜洛华正一边思索，一边等待着去联系决斗事宜的里瓦尔。他感到口渴，觉得时间过得像在监狱里一样慢。他等了很久很久——

突然，他听到了脚步声和说话声。里瓦尔回来了。和他一起的还有布瓦斯勒纳。他一见杜洛华便大叫道：“一切都解决了！”

杜洛华以为收到了道歉信，事情已经了结，高兴得心里怦怦直跳，讷讷地说：“噢！……谢谢。”

他高兴得太早了，因为两位证人接着又说：“朗格拉蒙这人真痛快，我们所有的条件他都接受。距离二十五步，听口令抬胳膊各放一枪……”这一结果“使杜洛华目瞪口呆，心里害怕，却又不十分明白周围发生了什么事情”。之后，当独自一人的时候，他感到异常烦恼和愤怒。“为了一个和肉店老板发生过争吵的老妇人而扰乱你的生活，这怎能不叫人气愤呢？”他端详着对手的名片，“越看这张纸片就越生气，在愤怒和仇恨之中还掺杂着一种异样的难受”。他仍然觉得口渴，开始胡思乱想，怎么也睡不着。“有一种思想紧紧压在他的心头，他要去决斗了，再也躲不过去了”。“他的牙齿不时在嘴里上下打战，发出细微而清脆的声音”。

他完全被焦虑和恐惧压倒了。

行为主义学派心理学家米伦森曾在他的前辈华生的理论基础上，将焦虑、欢愉、愤怒视为三大基本情绪并由此提出一个关于情绪的三维坐标系统。根据他的解释：一、消极刺激会引起焦虑或恐惧；二、积极刺激或排除消极刺激，会引起欢愉；三、排除积极刺激会引起愤怒。有意思的是，杜洛华决斗前的情绪变化竟与上述解释正好相符。

决斗意味着可能死亡，对于贪生怕死的杜洛华来说，无疑是消极性的刺激。当他误以为对方已经道歉，决斗因而取消时，这一刺激被排除了，于是欢愉发生。

取消决斗的消息是一种积极刺激，当这一消息被证明为不确时，积极刺激被排除，于是杜洛华愤怒起来。

以后的时间里，覆盖在杜洛华心头的始终是决斗的阴影。不断的消极刺激使他愈来愈陷入焦虑和恐惧之中。

就这样，莫泊桑写出了欢愉与他种情绪的交替发生，每种情绪的发生都符合心理学研究的结论。不仅如此，他在描写主人公由高兴转为愤怒时，特意安排了一个中间变量情绪——惶惑。即：杜洛华获知决斗仍将进行时，并非一下子就愤怒起来，而是先目瞪口呆，不明所以；稍稍清醒后，才开始感到烦恼和气愤。这一安排是非常必要的。心理学实验表明，由欢愉向愤怒转化时，其间必定存在惶惑（哪怕只是片刻的惶惑）；或者说，当惶惑向愤怒转化时，前面必定有过欢愉。

第二次欢愉发生在决斗之后。枪响过了，双方都没有死，也没有伤。这时——

杜洛华一动也不动，心里又惊又喜："完事了！"他仍然拿着手枪不放，别人只好把枪从他手里夺下来。他仿佛同整个宇宙进行了一场决斗。现在，决斗已经结束。他高兴极了，突然感到浑身是劲，敢向任何人挑战。

这一次的欢愉，可以说是在同一维量①上高一级的情绪表现——狂喜。它同样是在排除消极刺激的情况下出现的。由于排除之前主人公经受了通宵达旦焦虑、恐惧的折磨，一旦解脱，愉悦的程度也就超过第一次而达到了狂喜的地步。在描写上述情绪转换时，莫泊桑又一次显示了把握心态的出色技巧。他没有忽略在由恐怖转向狂喜的过程中，同样存在一个中间变量情绪，即木然。杜洛华连手枪都忘了放下，正是木然的表现。尽管只是瞬间的木然，在这里却不可或缺，没有它，狂喜难以表现出来；即使勉强写出，也会因缺少中介、缺少过渡而显得突兀和失真。

心理学界关于欢愉还有种种研究和论述，本篇不可能一一涉及。这里还想谈的是，人是集群生活的，人与人之间的和谐相处，旁人对自己的信赖、赏识、支持，都会带来欢愉。前文提到的事业、荣誉、道德……对情绪的影响，便无不包含着人际关系的因素在内。因此，小说领域，除了像《鲁滨孙漂流记》这样极个别的例外，一般作家刻画欢愉心态，总是将个人的情绪与他人的态度联系在一起。譬如阿Q，尽管善于自宽自慰、自我陶醉，但听到别人说“阿Q真能做！”他是很喜欢的。他欺负小尼姑时，酒店里人们的大笑，使他“看见自己的勋业得了赏识，便愈加兴高采烈起来”。又如杜洛华，原是寡廉鲜耻的极端个人主义者，然而他离不开群体。当别人口授而由他署名的文章见报后，他巴不得全巴黎的人都能读到。决斗结束后，他赶紧去各大咖啡馆露面，去情妇处吹嘘，目的都是一个：通过别人的赞叹来扩大、延续自己的得意和快乐。

当然，阿Q、杜洛华的快乐渺不足取。只有当一个人的所作

---

① 维量（Dimensionality），心理学名词，把情绪按其不同属性分为几个方面，称为维。

所为具有正义的性质，因而赢得他人的赞许时，所产生的欢愉才值得肯定。文学作品一旦表现这样的欢愉，它就带有了崇高的色彩。小说《这里的黎明静悄悄》，描写五名苏联女兵在一名准尉带领下，与十六名德寇血战，终于全体牺牲的故事，气氛很悲壮；悲壮之中，偶尔也有欢声笑语荡漾其间，从而造成了节奏的起伏。譬如，当她们为了赢得时间而试图迫使敌人绕道时，美丽的冉卡曾冒着生命危险，故意跑到距德寇冲锋枪只有十米的河边，“一步钻进水里，嘴里高声叫喊着，喧闹而愉快地把水拍溅起来”。这是惊恐的一幕，连准尉都心跳得几乎要撞破胸膛。而当德寇终于上当（以为碰上了大队人马）而撤走以后，她们哈哈大笑起来，“笑得直流眼泪，笑得精疲力竭”。显然，这是一种与阿Q、杜洛华完全不同的真正属于集体的欢愉。在她们的笑容中闪耀着绚丽的崇高的光芒。

第二章　论焦虑

席里柯的《梅杜萨之筏》。[①]

一架临时绑扎的木筏，漂流在汪洋大海中。几名残存的水手，经受着恶浪的侵袭、饥饿的煎熬、死亡的威胁。远处，隐隐闪过一片帆影。他们拼着最后的精力，嘶声叫喊，挥动破衣，然而那船即将逝去……

这里，从人们的面部表情和姿态动作，可以看到痛苦、紧张、恐怖、绝望，而最突出的，则是焦虑——一种因无法摆脱死亡而引起的深深的焦虑。焦虑是一种令人不快的负情绪。它的生成，与危险、威胁、灾难的行将来临密切相关。预感到不幸而又无从避免，就会引发焦虑。处于焦虑状态的人，并非绝对无所作为。相反，常态下的焦虑，是向自身发出的信号，它促使个体采取某种应付措施，去改变处境，化险为夷。梅杜萨筏上的船员向着远去的孤帆频频呼救，便是一种危境中的努力、生死关头的挣扎。

绘画毕竟是空间艺术，反映的只是事件的一瞬。至于更复杂的起因、更丰富的细节、人物内心更幽微的情绪，只能留待观者去发挥想象了。

作为时间艺术的小说，则不仅能清楚地交代焦虑形成的原因，而且能把焦虑的具体表现都细致地刻画出来。在优秀作家的笔下尤其如此。

陀思妥耶夫斯基是公认的心理描写大师。他对人物内心世界

---

① 席里柯（1791—1824），法国画家。《梅杜萨之筏》为其油画代表作之一。该画以真实事件为题材，描写梅杜萨号兵舰触礁沉没后，幸存的船员乘筏漂海的情景。

的深入剖析曾给后世的现实主义作家以有益的启迪；他的非理性倾向和醉心病态心理的描写又受到现代派作家的青睐，甚至被奉为鼻祖。我们无意在此对陀氏做全面评价，想说的是，可能由于俄国社会的黑暗和作者生平的不幸，他的主人公很少有欢愉之时，却常常处于焦虑之中。

《罪与罚》是给他带来空前声誉的长篇。作品描写穷学生拉斯科尔尼科夫为获得金钱，在一种以犯罪对抗不合理社会的哲学的驱使下，杀死了盘剥穷人的老太婆和她的妹妹。可是一旦杀人见血，他的思想顿时发生转变，从此处于难忍的精神折磨之中，终于到警察局去自首……作者这样描写他杀人后的情绪——

忽然他想起了钱袋和他从老太婆箱子里拿出来的那些东西，都还装在他那些口袋里！……他马上跑去把它们掏出来，扔在桌上。……在墙根那里，有的地方糊墙纸破裂脱开了，他马上开始把一切东西都塞进纸里面的那个洞里去。……那个洞越发鼓起来了。忽然他吓得浑身发抖。“上帝！”他绝望地咕哝道，“我是怎么一回事？这算是藏起来了吗？这是藏东西的方法吗？”

……他精疲力竭地在沙发上坐下，立刻又发了一阵难受的颤抖。……于是又沉入恍惚昏迷状态中。他失去了知觉。

没有过五分钟，他又一跳站了起来，马上又疯狂地扑过去抓住他那些衣服……

……他以为自己一切能力都没有了，甚至于记忆力，最简单的思考力都没有了，这种确信渐渐成为一种难堪的苦楚……①

据心理学界研究，焦虑对精神生活有很大影响，“……最明显的后果是注意力涣散和记忆力减退。还可能发生思想慌乱，无所

① 此处及后引《人类情绪》、《子夜》中的省略号，均系引者所加。

适从，不能连贯地分析问题，容易产生极端念头，逻辑思维混乱不清，认识不能结合实际情况……集中到一点，就是对自身能力的怀疑，夸大自己的无能和失败……”① 试将陀氏的描写与此段论述做一比较，几乎无须说明，读者就会发现，拉斯科尔尼科夫的心态和举措正是焦虑情绪的典型表现。难怪人们要称陀氏为心理学家。果若某部心理学著作要寻求例证，则《罪与罚》中的有关描写可以不易一字，就提供出去。

无论梅杜萨筏上的船员，还是拉斯科尔尼科夫，其焦虑都带有急迫的性质、较大的强度，然而并非一切焦虑都是如此。恰如欢愉具有愉快、欢乐、狂喜等不同级别，在米伦森的三维模式图中，由消极刺激引起的情绪也区分为忧虑、焦虑、恐怖等不同强度。高明的作家，应当既能准确地判别不同类型的情绪，又能把情绪的各种强度也细致地表现出来。譬如鲁迅的讽刺杰作《高老夫子》中，主人公高尔础的情绪就大体处在忧虑的层次。此人原是一个不学无术的赌徒，因为发表了一篇《论中华国民皆有整理国史之义务》而被聘担任某女校的历史教员。他的历史知识仅限于草船借箭之类的三国故事，可现在偏偏要讲“东晋之兴亡”，原想上课前再做些准备，到校后又被一位迷信扶乩的教务长缠住，大谈其与乩仙的唱和，这就使他心绪更加烦乱，直到上了讲台，仍然非常惶惑——

“嘻嘻！”似乎有谁在那里窃笑了。高老夫子脸上登时一热，忙看书本，和他的话并不错，上面印着的的确是“东晋之偏安”。书脑的对面，也还是半屋子蓬蓬松松的头发，不见有别的动静。他猜想这是自己的疑心，其实谁也没有笑，于是又定一定神，看住书本，慢慢地讲下去。当初，是自己的耳朵也听到自己的嘴说

① 孟昭兰：《人类情绪》，上海人民出版社1989年第1版，第380页。

些什么的，可是逐渐糊涂起来，竟至于不再知道说什么……

整个上课过程中，他都疑心有许多人在暗暗发笑，非常担心自己会被学生小觑，以至于下课出门后，还不能定下神来，又一脑壳撞在一棵桑树上……应当说，鲁迅的描写是极生动的；尤其难能的是，对主人公情绪的把握极有分寸。高老夫子预感到会出洋相，烦躁愁苦，忐忑不安，然而他所预期的最大不幸无非是被学生瞧不起。这种担忧同那种生命体遇到危险时产生的焦虑、恐惧显然不可同日而语。如果鲁迅把他的情绪写得像梅杜萨筏上的船员那样声嘶力竭，或像拉斯科尔尼科夫一般惊恐失措，那就过火和失真了。现在的描写是恰如其分的：课前，他只是“颇有些窘急”，希望那位教务长“不再说话，好给自己聚精会神，赶紧想一想‘东晋之兴亡’”。课中，他也只是惊疑，惶惑，脸上发热，不知所云。课后回家，“有时全身还骤然一热”，但毕竟，他不是非当教员不可，他完全可以辞职；所以，当重新坐上牌桌，打完第二圈，快要凑成“清一色”时，情绪就渐渐好了起来。

记得托尔斯泰说过，一切艺术都要注意把握构成作品的无限小的因素：“只要稍微明亮一点，稍微暗淡一点，稍微高一点，低一点，偏右一点，偏左一点（在绘画中）；只要音调稍微减弱一点或加强一点，或者稍微提早一点，稍微延迟一点（在戏剧艺术中）；只要稍微说得不够一点，稍微说得过分一点，稍微夸大一点（在诗中），那就没有感染力了。”[①] 我们认为，就小说而言，同样必须重视那些似乎细小的因素，不仅细节描写要不爽毫厘，情绪刻画也要注意强弱之别。拉斯科尔尼科夫与高老夫子的情绪属于三维坐标的同一维，然而强度不同。两位作家都准确地找到了人物情绪的“稍微”之处，于是艺术魅力神秘地产生了。

---

① 《列夫·托尔斯泰论创作》，漓江出版社 1982 年第 1 版，第 134 页。

除了强弱的区分外，焦虑还是一种综合性的负情绪。精神分析学派以儿童为试验，认为幼儿的“依恋焦虑”是在害怕失去依恋对象和产生嫉妒时发生的，中间可能并发愤怒；而当儿童违反了道德和纪律要求，则会在“超我”中产生自罪和羞愧并与恐惧结合，形成“道德焦虑”。这种综合性同样存在于成人的焦虑中。许多情况下，焦虑是痛苦、愤怒、羞愧、内疚、兴趣与愤怒的混合物。只是由于各人的气质、性格不同，引发焦虑的原因、情境有异，以致各种情绪成分的组合和比例也相应地发生变化。有时痛苦的成分大些，愤怒的成分就小些；有时敌意的成分大些，内疚和羞愧的成分就小些；也有些时候各种成分呈流动和交替发生的状态。[①] 正因为如此，在成功的艺术作品中，焦虑也往往被描写成复合的而非单一的情绪。仔细看看《梅杜萨之筏》，就会发现，各个船员的表情并不完全相同，虽然都是一派焦虑，但那以手按额者，显然痛苦的成分较多；而白布包头者，则眼神中分明透着愤怒。同样，在拉斯科尔尼科夫的焦虑中，也是既有恐惧，又有绝望和苦楚。高老夫子的忧虑，则与惊疑、羞愧、愤愤不平结合在一起。

焦虑的综合性，经过盖尔霍恩研究，被归纳为剧烈恐惧和钝性恐惧两种类型，又被归纳为兴奋（恐惧—愤怒）和抑制（恐惧—痛苦）两种模式。从这种归纳可以看出，盖氏与很多心理学家一样，把恐惧视为焦虑的核心情绪。这是因为，焦虑实际上是人在危险、威胁面前体验到的无助感，所以它必然与恐惧相联系。不过，同样是恐惧，其表现确有剧烈与钝性之别、兴奋与抑制之分。

所谓剧烈恐惧型，指的是人在突然产生的强烈恐惧中，生理上出现种种异常反应，如瞳孔放大、汗腺和血流量增加等等，严

---

① 《人类情绪》，第 381 页。

重的会导致循环系统崩溃，心脏衰竭而死。所谓兴奋（恐惧—愤怒）模式，指的是交感神经系统激活[①]。人处于高度活动性和无休息状态，恐惧和愤怒成为焦虑的主要成分。读过茅盾《子夜》的人，不会忘记吴老太爷由乡下来到上海后的情绪表现——

……憎恨、忿怒，以及过度刺激，烧得他的脸色变为青中带紫。他看见满客厅是五颜六色的电灯在那里旋转，旋转，而且愈转愈快。近他身旁有一个怪东西，荷荷地响着……像是什么金脸的妖怪在那里摇头作法。……又看见这一切颤动着飞舞着的乳房像箭一般射到他胸前……他又听得狂荡的艳笑，房屋摇摇欲倒。

"邪魔呀！"吴老太爷似乎这么喊，眼里迸出金花。他觉得有千万斤压在他胸口，觉得脑袋里有什么东西爆裂了，碎断了……

用一般的文艺理论去评析这段文字，可能会认为作者是用了变形和夸张的手法。而从心理学观点看去，吴老太爷的焦虑正属于剧烈恐惧型和兴奋模式。他的生理反应，他的高度紧张和愤怒，他的精神崩溃和死亡，都完全符合心理学研究的结论。

所谓钝性恐惧型和抑制（恐惧—痛苦）模式，与前述类型、模式相反，指的是一种持续存在的慢性焦虑，人表现低水平的活动，愤怒受到抑制，恐惧和痛苦成为主要成分。此种焦虑在小说人物中也经常出现，只需注意一下《红楼梦》中的林黛玉、《家》中的觉新，对它便会有形象的认识。甚至《骆驼祥子》中失去虎妞后痛苦吸烟的祥子，其心态也可归入此类。

小说人物如同生活中一样，不会永远处在同一维量、同一强度、同一类型和模式的情绪中，特别是长篇小说中的重要角色，随着性格的发展，情节的推进，心灵屏幕也会映现出缤纷的色

① 心理学术语，见《情绪心理学》，第402页。

彩——不仅有对比色的相互映衬，而且有同一色调的浓淡变化。姚雪垠的历史小说《李自成》是在当代文坛引起巨大反响的作品，其中有个人物的塑造几乎赢得了众口一词的肯定，这就是崇祯皇帝——一个性格殊为复杂的反面典型。作者给他归纳的性格特点包括“刚愎、自信、容易受蒙蔽又自作聪明、专断、多疑、悲观、凶暴、歇斯底里”[①] 等等侧面，而依我们看来，这一形象的成功还表现在情绪的刻画方面，上述种种性格侧面莫不与人物的情绪相联系。明代末叶，朝廷面临着农民起义和清兵入侵的威胁，崇祯作为一个并非“甚暗”的末代皇帝，正是在内忧外患的夹击下陷入焦虑之中。然而他的情绪绝不是单一的、无变化的。前文谈过的焦虑的各种强度和类型、模式，在他身上均有体现。不仅如此，在一片焦灼之中，又时有短暂的欢愉穿插其间。此外，他的焦虑还有梦境的呈示、病态的表现。

小说中，崇祯从出场到死亡，约有六年半时间。由于大局是一年坏似一年，他的负性情绪也呈逐渐强化的趋势，忧虑、焦虑、恐怖分别在他心路历程的各阶段占着主导地位。从类型和模式说，他平时处于“钝性”型和“抑制”式，每当坏消息传来，则转为“剧烈”型和“兴奋”式。愈到后期，“剧烈”和“兴奋”的发生率愈高。最后则几乎到了精神崩溃的边缘。

崇祯是个愁容皇帝，但也有展颜一笑的时候。当他听人读罢刘宇亮情辞慷慨的奏疏时，脸上曾经“带有笑意”。当他下棋自以为胜了田、袁二妃时，曾经“大为高兴”。甚至到崇祯十五年，他苍白的脸上还曾忽然露出“难得看见的喜色”。只是他的欢愉从来只能维持片刻，每次都是很快就被新的噩讯所打断，使他陷入更大的震惊、焦愁之中。

小说对崇祯焦虑的描写颇多神来之笔。譬如写他闭目午睡

---

① 《李自成》第一卷“前言”，中国青年出版社 1977 年版，第 28 页。

时，会忽然心中一痛，睁开双眼。而他的梦境也都是不愉快的。杨嗣昌死后，他在梦中向杨询问“善策”，而杨摇头不答。这是焦虑引起的梦，也是梦中呈现的焦虑。此外，他还有病态的一面。本来，盖尔霍恩的研究出于临床实验，他所论述的“剧烈”型、“兴奋”式尤可视为病态的表现。但按贝克的说法，则病态焦虑指的是一种脆弱感，即焦虑不是来自实际的威胁，而是来自一种可怕的预期。譬如一个失事后幸存的飞行员，不敢重上蓝天；一个出过事故的外科医生，不敢重上手术台，等等。其共同特点是对可能出现的焦虑感到焦虑，对可能产生的恐怖感到恐怖。崇祯的情形也是如此。作为皇帝，他每天都得坐在御案前批阅各种奏疏和塘报，可是由于所有的文书报告的都是坏消息，诸如某地灾荒严重、某地“流贼猖獗”、某地遭清兵焚掠之类，其中往往充满“赤地千里”、“人烟断绝”、“易子而食”一类触目惊心的词句，这就使他越来越怕看文书，怕陷入焦虑之中，有时恨不得一脚把御案踢翻。而这正是病态焦虑的典型表现。

第三章　论忧悒

罗曼·罗兰曾这样形容贝多芬的表情——

在我面前墙上，挂着贝多芬的面模。这个面模是1812年贝多芬在世时塑制的。……样子很可怕。他双唇紧闭，眼皮沉重地垂下。他表情严峻，令人肃然起敬，并且阴郁极了，我似乎觉得他仍然活着；晚上，我有时真担心他会突然开口讲起话来。……这个面模给人的印象，是一种忧郁的、使人产生难以接近的强烈孤独感。①

表情是情绪的窗口。人在内心体验某种情绪，同时以面部表情外显出来。成人受到社会化因素的制约，常能掩饰自己的真情，所谓喜怒不形于色。倘若不加掩饰，那么成人与婴儿一样，外部表情与内心体验是应该一致的。贝多芬显然属于不善掩盖情绪的一类人，于是，经过雕塑家之手，他给人留下了忧郁甚至阴郁的印象。

忧郁，或称抑郁，是一种人人都曾体验过的复合性负情绪。为了与我们以后将要谈到的抑郁型气质加以区别，本文另用一个同义词：忧悒。

忧悒与焦虑不同。焦虑是预感到不幸而又无从避免时产生的无助感；忧悒，按精神分析学的解释，是由“丢失”所引起的失落感。“丢失”的内容可以各种各样，但有一点是相同的，即均为

---

① 《罗曼·罗兰文艺书简》，1984年第3期《译海》，第166页。

失者所珍惜。焦虑的核心情绪是恐惧，忧悒的核心情绪则是痛苦。贝多芬在1812年时已经丢失了很多宝贵的东西：失去了丹兰士的爱；失去了对音乐家来说犹如生命一般重要的良好听力；而早在八年前，随着拿破仑的称帝，他已经失去对资产阶级革命的幻想。所以，他紧闭的双唇、下垂的眼皮，他整个严峻而可怕的表情正是内心忧悒的反映。罗曼·罗兰的感觉是十分准确的。

在小说人物心理类型中，忧悒占有突出的地位。自从20世纪初“流亡者文学”的代表夏多布里安创造了勒内这一形象，忧悒就像传染病似的侵袭到欧洲各国文坛，为众多作品主人公所共有，以致被称为“世纪病”。“世纪病”的发生正如它的名称所表明的那样，有着深刻的历史原因。18世纪，随着启蒙运动的兴起，人们相信一旦理性的光芒照彻大地，所有的社会弊端将会自行消失。可是到了19世纪，经过了法国大革命，人们发现由“理性的胜利”建立起来的社会制度和政治制度竟是一幅令人啼笑皆非的讽刺画，原先的乐观和信心遂从根本上发生动摇，一股失望引起的忧悒浓重地弥漫开来。这就是浪漫主义文艺产生的背景，这就是“世纪病”的由来。

当然，共性总是融化在个性中。共同的忧悒体现在个人身上，总会带有独特的经历的印记、性格的色彩，而且会因情绪发生的具体情境不同而形成种种差异。就文学创作而言，重要的正是要抓住那具体的、仅仅属于一个人、仅仅属于此时此地的情绪。夏多布里安的勒内、蒂克的威廉·罗威尔、施莱盖尔的尤利乌斯、拜伦的恰尔德·哈洛尔德、克尔凯加尔的约翰奈斯·佛佛莱仑、莱蒙托夫的皮却林乃至缪塞的阿克达夫，等等，固然都患有“世纪病”，但各人有各人的失落，各人也有各人的忧悒。譬如勒内的忧悒便与姐弟间违反人伦的恋情纠葛在一起：他对人生感到憎恶和厌倦，乃视姐姐为唯一的安慰；当姐姐为避免乱伦而削发出家、他也在暴风雨中离国出走之后，忧悒中增添了忏悔和痛苦自责的成分，变得愈加深沉了。又如阿克达夫的郁郁寡欢、自暴自弃，既反映了他对社会、对人类、对前途的绝望，同时又同独特的失恋经历联系在一起。

写到这里，不由想起郁达夫的《沉沦》。这是我国读者十分熟悉的短篇名作。作品中“他”对贫弱祖国的忧思也可说是一种“世纪病”，为那个时代的爱国青年所共有。这忧思体现在“他”身上，同样带有浓厚的身世与性格的标记，并且系由具体的情境所引发，显得非常真实可信。如果说，19 世纪初叶，忧悒奏响了浪漫主义文学的主旋律；那么，20 世纪 20 年代，《沉沦》能在读者中唤起一片共鸣，也与作者对忧悒心理的杰出描绘不可分割。

首先，“他”的忧悒与前述种种例证一样，可以归为“丢失”：身处异国他乡的“他”，没有祖国可以依靠，没有家庭输送温暖，没有同学的友情，也没有正常的恋爱生活。一无所有导致心灵的失落，于是忧悒成为经常萌发的情绪。

其次，按照分化理论的解释，忧悒中包含着多种情绪成分，除痛苦为其核心外，敌意占有较大的比重，恐惧、羞愧、内疚也各占一定的比例。① 若以“他”的表现与上述解释相对照，马上会发现，后者几乎就是前者的注脚，前者则不啻为后者的一个活的例证。

折磨着“他”的主要情绪不就是痛苦吗？当他独步田野、无端流下两行清泪的时候，当他感受到作为“支那人”的屈辱，伤心至极的时候，当他渴望异性的爱情而一无所获，大呼“苍天呀苍天”的时候，当他准备投海，自叹“何必生存在这多苦的世界里”的时候，他所体验、品尝的正是一种深沉而强烈的痛苦。

敌意在他的心态中不是显而易见吗？心理学认为，敌意含有愤怒、厌恶和轻蔑三种成分。愤怒指向外界，是产生攻击行为的

---

① 《人类情绪》，第 373 页。

激活器。厌恶和轻蔑则分别引起脱离倾向和拒绝行为。当三者同时发生时，后二者对前者起抑制作用，从而使忧郁患者仅具“伤害的意向”，并无实际行动。[①] 《沉沦》主人公的表现正是如此。作为一个来自弱国的留学生，他的敌意的矛头首先指向日本同学：“他们都是我的仇敌，我总有一天来复仇，我总要复他们的仇。”别人越高兴，他越愤怒。他在酒店里，听见隔壁房间的日本人与侍女调笑，立刻心里痛骂道：“狗才，俗物！你们都敢来欺侮我么？复仇复仇，我总要复你们的仇……”然而同时他又是一个“夸大妄想狂”，孤芳自赏，自视甚高，蔑视周围，拒斥他人。这样，他的敌意并未导致复仇行为，只是使他“避来避去想避他的同学”，他同别人的距离“一天一天的远背起来”。后来，他又把矛头转向中国同学，转向早已回国的长兄，但也不可能有所行动，徒然使自身陷入更深的忧郁之中。

恐惧、羞愧和内疚在他心中不也占有很大比重吗？特别是在染上手淫的习惯，又从医书上获知这是于身体最有害的行为之后，“他恐惧心也一天一天的增加起来”。他几次三番地下决心痛改，“然而到了第二天的那个时候，种种幻想，又活泼泼的到他的眼前来……他苦闷一场，恶斗一场，终究不得不做她们的俘虏”。恐惧之余，他每天都要洗澡，都要吃几个生鸡子和牛乳来保养身体。而每当这时，“他总觉得惭愧得很，因为这都是他的犯罪的证据”。他终于堕落到去偷看女人洗澡，偷听田间男女野合的声音。这使他的羞愧和内疚也格外加重，以至于“自家打自家的嘴巴”，自己痛骂自己：“你去死罢，你去死罢，你怎么会下流到这样的地步。”

在有关忧悒的种种研究中，还有一种解释很有影响，这就是塞利格曼提出的“习得性失助”理论。塞氏用狗做实验，发现狗

① 《情绪心理学》，第414页。

在受到电击时，首先产生恐惧和焦虑并试图逃跑；当逃跑不成而电击持续发生时，就不再有逃避反应。塞氏称此为“习得性失助”，认为人类的忧悒亦可由此得到解释。

从小说人物看，不少人的忧悒的确可用上述理论加以解释。我们仍然来看《沉沦》中的“他”。他忧悒的根源在于自身是个遭人贱视的“支那”留学生。可是，尽管他一再地呼唤：“中国呀中国，你怎么不强大起来！”“你快富起来，强起来罢！你还有许多儿女在那里受苦呢！”祖国却不会一夜之间就由弱变强，由贫变富。这样，他在异国的境遇也不会有任何改变，他只能被迫接受这一现实，只能继续在手淫中颓废、沉沦下去……事实上，类似的例子可以举出很多，《沉沦》也许还不算最典型。注意一下中外小说中经常出现的各种各样的逆来顺受者、形形色色的“受气包”，不难发现，他们的忧悒大都是“习得性失助”的结果。

不过，塞氏理论最为适用的范围，恐怕也仅限于上述以“被动地忍受”为特征的忧郁，心理学上称为“对应性（嗜睡性）忧郁症”。除此之外，另有一种“刺激性忧郁症”，其特点不是忍受，而是力图改变现状，去夺回已失去的对象，实现那达不到的目标并由此产生强烈的愤怒情绪和攻击行为，最后则因努力无效而导致忧郁。这样的表现与“习得性失助”颇不相同，在文学作品中却也不乏生动的例证。

我们想到两位俄罗斯小说的主人公：一位是众所周知的安娜·卡列尼娜；另一位是大家不太熟悉的蒲宁笔下的米嘉。关于安娜，我们只想提出三点：第一，自从与渥伦斯基一起出走，她就失去了回家看儿子的权利，但是她没有消极地忍受。从意大利回国的第三天，她就写信请求莉蒂亚伯爵夫人帮助安排她与儿子见面。遭拒绝后，她愤怒起来：“……我一定得顺从吗？决不！”于是决然地在儿子生日那天回家去见了一面。第二，由于卡列宁拒绝离婚，安娜不再为社交界所接纳。对此，她也不甘屈服，曾经公然去熟人甚多的剧场听歌剧。第三，她要求获得渥伦斯基全部的热烈的爱。当认为对方做得不够时，她不是听之任之，而是一次又一次地挑起争执，寻找各种借口来发脾气，希望他把爱完全集中到她一个人身上来。但是，她所有的努力都未能取得成功：她在儿子生日那天的突然回家实际成了母子间的最后一次会面；她在剧场受到羞辱，从此与社交界完全决裂；她也没有能够整个地赢得渥伦斯基，相反，却在不断的争吵中加深了彼此间的隔膜。她终于走上卧轨自杀的惨途。她的自杀也带有报复的抗争的色彩，既是为了自我解脱，也是为了“惩罚他”！可见，她的忧郁乃是典型的“刺激性忧郁”。

蒲宁是跨越两个世纪的俄国作家、1933年诺贝尔文学奖获得者。高尔基曾称他为“当代最优秀的修辞巨匠”①。他的作品如同俄罗斯小调乐曲一般，散发出一股来自苍茫原野的忧伤的气息。中篇《米嘉之恋》描写青年米嘉失恋后的忧悒心态。笔致细腻，刻画入微。与所有的“刺激性忧郁症”患者一样，米嘉不能接受既成事实，既不能豁达大度地听凭对方去自由社交，又不能断然割舍双方的爱情。他的出奇的嫉妒“把自己、也把卡佳都快折磨死了”。后来，他决心到乡下去，同她分开一段时间，以便夏天在克里米亚重逢时，“一切憧憬都会成为现实”。然而，宁静而迷人的乡村生活并不能治好他的忧郁症，只要想到卡佳可能已经爱上别人，他就痛苦得彻夜难眠。他不断地给她写信，“一切尝试都试用过了，一切应该写的也都写过了——他曾疯狂地想使她相信：他对她的爱情是世界上从来没有过的；……他甚至对她不无威胁地暗示说：他将离开人间……”然而卡佳没有回音。他曾试图通过读书、通过与青年村妇性交来排遣忧思，但一切都归于徒劳。终于，卡佳来了最后的绝交信，他痛哭一场，开枪自杀了。

---

① 《故园》，四川人民出版社1981年第1版，《译后记》。《米嘉之恋》亦收在此书中。

忧悒，有常态与病态之分。病态，又有神经性与精神性之别。所谓常态与病态，并不像楚河汉界那样了了分明。一般说来，有忧悒体验而无异常行为，即属正常情绪反应。如前面举过的勒内、皮却林、阿克达夫等“世纪病”患者，大都属于常态范围。《沉沦》中的“他”、安娜·卡列尼娜和米嘉，在产生自杀意念之前，其情绪也大都属于正常范围。后来，由于忧悒始终没有得到排解，反而日趋严重，这样，就发生了由常态到病态的转变。转变的鲜明标志是自杀，因为忧悒之情，人所皆有，正常人不会轻易走上自杀之途；只有对境遇不能作出如实判断，对行为也不能按社会常规加以控制调节，且完全丧失自信的人，才可能萌发毁掉生命的极端意念并付诸行动。

病态不一定是精神性的。如果忧悒系由环境——认知等外源性因素所引起，患者虽有偏离常规的行为却并无精神病的症状，则属于神经性忧悒。譬如安娜、米嘉和《沉沦》的主人公便都属于神经性病态。那么，在描写精神性忧悒方面，是否也有杰出的例证呢？有的。一个现成的例子是《呼啸山庄》中的希刺克厉夫。关于这部名著及其主人公的文学评论恐怕极多，但从心理学角度加以研究的似不多见，而离开了心理学的分析，很难对主人公乖僻暴戾的性情行为作出合理的解释，因为他的忧悒已带有内源性的致病因素，就是说，已有生理异常的表现。请看他的表情——

在他黑眉毛下面仍然现出同样不自然的——的确是不自然的——欢乐的表情，还是血色全无，他的牙齿露出来，时不时地现出一种微笑；他浑身发抖，不像是一个人冷得或衰弱得发抖，而是像一根拉紧了的弦在颤动——简直是一种强烈的震颤而不是发抖了。

这是他临死前独自夜游之后的形象，苍白的脸与欢乐的眼神、发颤的身体与脸上的微笑如此矛盾、如此不和谐地集于一身。除了失去理性的人，除了精神病患者，谁能有这样的表情呢？

……他在凝视着两码之内的一个什么东西。不论那是什么东西吧，显然它给予了极端强烈的欢乐与痛苦……他的眼睛不倦地追着望，甚至在跟我说话的时候，也从来不舍得移去。

妄想和幻觉是精神病的基本症状。能够面对空墙表现出如此浓厚的兴趣，不正是幻觉在起作用吗？可见，在他生命的晚期，已十足是个精神性忧悒症患者了。从这点出发，我们对希刺克厉夫的言行表现，对笼罩着整个呼啸山庄的怪诞气氛，是否可以得出一些新的结论呢？

第四章　论悲伤

情绪心理中，有些类型特征比较相近，彼此关系也较为密切，如恐惧即为焦虑的核心，又如忧悒与本文将要探讨的悲伤之间，关系也非同一般。忧悒的核心是痛苦，悲伤则是痛苦的发展和延伸。忧悒是由“丢失”引起的失落感，悲伤也往往由分离、失败、遭遇不公等类似“丢失”的情境所引起。两者的差别也很明显：忧悒的体验往往是对痛苦的忍受，悲伤的体验则常常是将痛苦加以宣泄。忧悒有常态与病态之分，而悲伤多为常态。这是因为，一场宣泄之后，痛苦获得释放，心情反而容易趋向平静。唯当悲伤受到抑制，转化为忧悒时，情绪才会由过度的郁积导致病态。

优秀的作家，应当不仅善于描写类型相异、相反的情绪，而且善于对类型相近、相似的情绪做细致的区分。

离别与悲伤的因果联系，很早就受到文学家的关注。中国古典诗、词、曲中，离别是一个写不尽的题材、咏不完的主题，以至于灞桥、长亭、阳关一类建筑都几乎成了离情别绪的代名词。多少脍炙人口的名句、令人魂断的佳作，均产生在由依依惜别引起的不胜凄恻之中——

……蜡烛有心还惜别，替人垂泪到天明。①

……新来瘦，非干病酒，不是悲秋……②

---

① 《赠别》。

② 《凤凰台上忆吹箫》。

碧云天，黄花地，西风紧，北雁南飞。晓来谁染霜林醉？总是离人泪。[1]

三段引文分别出于唐诗、宋词、元曲。告别的对象也不同：其一为青楼女子，其二为丈夫，其三为情人。然而三者有一个共同点，即都真挚地抒写了难舍的情怀、分离的忧伤。诗人杜牧素称生活放纵，但当他同这位“春风十里扬州路，卷上珠帘总不如”[2] 的绝色妓女分手时，毕竟动了感伤之情，以至于临别之夜，连蜡烛看去，都仿佛在替人垂泪。李清照与赵明诚是一对恩爱夫妻。丈夫外出后，她消瘦了，非关病酒和悲秋，而是因为“休休，这回去也，千万遍《阳关》，也则难留”，于是她“终日凝眸，凝眸处，从今又添，一段新愁”。[3] 崔莺莺是王实甫笔下著名的女主人公。她与张生西厢幽会月余后，终于到了长亭送别的日子。这时在她眼中，秋景是一派肃杀，连美丽的枫树林，都似由离人的泪水所染红。

类似的例子不胜枚举。其中更杰出的如杜甫的“三别”（《新婚别》、《垂老别》、《无家别》），将离别放在安史之乱的背景下，所抒发的就不是一般的伤离情绪，而是战乱中的沉痛感慨了。又如李煜的“最是仓皇辞庙日，教坊犹奏别离歌，垂泪对宫娥”[4]，写的也不是通常的别离，而是一个将赴敌国的亡国之君向祖庙的匆匆辞行。他的悲伤当然也不同于通常的惜别，而是融进了对祖先、对社稷的愧疚，对故国山河的留恋，对前途的莫测，因而具有复杂的内涵。

---

① 《西厢记》第四本第三折。

② 《赠别》。

③ 《凤凰台上忆吹箫》。

④ 《破阵子》。

离别对于表现悲伤既具如此功效，它必然会受到小说家以及电影、电视剧作者的青睐。于是我们不止一次地从小说、银幕和荧屏上看到，在某个火车站上，分离的一方从车窗探出头来频频挥手，另一方则噙着眼泪，跟着列车飞跑。譬如《论忧悒》一文举过的《米嘉之恋》中，便有类似的镜头：“突然响起了第三遍铃，这铃声仿佛打在米嘉的心上，于是，他像发疯了似的跨到车门的踏板上。卡佳也像发了疯似的满脸恐惧向米嘉跑过来……她越来越快地向后退去，风也越来越厉害地吹着米嘉伸出窗外的头……她和月台的尽头一下子都消失了……”既然生活中有那么多让人黯然神伤的送别场面的确发生在车站，作家作出雷同的选择也就十分自然。只是艺术表现最忌重复，当同样的构思、同样的画面无变化地多次出现时，人们就感到厌倦了，原来应当引发的悲伤效应也被对低能作者（或编导）的哂笑、鄙视所代替。所以，尽管我们赞赏蒲宁的语言和心理描写，对上述一幕却不愿妄加恭维。

同样刻画悲伤，同样以车站为背景，同样写人追着火车跑，而给人的感觉十分异样的是托尔斯泰《复活》中的一段情节。那是一个可怕的黑夜，已经怀孕的卡邱霞冒着风雨穿过泥泞的田野，赶到车站去会聂赫留朵夫。她看到他在明亮的头等客车里谈笑，他却压根没有想到她会到来。她举起冻得发麻的手指头去敲车窗，可是火车已经开动。“卡邱霞顺着月台上的湿木板一路跑下去；等她跑到月台的尽头，下坡，她差点收不住脚，一头栽下去。这时她顺着铁道旁边跑着，可是头等客车已经远远地跑到前面去了……”[①] 站住脚后，她抽抽噎噎地哭起来——

“他坐在丝绒的椅子上，在那个灯光明亮的车厢里说笑啊，

① 《复活》，人民文学出版社 1957 年版。

喝酒啊，找乐子；我呢，却在露天底下，让风吹雨打，站在黑地里哭。”她暗自想着，就往地下一坐，哭得越发响了……[①]

这里，展现在读者面前的不是普通的惜别场面，而是沙皇时代穷苦百姓悲剧的一个缩影。卡邱霞所体验的也不是一般的离愁，而是生活的不公，是被玩弄被侮辱被遗弃的悲哀。事实上，这晚的经历在她性格的成长史上构成一个转折点。以前，她善良单纯，信仰上帝，而且认为别人也同自己一样。现在，她看到了丑恶。她发现“人人都只是为了自己，只是为了自己的快乐而生活着；所有关于上帝和正直的话，全是些骗人的话”。[②]——上述情节所以给人留下格外深刻的印象，恐怕就在于它同人物性格紧密相连，在于它那控诉和谴责的力量。这里尚须指出的是，尽管许多人都写过车站分手的场面，托尔斯泰无疑是较早的一个。至少，以我的孤陋寡闻，还不知道在他以前有谁这样写过。

以上所谈，都属于“生别”。生活中另有一种分离，是由死亡带来的永诀。杜甫诗云：“死别已吞声，生别常恻恻。”[②] 如果说，生别之悲并不总是为双方所共有（上举《复活》中车站一节，便只有卡邱霞一人在体验悲伤），那么，死别的情形也是一样，尤其是垂死的一方，可能悲哀，也可能不悲哀。生活中和文学作品中都有不少人是安详地告别尘世的。罗曼·罗兰笔下的约翰·克利斯朵夫，临终时耳畔响起一阕由乐队演奏的颂赞生命的歌；而当他阖上眼睛后，“紧闭的眼皮内淌着幸福的眼泪”。[③] 当然，也有生死双方都感受到巨大悲哀的，一个杰出的例子是小仲马的《茶花女》。女主人公玛格丽特在生命的最后日子里显然极其悲伤。她在留给情人的日记中这样写道：

---

①② 《复活》。

② 《梦李白》。

③ 《约翰·克利斯朵夫》，人民文学出版社 1980 年版。

现在我快死了……我几乎后悔我听了你父亲的话；要是我知道我只会占据你的前途中的一年时间，我就不会抗拒要跟你一起度过这一年的愿望，至少我可以紧握着一个朋友的手而死去。如果我们一起度过这一年，我肯定不会这么快死去。

哦！来吧，来吧，阿尔芒！主啊，我太痛苦了，我快死了。昨天我那么悲哀，我简直想到任何地方去就是不想待在家里来度过那会和前一晚一样漫长的夜晚……[①]

玛格丽特去世时仅仅二十多岁。她是在阿尔芒父亲的请求下主动离开男方的。从日记中可以看出她对生活、对青春，特别是对真挚而甜美的爱情无限留恋。而据陪伴她的人说，直到弥留之际，“不管是昏迷还是清醒，她只要能说出几个字，那几个字就是你（指阿尔芒）的名字”。在阿尔芒一方，由于并不知道玛格丽特为自己作出的牺牲，反而因误解而曾对她施以报复。一旦获知真相，其悲恸之深也就不言而喻。作者通过发墓一节，以惊人的笔触写出了存者的悲哀。就在去墓地的途中，阿尔芒的胳臂已在痉挛地颤抖，“仿佛一阵阵寒战突然传遍全身”。裹尸布揭开后，他“无法把眼光从这张脸上移开，他把手帕放在嘴里咬着”。直到盖上棺材，他仍然“一动也没有动。他的眼睛盯住这个空荡荡的墓穴。他的脸像我们刚才见到的死尸一样苍白……简直像石头人一样”。真是欲哭无泪。无声的悲哀有时比放声痛哭更加震撼人心。

造成悲哀的原因极多。上文集中谈论生离死别，因为那是人所熟知的情境。其实，考试的失败、情场的失利、事业上的挫折、生活中某种角色的丧失以及人生道路上的各种不幸都会给人带来痛苦，带来悲伤。即以角色的丧失而言，早在古代纪实的史

① 《茶花女》，江西人民出版社 1979 年版。

传文学和虚构的文言小说中已有反映。譬如《史记·淮阴侯列传》，写韩信被贬为淮阴侯后，生活充满凄凉的况味，原因即在“狡兔死，良狗烹；高鸟尽，良弓藏；敌国破，谋臣亡”。他作为不可或缺的大将的角色已经一去不复返了。又如唐传奇《南柯太守传》，写淳于棼梦为大槐安国驸马，声势显赫，不可一世。不料公主病故，他也渐走下坡，等到遣还人间时，“所乘车甚劣，左右亲使御仆，遂无一人”。过去十分谦恭的使者，这时对他也爱答不理。主人公于是在失去地位和权势的悲凉中恍然梦醒。同样，在我国现代小说和外国小说中也可信手拈来许多因失去角色而带来悲伤的例证。阿Q尽管有精神胜利法，然而在假洋鬼子一声“滚出去”的断喝中，他尝到了不能做革命党的悲哀。卡邱霞的悲伤固然是从车厢内外的对照领略到人世的不公，同时也可用丢失角色加以解释。由于原先朦胧设想的自身与聂赫留朵夫的亲密关系霎时之间全然打破，她不能不痛苦地意识到，自己是在被人玩够之后弃如敝屣的。

悲伤和痛苦关系至密。当痛苦系由生理或物理原因引发时，它同悲伤比较容易区分。一个重病患者、一个在车祸中负伤的人、一个因溺水或火灾而濒临绝境的人，最初的感觉都是痛苦。只有当他想到疾病、残废、死亡可能造成的种种后果，如求职的困难、世人的歧视、给亲人造成的拖累……时，才会感到悲伤。悲伤产生于痛苦情绪社会化的过程中。也正是在这个意义上，我们说悲伤是痛苦的发展和延伸。对于作家来说，更应注意的正是这发展和延伸，因为唯有社会化的情绪才能充分引起读者的同情与共鸣。雨果塑造的加西莫多（《巴黎圣母院》）、关伯伦（《笑面人》）之所以成为催人泪下的不朽典型，不是因为他们伤残，而是因为这伤残带来许多悲痛和不幸。

当情绪系由社会化原因直接引起时，痛苦与悲伤的界限就显得相对模糊了，但也并非完全不能区分。诚然，悲哀之情常常也可用痛苦来形容，如前文举过的诗词例证以及卡邱霞、阿尔芒的情绪都不妨说是痛苦；然而值得注意的是，痛苦在他们身上不表现为忍受，而表现为宣泄。对杜牧、李煜、李清照来说，创作本身就是宣泄。卡邱霞则以放声痛哭来宣泄。阿尔芒的表现比较特别，他想哭而没有哭出来，却不停地发颤，牙齿咯咯作响，眼睛充血，随即得了脑膜炎。换句话说，他是以神经质的反应和一场疾病来宣泄。如果我们多留心一些作品，兴许还会发现其他方式的宣泄，如奔跑、狂喊、埋头干活，等等。方式尽管不同，目的都是为了减轻和释放痛苦。凡曾在痛苦中写诗或大哭过的人大概都有这样的体验：当悲哀充分表现出来后，内心将会好受一些。再看小说中，卡邱霞一场痛哭之后，又被腹中胎儿轻轻一踢，果然恢复了平静。阿尔芒的表现看似吓人，陪伴他的人却说："我知道那个场面过去以后，痛苦将会减少，他会变得好一些。"医生也认为："……幸好肉体的病将会消灭精神上的病，过一个月，也许他这两种病都会痊愈。"①

由此可见，悲伤是痛苦的宣泄和释放，而宣泄之时，往往具有比一般的痛苦更鲜明更强烈的色彩。

据心理学界研究，不同情绪对人的认知会发生不同影响。人处于悲伤状态时其智力表现、操作能力等都会有所下降。在利他行为的表现方面也是欢愉之时胜过悲伤之时。尽管心理学实验常以儿童为对象，其结果对成人也每每有一定的适用性。作家们描写情绪，不可避免地会涉及情绪对认知的影响，善于观察的作家便会很准确地用形象的笔触将这一影响表现出来。《祝福》中的祥林嫂，第二次来鲁家帮佣时，"手脚已没有先前一样灵活，记性也坏得多，死尸似的脸上又整日没有笑影"，说明孩子的惨死带来的悲伤严重地影响了她的记性和操作能力。《红楼梦》中的刘姥

---

① 《茶花女》。

姥，竭力向贾母、凤姐卖乖讨好，则是因为世故的老人懂得，即便是阔亲戚，也只有在快乐之时才会乐于施舍。

那么，有没有例外的情况呢？有的。正如情绪可以影响认知，在成人身上，认知也可影响情绪。当悲伤情境出现时，有些人可以用坚强的毅力自行克制，甚至化悲痛为动力，以更认真更勤奋的精神去对待事业，对待工作。而在道德和情操的作用下，人们于悲哀之时也不是光顾自己，而是更加关心和体贴他人。20世纪60年代我国出现一部极有影响的长篇——《红岩》，其中不少章节写的都是用罕见的精神战胜痛苦、战胜悲伤的故事，特别是江姐与双枪老太婆相会一节读来尤其感人。那时她们都已获知彭松涛牺牲的消息，江姐甚至刚刚亲眼目睹了挂在城头的血淋淋的丈夫的头颅。可是她们首先想到的都是对方。老太婆竭力掩饰自己的悲痛，热情招待江姐。而江姐呢，“她悲痛地感触到对方也有隐藏的苦衷，她不忍当面刺伤老太婆苦苦的用心”。[①] 直到真相显露，在热泪交流中，她们想的仍然是如何减轻对方的痛苦、如何继承烈士未竟的事业……

① 《红岩》，中国青年出版社1963年版。

第五章　论厌恶

一个正常的婴儿，尝到苦药，必会皱眉耸鼻，压低嘴角，双眼微闭并转头躲避。据心理学界研究，这便是厌恶情绪的原初反应形式。如达尔文所说："厌恶这个术语，就它最简单的意义来说，是指某些东西的味道令人作呕。"①

小说家描写心理，恐怕并不探究各种情绪的原型。但有意思的是，早在白话小说诞生之前，传奇作者已经注意到厌恶与不良味道之间的关系。唐末传奇集《剧谈录》中有一则《李使君》，是一篇辛辣的讽刺小说。它描写几个穷奢极侈的贵家子弟，不但"穷极水陆滋味"，而且"常馔必以炭炊"（即以昂贵的木炭而不以通常的柴火为燃料）。一次，有位李使君特地以炭炊设宴款待他们，不料几位公子除水果之外，仍然什么都不愿入口，勉强吃了一匙冰餐，相互间还露出一脸苦相。事后，大惑不解的主人托人打听，才知道对方嫌自家的炭没有"炼"过，菜肴仍带烟气，"是以难食"。挑剔到如此地步，的确令人惊异。后来，黄巢军攻陷洛阳，公子们逃窜山谷，三日不曾进食。偶经一家以"脱粟"（粗粮，糙米）为餐而卖的小店，他们"腹枵既甚"，立刻"买于土杯中同食"，以为"膏粱之美不如"了。故事显然具有特定的时代意义。作者本人经历过农民起义带来的大震荡，于笑声中寄托着无尽的感慨。而作品中用以完成主题的重要手段，则是对贵公子们厌食表情的逼真摹绘。其中有这样的句子："各相眄良久，咸若啮蘖吞针。"面对珍馐佳肴，竟相互观望，像咬树芽（蘖）、吞

---

① 《人和动物的表情》，转引自《人类情绪》，第26页。

针一般难受，厌恶之态可谓溢于言表。此种写法，在作者固然是为了渲染，以与后段情节形成对比。另一方面也说明，尽管常言道：“舌之于味，有同嗜焉。”实际上不同的人，或同一个人处在不同的条件下，对味道的喜恶是可以很不一样的。

厌恶之感当然不限于味觉，嗅觉、触觉、视觉、听觉都会对不能接受的事物产生厌恶。准确地说，厌恶乃与知觉①相联系。只是艺术要求出奇制胜，因此在高手笔下，厌恶的表现可以千变万化，厌恶的对象也可不一而足。上举《李使君》，寄慨虽深，写法毕竟略嫌老实。将近八百年后，蒲松龄也写厌恶，其想象之奇特，就非唐传奇作者所能梦见了。譬如《聊斋志异》中的《司文郎》，写瞽僧嗅试官之文——

……至第六篇，忽向壁大呕，下气如雷。众皆粲然。僧拭目向生曰：“此真汝师也。初不知而骤嗅之，刺于鼻，棘于腹，膀胱所不能容，直至下部出矣！”

闻到恶臭气味而引起呕吐感，是厌恶的常态表现。文章狗屁不通，令人不能卒读，也是学界文坛常有的事。可是将两者连在一起，文章不是刺目而是刺鼻，这就超乎常理之外，匪夷所思了。也正是在这种地方，人们看到作者天才的闪光。

对厌恶的刻画，通常被用于人物形象的塑造，然而也有例外，巴尔扎克便常在环境描写中加以运用，从而显示出与众不同的匠心。譬如《夏倍上校》中夏倍的住处、《邦斯舅舅》中被称为巴黎之癌的贫民窟，景象之肮脏残破都叫人看了恶心。再看《高老头》中伏盖公寓的客室——

---

① 知觉（Perception），心理学名词，指比感觉更高级的认识活动。感觉是对客观事物个别属性的反映形式，知觉则是对事物的整体的反映形式。两者均属感性认识范畴。

这间屋子有股说不出的味道，应当叫做公寓味道。那是一种闭塞的、霉烂的、酸腐的气味，叫人发冷，吸在鼻子里潮腻腻的，直往衣服里钻……

客室呈现的应该主要是视觉形象，作家们一般也都惯于从视觉角度去加以描写。巴尔扎克偏从嗅觉落笔，由极度难闻的气味衬出房间的极不卫生。这是对厌恶之感的灵活运用，不像瞽僧嗅文那样怪诞，却有异曲同工之妙。而环境描写归根结底还是为了烘托性格。由客室气味之难闻，我们完全可以想象出生活在这种气味中的是怎样的一些房客。

以上谈的是嗅觉。至于由听觉、触觉、视觉产生的厌恶，小说中也屡见不鲜。但凡人物置身于脏乱、嘈杂或某种全然不适的环境，便往往会由相应的器官生出厌恶之感。高云览的长篇《小城春秋》，写吴七关在牢里，"一听耗子叫，心里总发毛"，可是耗子偏偏"一下子爬到他脊梁，一下子又跳上他肩膀，吓得他浑身哆嗦"。天亮后，他又看见"蜈蚣沿着墙缝爬，蟑螂黑压压地站满了顶板"。[①] 不长的一段文字，将三种器官的感觉都写到了。

不过，小说中真正难写而又最需写好的不是人对物的厌恶，而是人对人的厌恶；不是人的自然属性引起的厌恶，而是人的社会属性引起的厌恶。一个满嘴黄牙、喷着酒气，或身上极脏、发出恶臭的人，可能使人退避三舍，但小说家如果只会就此加以描写，那是远远不够的。既然生活中人际关系是那样复杂、微妙，小说笔墨也应无比丰富和多样。张爱玲的长篇《十八春》(后易名《半生缘》)，写曼桢被姊夫鸿才强奸一节，纯从人物情绪着墨，其对厌恶的描写，便完全不落俗套。这节文字共有四段约二百六十字，限于篇幅，我们摘引后面三段——

---

① 《小城春秋》，人民文学出版社 1979 年版，第 209 页。

从前有一次，鸿才用汽车送她回去，他搽了许许多多香水，和他同坐在汽车上，简直香极了。怎么会忽然地又想起那一幕？因为好像又嗅到强烈的香气。而且，在黑暗中，那香水的气味越来越浓烈了。她忽然觉得毛骨悚然起来。

她突然坐起身来了。

有人在这间房间里。①

这里，人物的主要情绪是惊恐，同时也掺杂着厌恶。与前文所举各种臭气不同，曼桢所厌恶的是对方身上强烈的香气。为什么？无须解释，读者自然明白，在搽香水的行为背后，包藏着可耻的兽欲。作者是用看起来与正常知觉相反的反应，写出了人物充分社会化的情绪，同时又巧妙地鞭挞了被厌恶的一方淫邪丑恶的灵魂。

钱钟书的《围城》，经过电视剧形式播出后，已经家喻户晓。回头看看小说，会发现，作者对厌恶情绪的描写也相当别致。譬如有关赵辛楣与范小姐的那些段落，可说非常准确地把握了人物心态。心理学实验表明，厌恶会导致躲避倾向的出现；而作品对赵辛楣情绪的刻画，正是紧紧抓住了躲避这一重要特征。那是在汪氏夫妇做媒的晚上，赵实际上一见面就已对范“失望得要笑”。偏偏“范小姐像画了个无形的圈子，把自己跟赵辛楣围在里面，谈话密切得泼水不入”，赵不得不虚与周旋。后来，汪先生进里间巡查，出来说了一大篇关于女佣人的故事。当说到“四只多余的禾花雀谁都不肯吃”时，镜头回到赵身上——

“可惜，为什么不送给我吃！”辛楣像要窒息的人，突然冲出了煤气的笼罩，吸口新鲜空气，横插进这句话。

① 《十八春》，江苏文艺出版社1986年版，第193页。

这是赵第一次用与他人搭腔的方式，试图从范的“圈子”里突围。第二次则是在高校长到来后，“辛楣忙把自己坐的首位让出来，和范小姐不再连席”。第三次是赵预先关照方鸿渐，一定要四人同走，以避免由他独自送范回家。第四次是过板桥，范故意走河底并失声尖叫，让赵来扶，而后者的态度是“含着谴责，劝她还是上桥走”，没有一丝热情的表现。第五次是当方鸿渐替范取回手提袋，从而再一次使范的愿望落空时，赵于“黑暗中感激地紧拉鸿渐的手”。整段情节中，作者并没有具体说明赵对范何以不满，但是，从他的表现，特别是从他“严肃地”关照方鸿渐，到“感激地紧拉”方的手，可以看出，他已把与范单独相处视为绝对无法忍受的事。同时又正像他所说的：“咱们是留学生，好像这一点社交礼节总应该知道。”[①] 所以，尽管内心厌烦透顶，外表还是竭力维持着应有的礼貌。你看，这是多么逼真的生活场景，多么微妙的情绪表现！

恰如所有的情绪都可能在一定条件下发生转化，厌恶情绪也不是一成不变的。即使是面对同一对象，当他身上招致厌恶的某些因素突然消失时，或当一个比他更让人厌恶的形象出现在面前时，或当一个原先盖过他的受人喜爱的形象不复存在时，人的情绪都可能有所变化，原有的厌恶会减轻、消散，甚至转化为喜爱。许多作家都于有意无意中描写过这种变化。

《聊斋志异》中有篇《恒娘》，写的便是一个“变憎为爱”的故事。主人公朱氏“姿致颇佳”，但不谙媚术，因而不为丈夫洪大业所喜。后在狐女恒娘的指点下，自动疏远丈夫，又故意“垢面敝履”达一月之久，才忽然装扮一新，使洪不由“上下凝睇”，却又不让他轻易接近；继而更从恒娘学得“秋波送娇”、“瓠犀微露”种种媚态，终于使丈夫“形神俱惑”，“跬步不离闺闼”，唯恐

---

① 《围城》，人民文学出版社 1980 年版，第 233—279 页。

见拒了。这篇小说可能别含政治上的讽喻意义——篇末的“异史氏曰”曾将故事与“佞臣事君”联系起来。从情绪研究的角度看去，则洪的变化全因朱的变化而起。既然原先引起厌恶的各种因素如不会献媚、缺乏新鲜感、容易得到（不懂拒绝）等都已彻底消失，那个“厌故而喜新，重难而轻易”的丈夫的改变也就再自然不过了。

为什么说，当一个更让人厌恶的形象出现时，人对原先那位的感觉会有所变化呢？因为事物是相比较而存在的。刚吃过黄连，会觉得一般中药并不很苦；刚尝过柠檬，会觉得一般水果都不太酸。当面前出现两个与己有关的对象时，人同样会在比较中作出认知评价，从而影响情绪。左拉有个短篇《陪衬人》，行文颇夸张，却不啻为上述观点的一个图解。小说写一个名叫杜朗多的商人，征召了一批丑陋不堪的年轻女子，随即开办了一个陪衬人代办所，专门为夫人们提供丑陋的伴女。杜氏在开业广告中宣称：所有的化妆品、首饰、假发，都难免露出破绽，唯独他所提供的服务，效能万无一失。诚如破衣烂衫可以衬托新衣的价值，“租一个陪衬人，与之携手同行，足使夫人陡增姿色，博得男性青睐”！杜朗多的事业获得了成功。“从第二天起，代办所就忙碌起来，营业部挤满顾客，她们乐不可支地带走自己挑选好的陪衬人。天晓得一位美女倚在丑女的臂上有多少快感。她们即将在别人的丑陋衬托之下增加自己的姿色了”。[①]

这篇小说反映的现实是过于畸形了。其实，日常生活中，比较意识也是随时影响人们的情绪的。一个观察细腻的作家，不会忽略角色在比较中发生的情绪转换。仍以《围城》为例。赵辛楣讨厌范小姐，固然主要由范本身的因素所致；另一方面，读者想必都会注意到，与范接触之前，赵曾与方同去汪家拜访，美貌健

① 《外国短篇小说》中册，上海文艺出版社 1978 年版，第 254、255 页。

谈的汪太太给他留下了难忘的印象，甚至在潜意识中唤起了他对先前爱恋过的苏文纨的联想。做媒的当晚，他也曾不能控制地为她的风采谈吐所吸引，“眼光像胶在汪太太的脸上”。所以，当范向赵主动进攻时，身边实际站着一位陪衬人。不幸的是，陪衬人富于魅力，相衬之下，反而使她更加不讨人喜欢了。可以设想，如果做媒的不是汪太太，而是一位蠢笨的女主人，当范来到时，身旁又出现一位更加令人厌恶的女性，那么，赵对范的最初印象兴许会全然异样。

关于情绪的变化，我们还可从厌恶与敌意的关系加以探讨。伊扎德的“动机—分化理论”将情绪分为基本的与复合的两大类。厌恶属于先天即有的基本情绪之一，但是，在某种情况下，它可以与愤怒、轻蔑相结合，成为敌意这一复合情绪的重要成分。譬如，当被厌恶的对象成为人希望达到的某种目标的障碍时，它所引起的就不仅仅是厌恶，而是包含着厌恶的敌意情绪了。厌恶通常导致躲避，敌意则常含有伤害对方、击败对方或使对方受窘等意向。尽管如此，敌意也会在一定条件下减弱或转化。

我们还是来看小说。《围城》中，赵辛楣最初曾在上海追求苏文纨。那时他视方鸿渐为情敌，不仅心中厌恶，而且愤怒和轻蔑。为了击败对手，他精心安排过一次有“诗人”董斜川、“哲学家”褚慎明和方、苏参加的宴会，在董、褚的配合下，当着苏的面，大出了方一通洋相。可是这敌意并没有持续多久，因为很快他就获知苏与曹元朗结婚的消息，又获知方从未爱过苏，于是先前的芥蒂涣然冰释，两人竟成了好朋友。

那么，在三角式的关系中，异性之间的情绪又是怎样呢？一般说来，只要那被厌恶的一方没有成为自己追求另一人的障碍，厌恶就不会发展为敌意。譬如，赵辛楣讨厌范小姐，固然有汪太太的因素在内，但赵与汪太太之间的障碍（有夫之妇，且态度并不明朗）却与范毫不相干，所以赵对范不会萌生敌意。如果被厌恶的一方竭力阻挠另外两人的结合，或主观虽不阻挠，客观上却处于一种阻遏的地位时，敌意就可能被引发出来。以大家熟知的安娜·卡列尼娜来说，当她第一次与渥伦斯基同车回到彼得堡时，也许只是对卡列宁的耳朵突然有点看不惯，可是，当后来丈夫拒绝离婚，使她不能改嫁，也不能出入社交场合时，她所体验的就绝不仅仅是生理上的厌恶了。又如《静静的顿河》中，善良的娜塔莉雅尽管没有错，但葛利高里认为她妨碍了自己同婀克西妮亚的私情，因此对她的厌恶几乎是敌意的。不过，这种敌意也可能改变。当葛利高里从前线回来，发现昔日情妇已被地主少爷勾引时，不是曾经万分气愤并同妻子重归于好吗？

第六章　论羞涩

翻开《旧约全书》，你会发现，在基督教的描述中，人类产生的第一种情绪，不是别的，竟是羞涩。品尝禁果之前的亚当、夏娃，没有情绪可言，唯当受了蛇的诱惑，尝了善恶树上的果子之后，才感到赤身露体是一种羞耻，于是才知道躲藏，才知道用无花果树叶为自己编织裙子。

这个故事对我们至少有两点启发：第一，它说明羞涩是社会化的情绪；第二，它指出羞涩是退缩性的情绪状态，其通常的表现是遮掩和躲藏。

与我们已经谈过的欢愉、厌恶不同，羞涩不会纯由生理的原因所引起。实验表明，羞涩的最初显露约在儿童一岁至一岁半的时候，诱因则为熟悉环境中陌生人的出现。没有人际间的接触，无所谓羞涩。为此，对于羞涩能否归入先天即有的基本情绪，心理学界存有歧见。伊扎德是将它列入基本情绪的，我国心理学家孟昭兰也同意这种观点。理由是，羞涩虽然总是含有社会内容，但它“在个体发展中的出现不是习得的，而是生理成熟的自然显露”①。

以我们的浅陋，不敢对上述问题妄加置评。想说的是，唯其羞涩含有丰富的社会内容，它从来都是文学艺术乐于表现的情绪，有些作品的成就甚至就同羞涩联结在一起。

古希腊有个神话故事，是说众神之王宙斯爱上了斯巴达王后丽达，就化身为天鹅前去引诱。她后来生下两个蛋，蛋中出来一

---

① 《人类情绪》，第110页。

男一女。这桩神人之间的风流韵事曾经吸引了三位文艺复兴时期的意大利画家，于是人们面前出现了三幅题材相同而风格迥异的绘画。米开朗琪罗的丽达魁伟而严肃；高雷琪奥的丽达放纵而销魂；达·芬奇的丽达则被天鹅用翅膀搂着，低垂眼睛，不胜羞涩。她的含羞的表情与人体姿态构成的曲线，给作品带来一种典雅细腻之美。丹纳为说明艺术中理想的种类与等级，曾在其名著《艺术哲学》中对三幅作品做过一番比较和分析。而在我们看来，达·芬奇的那一幅，若离开了人物欲掩还羞的神态，主要的魅力也就不复存在。

如果说，单幅绘画在表现复杂情绪方面多少受到叙事机能的局限，那么，在叙事体文学中，这种局限可以全然打破。留意一下小说中的心态描写，就会发现，羞涩可以体现在各种年龄、性别、职业、性格的人身上，可以由各种不同的情境所引发。有时它发生在稠人广众的场合，有时又发生在两人晤对之际。有时批评使人羞惭，有时表扬也使人害羞。有时身处同样的情境，一人可以坦然自若，另一人却会羞不自胜。仅仅一部《红楼梦》，就有不知多少关于羞涩的精彩描写。袭人独自听宝玉说神游太虚境，曾经羞得“掩面伏身而笑”；后与晴雯拌嘴，因为误说了“我们”二字，被后者一张利嘴点破，又曾“羞的脸紫涨起来”。“薛宝钗羞笼红麝串”一回，宝钗是被宝玉呆呆的目光看得不好意思。“呆香菱情解石榴裙”一回，香菱从斗草到换裙，先后红了四次脸。“攀高枝”的小红，是在梦中与贾芸相遇，“臊的转身一跑”。自称“槛外人”的妙玉，则是在看棋时被宝玉的几句话说得“脸上的颜色渐渐的红晕起来”。此类文字还可举出很多很多，甚至世故如刘姥姥、泼辣如王熙凤，当两人第一次见面时，老人因为有求于对方而“未语先红了脸”，凤姐也因想同贾蓉说什么秘密的事而“忽然把脸一红”。至于林黛玉，不但有过比任何人都多的羞涩表现，而且她的爱情悲剧就同她的始终羞于启齿联系在一起。可以说，没有羞涩，就没有林黛玉的独特性格，也就没有宝黛独特的爱情可言。

小说中的羞涩，虽然色彩丰富，但凡是成功的刻画，都不会背离心理学研究的结论。首先是在社会化这一点上，羞涩与一切纯由生理原因引发的情绪划清了界限。人们可以在小白鼠身上测试欢快效应，却不可能在任何动物身上测出害羞表现。如果一条狗或一只猫在进食时左顾右盼，那只是为了防备意外的抢夺和袭击，与羞涩绝无关系；可是一个在酒席上狼吞虎咽的人却可能因为受到别人注视而忸怩不安。《飘》中少女时代的郝思嘉，每逢出门赴宴，嬷嬷都要强迫她“先在家里把肚子装得十足，以便在宴会上可以吃不下东西”，倘若一位小姐做客时“吃得像田里做活的人”，[①] 那是十分可羞的。

同样，人们可能对自己身上因没有洗澡而出现的积垢、散发的臭味感到不舒服甚至厌恶，却只有当这积垢和臭味暴露在别人面前时才会引起羞涩。试看鲁迅《肥皂》中的一段情节——

“唔唔，你以后就用这个……”

她看见他嘴里这么说，眼光却射在她的脖子上，便觉得颧骨以下的脸上似乎有些热。她有时自己偶然摸到脖子上，尤其是耳朵后，指面上总感着些粗糙，本来早就知道是积年的老泥，但向来倒也并不很介意。现在在他的注视之下，对着这葵绿异香的洋肥皂，可不禁脸上有些发热了，而且这热又不绝的蔓延开去，即刻一径到耳根。

这段文字，清楚不过地表明，羞涩的产生，不是因为耳朵后面积着老泥，而是因为老泥受到了丈夫的注视！

---

① 《飘》，浙江人民出版社 1979 年版，第 85、86 页。

那么，是否难看的吃相、脏臭的身体在受到注意时必然引发羞涩呢？也不尽然。心理学家在对儿童试验后，得出的结论是："当儿童暴露在自己不能控制的情境下（如陌生人面前）时，它是使儿童产生把自己'藏起来'的愿望的一种体验。"① 这里，关键的字句是"自己不能控制"。小说中产生羞涩的具体情境可以千变万化，但有一条是不变的，即必须是一种自身难以控制的情境。如果可以控制自如，或者可以用解嘲的方式加以对付，羞涩就不会发生。《战争风云》中，娜塔丽和拜伦一路风尘来到华沙后，她几次三番地说自己"脏得使人难以相信"、"身上管保也是那个味儿，也许更难闻"；还在洗澡前说，"好了，趁着咱们俩都还带着臭味儿"，② 于是搂住拜伦吻了一下。又一次，在里斯本的皇宫饭店，她一面津津有味地吃着早餐，一面对斯鲁特说："亲爱的，可别见怪，我贪吃得像只猪啦……"可见，无论脏臭，还是吃相，都未能使她害羞。是否她生来皮厚，永不知羞呢？并不。就在里斯本进早餐的当天下午，当与拜伦旋风般的办完结婚手续后，她曾与外号"夫人"的埃斯特之间有过一段对话——

娜塔丽拂掉衣服上的米，又用手指关节拭了拭眼睛。"这么一来，婚礼可正式了！底下该做什么啦？"

"要是你不懂的话，"埃斯特"夫人"说，"拜伦可得赶紧详详细细地给你解释一番。"

说得娜塔丽张口结舌，脸羞得像块红砖。"哎呀，勃拉尼，这是个什么人物？"③

为什么同一个娜塔丽，表现如此不同呢？因为当她大声张扬

① 《人类情绪》，第261页。

② 《战争风云》，人民文学出版社1979年版，第204—207页。

③ 《战争风云》，第707—718页。

自己的脏臭、饿狼般的进餐时，面对的是未婚夫拜伦和以前的情人斯鲁特，所处的是熟悉的、为自己所把握的情境；而后来面对的却是刚刚结识的埃斯特，对方机敏而粗鲁的插话使她猝不及防，作为新娘的羞涩顿时被引发出来。

关于前文谈到的亚当、夏娃给我们的第二点启发，即羞涩是退缩性的情绪状态，心理学研究也早已得出相同的结论。从儿童的试图把自己“藏起来”，到成人显示的低头、视线转移、目光回避等姿态，都表明羞涩与退缩相联系。实际上“羞缩”本身即构成一个词汇。至于那些成功的小说描写也无不写出了羞涩者的退缩心态。小说家们爱写人物如何如何羞红了脸，而脸红正是藏躲不及带来的结果。羞涩往往发生在欲退不能、欲避无术之时，人物被动地处于不能控制的情境中，于是血液循环加快，毛细血管扩张，脸很快地涨红了。也有不少作品，既写脸红又写藏躲，从而将人物的整个表情举止都历历如绘地呈现出来。上文谈到《红楼梦》对羞涩情绪的卓越描绘，其中如“掩面伏身而笑”、“臊的转身一跑”等都含有藏躲动作在内。下面再看两个例证——

……薛姨妈笑道：“这孩子，急什么！想必催着姑娘出了阁，你也要早些寻一个小女婿子去了。”紫鹃飞红了脸，笑道：“姨太太真个倚老卖老的！”说着便转身去了。黛玉……也笑道：“阿弥陀佛，该，该，该！也臊了一鼻子灰去了！”……

……这王家的一心只要拿人的错儿，不想反拿住了他外孙女儿，又气又臊……只恨无地缝儿可钻……只好打着自己的脸骂道：“老不死的娼妇，怎么造下孽了？说嘴打嘴，现世现报。”……

两段引文分别出自《红楼梦》第五十七回和第七十四回，从中可以鲜明地看出羞涩具有的躲避倾向。第一段对话发生在潇湘馆。其时一片真心为着黛玉的紫鹃试图接过薛姨妈的话头，以促成宝黛的婚事；不料后者话锋一转，玩笑冲着自己开来。年轻的丫头招架不住，只能红着脸儿转身脱逃。第二段写王善保家的表现，那“恨无地缝儿可钻”一句不啻为当时神态的活画。至于后来的自己打骂自己，同样是一种退缩；也可以说，是在突然出现的不利情境下产生的应激①反应。

从上述引文，还可看到一种区别，即紫鹃是羞中含笑，而王善保家的分明于羞中含着气愤和痛苦，准确地说，乃是羞愤。这就说明，作为基本情绪的羞涩，当其在婴儿身上刚刚显露时，色调也许很单一，但随着儿童的成长，它必然同认知相结合而趋向复杂，变成了复合情绪。这时发生的羞涩，包含着多种不同的情绪成分。由于各种成分的比例有变化，羞涩也就呈示异常丰富的色彩。我们先来看李清照的一首《点绛唇》——

蹴罢秋千，起来慵整纤纤手。露浓花瘦，薄汗轻衣透。见客入来，袜刬金钗溜。和羞走，倚门回首，却把青梅嗅。

一个天真的少女，荡罢秋千，身上还冒着汗。突然客人来了，她不好意思，赶紧走开，匆忙中鞋也忘了穿（只穿着袜子），头上的金钗也掉了。然而进屋之前，她忍不住回过头来，想看个究竟（也许是想看看别人的反应）。这里，羞涩发生的情境颇接近心理学家对儿童的原型试验，即熟悉环境中陌生人的出现，但人物的情绪并不单一。就在少女倚门回首之际，我们看到了羞涩中包含的好奇心，也就是另一种情绪——兴趣。

羞涩往往发生在人的某种秘密被揭露之时，而这秘密的性质

① 应激（Stress），心理学名词，详见《情绪心理学》，第403页。

便决定了情绪的构成成分。如果秘密是连自身都感到丑恶的，当然绝无快乐可言。反之，如果它具有美好的性质，这时人的羞涩中就会出现内隐的笑意。譬如理想的爱情和婚姻，对青年男女来说是美好的，所以当紫鹃遭薛姨妈嘲笑时，一面羞红了脸，一面又含笑搭腔，在她的羞涩中便带有快乐的成分。再看前文举过的例证，达·芬奇笔下的丽达，也于羞容中含着幸福的笑意；而被埃斯特弄得满面通红的娜塔丽，内心的体验无疑也是甜蜜的。倒是《红楼梦》中一些人物的情绪比较复杂。譬如身为出家人的妙玉，爱情在她心中既是美好的，又是罪恶的，当红晕升上她的面颊时，怕就不是羞涩与快乐的简单结合，而是混合着痛苦、自责、害怕等更多样的成分在内了。又如林黛玉，对宝玉的爱恋在她心中是个美好的秘密，可是由于众所周知的原因，这秘密带给她的焦虑、忧郁、悲哀远远超过欢愉。而当秘密暴露之时，她的反应也总是极其复杂。羞涩之中，时而含着快乐与希冀，时而含着痛苦与焦灼，时而带着气恼与嫉妒，时而又带着自责与怜惜……每每在羞涩的场景过后，接着出现的就是一场痛哭或通宵失眠。

在羞涩情绪的表现方面，《红楼梦》至今仍是一座无人逾越的高峰。

不过，应当看到的是，当代有不少作家正有意识地向着高峰攀登。荣获茅盾文学奖的《少年天子》，不仅在对庙会、出丧等情节的铺叙中显示了作者对民俗、皇俗的熟悉以及驾驭大场面的能力，而且更在人物性格与心态的呈示方面有着刻意的追求。凌力于书后的“创作反思”中曾谈到她如何描写福临与乌云珠的“儿女情”，如何“向人物的心灵境界深入”，所谈都切合事实。我们想说的是，她对人物情绪的刻画也颇有独到之处。小说中与福临私相爱悦的乌云珠有过多次害羞的表现，但她的羞涩与前面举过的所有形象都不同。区别何在呢？且看几段例证——

乌云珠起初十分狼狈和羞怯……但很快她就被福临的话所吸引……

……她像悟到了什么，又一次红了脸。不过她迅速恢复常态……

……她明白了。红晕顿时飞上面颊……只听得见自己的心跳、血流……

乌云珠犹豫片刻，一抿嘴唇，横了心……①

这里，独特之处不在于羞涩本身，甚至也不在于羞涩中包含的兴奋，而在于人物每一次都能迅速地战胜羞涩，克服自己的胆怯和试图逃躲的心理，勇敢地去迎接爱情。正是这独特的表现使她的性格放射异彩，从而演出了一幕三百年前十分奇特的宫廷戏剧！

---

① 《少年天子》，北京十月文艺出版社 1987 年版，第 181、194 页。

第七章　论内疚

钱钟书为杨绛的《干校六记》作《小引》，劈头一句便是："我觉得她漏写了一篇，篇名不妨定为《运动记愧》。"什么人会"记愧"呢？一般群众。他们回首运动过程，"或者惭愧自己是糊涂虫，没看清'假案'、'错案'，一味随着大伙儿去糟蹋一些好人；或者（就像我本人）惭愧自己是懦怯鬼，觉得这里面有冤屈，却没有胆气出头抗议，至多只敢对运动不很积极参加"。至于那些运动中的"旗手"、"鼓手"，"打手"，按理最应当"记愧"的，却"很可能既不记忆在心，也无愧怍于心，他们的忘记也许正由于他们感到惭愧，也许更由于他们不觉惭愧"。

一篇不足千字的《小引》，主要谈的就是"惭愧"二字。这里的"惭愧"与"内疚"同义。而上引的几句话，已于无意中道出了内疚的若干主要特征，即内疚是由伤害他人引起的自罪感；内疚与认知、移情相联系；内疚与道德内化互为因果。

在伊扎德列出的十一种不学而能的基本情绪中[①]，内疚同羞涩一样，是存有争议的一种。两者在外显形式上也颇相似，即都可能伴有低头、目光回避一类表情。所不同的是，羞涩与伤害他人之间没有必然联系，而内疚必定以伤害他人为前提。内疚的最初显现约在儿童一岁至一岁半的时候。当一个小孩因抢夺玩具而导致另一小孩跌倒和哭泣时，他往往会有安抚对方的举动并可能拍打自己的头以示自惩，这正是内疚的表现。三岁以后，内疚成为经常出现的情绪，各种"闯祸"行为如打碎茶杯之类，都会使

① 十一种基本情绪是：兴趣、惊奇、痛苦、厌恶、欢愉、愤怒、惧怕、悲伤、羞涩、轻蔑、内疚。

孩子感到是给父母造成了损害，从而产生不安。由于具有上述性质，内疚给人带来的主要体验是痛苦。羞涩者可能一面脸红，一面含笑；内疚者却笑不出来。虽然一切基本情绪随着认知的参与都会很快发展为复合情绪，但复合形态的内疚通常是痛苦、惧怕、羞涩等情绪的组合，并不含有快乐的成分。心理学有所谓DRS测量①，结果表明，内疚的愉快维是极低的。

心理学实验常以儿童为对象，所得结论却每每具有通用性。尽管随着人的年龄渐增，阅历日富，所处情境日繁，内疚的表现也日益多样和曲折，但一些规律性现象总是既见之于儿童，也见之于成人。生活是如此，优秀作品中的人物心态呈现也莫不如此。

我想起《战争与和平》。

这部长篇颇多关于内疚情绪的刻画，其中给我印象最深的有两处：一处是写娜塔莎险遭阿那托尔诱拐后，对安德烈所怀的深深的负疚心理，其特点是充满自罪、自赎和补偿的色彩，由此形成了作品中极其柔婉动人的篇章。另一处是对尼考拉的描述，特点是极富对照映衬之美；而就心理模式来看，似乎是将三岁小儿打碎茶杯后的情绪做了放大。事情发生在他与道洛号夫赌牌输了之后。他的家境并不富裕，不久前父亲刚刚给过他两千卢布，他也保证过整个春季不再要钱了，现在却不得不把惊人的欠账告诉老父，他完全能想象到这对老伯爵是何等沉重的一击，因而陷入深深的内疚之中。

托尔斯泰分两节来描述尼考拉的心理流程。第一节写他当晚回到家里，发现大家正在弹琴、唱歌。姑娘们的快乐与他的愁闷形成鲜明的对照。第二节写他与老伯爵谈话。这里也有两种对照：父与子态度的对照；尼考拉外表与内心的对照。他心中一直

---

① DRS是一个四维量表，包括愉快维、紧张维、冲动维、确信维。详见《人类情绪》，第230页。

在痛骂自己是坏蛋，是贱人，用整个生命都不能赎自己的罪过；可是表面装得满不在乎，故意用不经意的语调说：“我输了一点钱，就是说，很多，是非常多，四万三千。”甚至还粗鲁地加上一句：“没有办法！谁没有过这种事情呢！”果然，伯爵“忽然像老人们中风那样红了颈子和后项”、“摊开手，软弱无力地在沙发上坐倒了”；然而他并没有责备儿子。“是的，是的，”他说，“困难，我怕，难以筹到……谁没有过！是的，谁没有过……”这时，尼考拉再也维持不住冷酷的面具，激情如洪水决堤般倾泻而出——

“爸爸！爸……爸！”他跟在他背后叫着，哭泣着，“饶恕我！”他抓住父亲的手，把嘴唇贴上去，并且流泪了。[①]

捕捉人的表情与内心、言谈与眼神的不一致，是托尔斯泰的惯用手法。譬如写尼考拉与索尼亚口头上彼此称“您”，目光交遇时互相称“你”；安娜口头上对渥伦斯基说“让我们做好朋友吧”，眼睛却说出了全然不同的话，[②] 等等，均属此类。由于掩饰真情是成人常有的事，作者这样写，就恰好真实地再现了人物的情绪、个性及相互间的关系。上引尼考拉的内疚表现也是如此。我们只需回顾一下青年时代自己做了错事后的心情与表现，就会惊叹作者的刻画是多么细致、逼真。

《运动记愧》，自然也由伤害他人所引起。钱钟书把愧疚者分为“糊涂虫”和“懦怯鬼”两类。从情绪发生的时间说，“糊涂虫”是事后惭愧，“懦怯鬼”是当时即已惭愧，不过实质并没有什么不同。运动曾在我们的生活中占有极重要的地位，虽然杨绛漏写了一篇，新时期文学却不会遗漏这一题材。实际上有些名称如

① 《战争与和平》，高植译本，第二卷第一部第13—16节。

② 《安娜·卡列尼娜》，人民文学出版社1978年版，第204页。

“伤痕文学”就与“文革”连在一起，而所谓“伤痕”在某种意义上也几乎就是“内疚”的同义词或近义词。有许多作品并不归在某种旗纛之下，但也同样正面或侧面地涉及运动，涉及风浪前夕、风浪之中和风浪过后人的种种心态。在我的记忆中，20世纪80年代初期的一些获奖作品如《天云山传奇》、《土壤》、《淡淡的晨雾》中便都有“记愧”式的文字出现。至于巴金的著名的《随想录》，固然具有多方面的意义和价值，而内疚之情的随时流露不啻为其一大特色。特别是在怀念老舍、冯雪峰、胡风、满涛等友人的篇什中，作者以高度的自审意识做了无情的自我解剖。譬如《纪念雪峰》一文中，他谈到自己想不通雪峰怎么会是右派，但还是上台做了批判发言——

……我并不像某些人那样“一贯正确”。我只是跟在别人后面丢石块。我相信别人，同时也想保全自己。我在一九五七年反右前讲过：“今天谁被揭露，谁受到批判，就没有人敢站出来，仗义执言，替他辩护。”……这二十二年来我每想起雪峰的事，就想到自己的话，它好像针一样常常刺痛我的心，我是在责备我自己。我走惯了“人云亦云”的路，忽然听见大喝一声，回头一看，那么多的冤魂在后面“徘徊”。我怎么向自己交代呢？①

《随想录》并非小说，不过，它的语言的质朴无华，它对历史悲剧的冷静的反思，它的严酷的自责精神，尤其是它对受害者、对“冤魂”的深深的同情与追怀，对于小说家描写内疚显然是极有启发的。写到这里，问题已涉及内疚的另外一些特征，涉及内疚与认知、移情、道德内化的关系。

内疚与认知的关系似可不言而喻。儿童在懂得把别人的痛苦

---

① 《随想录》第一集，人民文学出版社1980年第一版，第131页。

与自己的伤害行为联系起来之前，不可能产生歉疚之情。只有当他具有一定的因果推论能力时，自罪感才会发生。而行为与后果之间的关系越是间接和隐蔽，引起内疚所需要的认知水平也越高。钱钟书用“糊涂虫”来称呼部分不明真相的群众，就说明在运动开展的当时，他们对自身的伤害行为并无认识（多半还认为是“革命行动”），因而也无愧疚。巴金《随想录》中的内疚所以特别深沉，就因为对自身、对他人、对整个历史悲剧都有了深刻的认识。

移情在内疚形成的过程中也具有重要作用。作为心理学概念的移情，指的是人际交往中，通过情绪气氛的渲染和交流，自身产生与他人相接近的情感体验。而内疚的发生，除了认知因素外，正需要对受害者的痛苦有相近的体验。譬如运动中，只有体验到对方的冤屈，才会对自己的落井下石感到愧疚。

小说中成功的内疚描写，总是与移情相关联。前引《战争与和平》中的尼考拉，还在输牌之前，当想到父亲曾经要他节省一点时，实际已经体验到老人的拮据，因此输钱之后才那样难受，才试图翻本，而终于输得不可收拾。后来他同老伯爵谈话，也无时不在感受着对方的惊惶、焦愁、痛苦，负疚之情正是随着这种感受的增强而不断加深。

我又想起一个例证，比尼考拉更为典型。

20 世纪 50 年代初期，伏尼契的《牛虻》曾经风靡我国读书界。留意一下两个重要人物——琼玛和蒙泰尼里，你会发现内疚在性格塑造中构成了多么重要的环节。特别是琼玛，整个人几乎就被悔恨和自谴包裹着。内疚，在尼考拉身上只是偶然出现；对琼玛来说，却是一种持续存在的情绪状态，用心理学术语称之，叫作“心境”[①]。十三年来一个惨痛的呼声老是从她心坎里发出：

① 《情绪心理学》，第 405 页。

“我杀死了亚瑟！亚瑟死了！”而现在，自从牛虻出现，自从她在他的动作中偶尔发现了昔日亚瑟的影子，自从他于病中向她讲述了去南美后的可怕经历，她的情绪又有变化。她觉得宁可送掉性命，也情愿忍受那原先的沉重负担了。因为如果她只是导致对方自杀，那不过是一种已经习惯了的悲痛；但是假如她当初不是把他赶到水里，而是赶到了比死更为悲惨的境遇中，那么这内疚是简直无法承受了。还在听他讲述杂耍班小丑生活时，她就曾用双手掩住耳朵，含着晶莹的眼泪说：“不要讲了！我再也听不下去了！停止吧，看在上帝的分上！”以后，她有好几夜没有睡好，眼皮下面显出了黑影。她不能不回想起他所叙述的一切——

她坚定地、无所顾惜地一步一步走进他以往生活的地狱里去。那些情景都生动得如同她自己亲眼看过、亲身经历过一般。那裸露的灵魂的无可奈何的战栗，那种比死还要难受的嘲笑，那种孤独时感到的恐怖，那种缓慢的、折磨人的、无情的肉体的痛楚。她仿佛就跟他并坐在那印第安人的肮脏茅屋中，跟他一起在那银矿里，咖啡地里，以及那个可怕的杂耍班里受罪……

杂耍班——不，她至少得把这个印象赶快摆脱掉；这是只要坐在那儿想想就足够使人发狂的。①

这里，全段都是移情心理的描绘。琼玛自然从未经历过亚瑟的生活，然而现在运用自己的想象，设身处地地体验着他所遭受的一切折磨、痛楚、侮辱。她的内疚，她的自罪感，经由移情而大大强化和深化了。

道德内化也是一个心理学术语，指的是社会道德准则为个体所掌握，它同内疚之间是互为因果的关系。就是说，一方面，只

---

① 《牛虻》，中国青年出版社 1978 年版，第 185 页。

有实现了道德内化，才可能对自己的不良行为产生内疚；另一方面，内疚又可变为动机力量，促成道德内化的实现。通读巴金的《随想录》，可以清楚地看出这种双向关系。而钱钟书指出一些运动中最该“记愧”的人，反而毫不惭愧，也说明道德的欠缺影响了内疚的发生。

小说家描写内疚，不可避免地会涉及一个人的道德认知、道德感情。当描写与心理学的结论相符时，总是很快为读者所认可和接受并由此引起共鸣。譬如琼玛的负疚心理就含有浓重的道德色彩。尽管听蒙泰尼里说过，“杀死”亚瑟的是他，可她还是把责任归诸自己，为此愁白了阔阔的一绺头发。她的真诚的悔恨使一向善于掩饰的牛虻不禁为之动容，也令读者感动不已。又如前文提到的《战争与和平》中的娜塔莎，在安德烈负伤至去世那段日子里，那样默默无声地照料他，可以说，正是深深的内疚促成了道德的高度内化。顺便指出，这段情节在娜塔莎性格成长史上乃是关键的一笔，从此她告别了天真烂漫的少女时代……

当然也有些作品的描写是不成功的。这里可能出现两种差谬：或者是一个毫无道德感的人无端发生内疚；或者是一个富于道德感的人伤害别人之后毫不负疚。前一种情况在初学写作者的笔下屡见不鲜，原因可能是为了使人物显得立体、“圆形”，硬给“他”或“她”添上了一些游离于性格之外的特征，结果因不合情理而不为读者所接受。其实道德内化是相对的，没有人会在一切时候、对一切人都讲道德或都不讲道德，全看作者如何描写。托尔斯泰笔下流氓习气的道洛号夫也有内疚之时，那是在他决斗负伤之后，觉得对不住靠他赡养的老母。如果不是这样，而是突然对别人（如彼埃尔或尼考拉）感到负疚，那就不符合他的性格，也有违于心理学的结论了。

后一种情况似乎较少出现，但也不是没有。唐传奇名篇《莺莺传》是部不断引起评论家兴趣的作品，一般的探讨都集中在张生的原型是否即为元稹、莺莺的真实身份是高门甲族还是出身微贱等等方面。倘从心理学的角度研究，这部作品刚好提供了一个道德与情绪相矛盾的例证。故事中富于才情的女主人公莺莺被薄幸男子张生“始乱之，终弃之”。这样的事例在唐代社会十分普遍。如果男子全无道德，当然不会愧疚；如果稍有道德，则必定程度不同地会有自罪意识、负疚感情发生。即使如《霍小玉传》中负心的李益，当小玉死后，也能“为之缟素，旦夕哭泣甚哀”，① 说明内心还是抱愧的。唯独张生，不但不觉惭愧，反而攻击莺莺是“尤物”、“妖孽”，说什么“予之德不足以胜妖孽，是用忍情”。当时人们对他也竟无一句指责，还“多许张为善补过者”，② 似乎对于受害者愈不同情，愈少内疚，就愈有道德。这样写，在作者或有隐衷；在读者看来，则是完全违背常情的。所以，后来董解元、王实甫据以改编《西厢记》时，都毫不犹豫地改变了结尾，砍掉了这种可耻的议论。

---

①② 鲁迅：《唐宋传奇集》。

第八章　论兴趣

没有兴趣，就没有生命。

一个人，对自然、对社会、对事业、对异性、对以往、对未来、对世上的一切，都失去好奇之心、探究之兴，那么，即使他还活着，也已形同槁木。如果他是老人，可以断言他将不久于人世；如果他还年轻，他的心灵已接近死亡……

所以，艺术若想表现人生的生气勃勃或死气沉沉，作者就不可避免地会碰到一个问题：如何对待兴趣？

兴趣，是与生俱来的一种基本情绪。当小儿呱呱坠地，随着新异性的光、声或运动着的物体产生视听追踪时，兴趣即已萌生。冰心有部小说《分》，用夸张的笔墨写一个刚由母腹中出来的婴孩的情绪反应，其中便包含着他对眼前这全然陌生的世界的几分兴趣。

据研究，兴趣发生的原因可以来自外部刺激的新异性和变化性，也可来自个体内部的想象和记忆。当人们预料某种憧憬将会实现、某一问题将获答案时，兴趣也会发生。而兴趣一旦形成，反过来又会变成动力，促使个体为尽速达到目标而奋斗。那么，兴趣是在儿童身上还是成人身上出现得更多呢？心理学家似乎没有特地做过说明，文学艺术家则大都认为此种情绪更多地属于孩提，属于童稚。苏联作家巴乌斯托夫斯基就说过："在童年时代和少年时代，世界对我们说来，和成年时代不同。在童年时代阳光更温暖，草木更茂密，雨更滂霈，天更苍蔚，而且每个人都有趣得要命。"[①] 推究原因，可能是因为儿童对主客观世界的了解都不

---

① 《金蔷薇》，上海文艺出版社 1959 年第 1 版，第 22 页。

及成人，许多在成人熟视无睹的事物对儿童来说却十分新鲜，于是兴趣在他们身上的发生率也大大高于成人。

关注一下艺术，就会发现，几乎所有与儿童相关的作品，都有一股兴趣之泉流淌其间。譬如德国音乐家舒曼的钢琴组曲《童年情景》和我国音乐家丁善德的钢琴作品《儿童组曲》便是如此。关于后者，仅从《郊游去》、《扑蝴蝶》、《跳绳》、《捉迷藏》、《节日舞》等小标题，就可以知道作曲者有意要表现儿童玩耍的情趣。关于前者，李斯特曾以同行的眼光做过贴切的评析。他说："要知道，在叙述《关于外国和外国人的故事》时，我们好像看见了孩子们的清醒的头脑和他们专心盯着讲故事的人的眼睛，《奇异的故事》还没有把他们的兴奋的幻想力转向周围的生活，在它以后的《捉迷藏》是转到喧哗和玩耍的过渡。但是有个孩子，他的思想还在遥远的地方漫游，倾心于不可能的事，想无止无休地欢乐和玩耍……"① 限于篇幅，这里不可能引录全文，不过由上面的一段，足以看出，《童年情景》组曲的魅力离不开它所表现的一种主要情绪，就是兴趣，就是儿童对新奇的故事、对欢乐的游戏的浓厚兴趣，这种兴趣将导引他们进入无比美妙的梦幻的世界。

儿童文学作品中，兴趣也几乎是人物身上一种不可或缺的情绪。冰心的通讯体散文《寄小读者》，第一篇就谈到自己十三岁的小弟弟对人类赖以生存的这个星球的兴趣——

他念过地理，知道地球是圆的。他开玩笑地和我说："姊姊，你走了，我们想你的时候，可以拿一条很长的竹竿子，从我们的院子里，直穿到对面你们的院子去，穿成一个孔穴。我们从那孔穴里，可以彼此看见。我看看你别后是否胖了，或是瘦了。"②

---

① 《李斯特论柏辽兹与舒曼》，人民音乐出版社 1979 年版，第 169 页。

② 《冰心作品选》，中国少年儿童出版社 1982 年第 1 版，第 171—172 页。

同样的情绪也表现在作者笔下的小说主人公身上。她的短篇《寂寞》，写的是一个常住乡间的男孩同城里来的堂妹之间的游戏生活。其中处处流露着孩子们特有的兴致和情趣。譬如雨后，他们“找了好几条长线，两头都系上蜻蜓。放了手，蜻蜓便满屋里飞着，却因彼此牵来扯去的，只飞得不高。妹妹站在椅子上，喜得拍手笑了”。院里积水，他偏要赤脚走到水里去，一面说“凉快极了”，一面慢慢地跑起来，只听见脚下水响，招引得妹妹也要脱袜下水。他们还用土法自制冰激凌；拆了牵牛花的竹竿在树下墙阴里搭盖小竹棚。尽管是炎热的盛夏，玩兴始终不减，以至于妹妹走后，小哥哥突然感到了“宇宙中寂寞的悲哀”。①

那么，有没有作品是以儿童为主人公，却不以兴趣为其主要情绪的呢？应该说，不但有，而且正是这类作品具有深沉的控诉力量，给儿童文学带来悲剧之美。本来，兴趣是一种心理过程，经常存在于人的意识之中。当个体的负性情绪不甚严重时，兴趣有利于减轻和转移人们的不快和忧虑。特别是在儿童中，一件新玩具、一种新游戏使之破涕为笑，转怒为喜的情形极为常见。然而，当负性情绪过于浓重、整个占据了人的心灵时，兴趣也可能受到抑制，甚至不复发生。

行文及此，便想起契诃夫的《万卡》和《渴睡》，这是两部分别以小学徒和小保姆为主人公的短篇。前者写一个名叫万卡的九岁男孩，失去双亲后，被祖父送到鞋匠铺当学徒。在那里，他缺吃少睡，受尽折磨，于是在圣诞节的前夜，乘其他人都已外出，他独自偷偷地给祖父写信，一面写，一面哭。信中谈到自己的悲惨生活：“老板随手捞到什么就用什么打我。吃食呢，简直没有。早晨他们给我吃面包，午饭是稀粥，晚上又是面包，至于茶啦、白菜汤啦，只有老板他们才大喝而特喝。他们叫我睡在过道

① 《冰心作品选》，第16—27页。

里，他们的小娃娃一哭，我就别想睡觉，净摇那个摇篮。亲爱的爷爷，发发上帝那样的慈悲，带我离开这儿回家去，回到我们村子里去吧；我再也受不了啦……我给你叩头了，我会永远为你向上帝祷告，带我离开这儿吧，不然我就要死了……”① 显然，这是一个被忧愁、痛苦、恐惧完全压倒了的孩子，在这样的人物身上，兴趣是很难发生的。但有意思的是，作者还是多次写到他的兴趣，写到他写信时的种种联想——想起祖父如何快活地同厨娘开玩笑，如何给狗闻鼻烟；想起老母狗卡希唐卡和一条名唤泥鳅的狗的外貌和脾性；由商店橱窗卖的钓钩和枪想起钓鱼和打猎；由圣诞节的到来想起老爷家的圣诞树和树上的金胡桃，想起随爷爷一起上树林砍枞树，雪堆里如何窜出一只野兔……为什么一颗被负性情绪所笼罩的心仍然生出了如许多的兴趣呢？原因很简单：这里所有的兴趣都与现实情境无关，它指向过去，由清晰的回忆所引起。本来，一个乡村守夜人的孙子，生活中不会有多少欢乐，可是在备遭虐待的学徒生活对比下，乡下成了万卡心目中无限向往的一块乐土。同时这里也有期待的因素，即他认为祖父能收到这封信，从而带他离开这个地狱。正是对过去的记忆和对未来的希望，使一直受到抑制的兴趣突然冲破浓重的愁云，暂时又回到了孩子身上。唯其如此，当我们发现他既未在信封上贴邮票、又未写清收信人地址时，悲哀和怜悯不觉盘踞了我们的心。

《渴睡》写的是十三岁的小保姆瓦尔卡的故事。她是在父亲死后，由母亲带到城里来找活儿做的。在老板家里，她要生炉子、烧茶炊、削土豆皮、伺候开饭、收拾房间、洗衣服、缝缝补补，一刻都不得休息。夜晚，大家睡下之后，她还要坐在娃娃的摇篮旁，一面摇，一面哼着：“睡吧，好好睡，我来给你唱个歌……”催眠曲使极度困倦的瓦尔卡自己先要睡着，可是万万不

① 《契诃夫小说选》，人民文学出版社1960年版，第99页。

能睡，因为会遭到主人的殴打。她的生活其实与万卡相仿，但情绪表现不同。就是说，疲劳和瞌睡使她失去了对一切事物的兴趣。当她撑不住眼皮而蒙胧入睡时，连梦境也是不快活的：不是梦见行人睡在地上，同时有乌鸦和喜鹊坐在电线上，像娃娃一样地啼哭，极力要叫醒他们；就是梦见父亲临死前在地板上翻来覆去地打滚。她没有美好的回忆，也没有将来。她唯一的愿望就是睡觉，却又偏偏睡不得，于是由劳累、渴睡产生的痛苦，由担心睡着带来的焦虑，使她跌入负性情绪的深渊，愈陷愈深。终于，在半睡半醒的迷乱之中，她掐死了那个不断啼哭的娃娃。之后，她“就赶快往地板上一躺，高兴得笑起来，因为她能睡了；不出一分钟她已经酣睡得跟死人一样了……”①

这是一个比《万卡》更加惊心动魄的结尾。而无论《万卡》还是《渴睡》，给人的感受都与前文举过的《寄小读者》、《寂寞》全然异样。这就说明，优秀的作家，不仅应该知道，何种情境容易引发何种情绪；而且还应知道，何种情境不易或不会引发何种情绪——心理描写的成功首先就体现在对有所写与有所不写的正确把握之中。

兴趣还有若干重要特征，对于塑造形象也别具意义，譬如它同人的健康、事业便有着密切关系。

它是一种最有益于健康的正情绪。欢愉通常也对健康有利，但狂喜则因其激动过分而有损于健康，所以冠心病患者不宜过于兴奋。通俗小说中屡有笑死福将的情节，虽然出于虚构，却并非没有科学根据。然而兴趣不存在“过分”的问题。引起兴趣的刺激不像引起惊奇和惊跳的刺激那样突然而强烈，这就使兴趣的体验不带过强的色彩。“它似乎处于淡薄而清澈的色调之中。神经激活则处于中等强度、中度紧张和中度兴奋之中。”② 它不会导致负

---

① 《契诃夫小说选》，第 150 页。

② 《人类情绪》，第 347 页。

性情绪，却能派生出欢愉和安逸、舒畅和满意。因此，但凡作品描写的是身心俱健的活人，不论男女老少，总会具有一种或多种兴趣。它是健康的标志、生命的呈示。

兴趣对事业有巨大的促进作用，因为“兴趣驱策人从事创新的、有趣的或个体爱做的事，并能导致成功和成就”[①]。这一特征可以追溯到童年时代：儿童正是在兴趣的作用下追踪、探索自己不了解的事物，从而开阔视野，发展智力，增长知识。儿时的兴趣有时甚至可以延续到成年，影响人的一生。而成人无论从事何种工作，兴趣都有利于调动、发挥他的积极性和创造性。心理学界曾根据人经常被哪些刺激所激活、被何种事物所吸引而将兴趣——认知的个性倾向划分为四种类型：一、逻辑思维优势型；二、操作活动优势型；三、感情体验优势型；四、社会交往优势型。了解这个分类，对于创作怕是多少有点帮助的。尽管人的兴趣有种种差异，种种变化，毕竟有一种主要倾向以恒常而稳定的形式存在着。这倾向并非凭空产生，而是由情绪的先天阈限与后天因素相结合，在兴趣与认知的相互作用下形成。忽略了主要的个性倾向，形象塑造很难完成。譬如描写一个天文学家，写了他对诗歌、音乐、气功、炒菜、打麻将、谈情说爱……五花八门的兴趣，唯独不写他对科学的兴趣，读者又怎么能相信他是天文学家呢？

儒勒·凡尔纳的科幻小说，以审美标准去衡量，不能算是杰作。但在情绪描写方面，他非常注意兴趣——认知的个性倾向。就是说，主人公几乎都是在一种对事业专心致志、一往情深的状态中去从事探险、克服艰难险阻，最后取得成功。譬如《地心游记》中的黎登布洛克教授，便是对科学怀有浓厚兴趣的学者。当他从旧书摊上购得一本 12 世纪冰岛版的古书时，立刻跑步回到

① 《人类情绪》，第 344 页。

家中，把自己关进书房，“带着非常欣赏的表情研究它”。他一面喊着：“真了不起啊！”一面不停地把古书关上又打开。而在发现书中掉下的羊皮纸后，更是着魔得饭都忘了吃，觉也不想睡，一定要把纸上古怪的文字解读出来。终于，他弄懂了纸条的含义——

……叔父突然跳了起来，仿佛意料不到地触了电。他的勇气、快乐和信心都增加了。他慢慢地走来走去，两手抱着脑袋，来回移动着椅子，把书都堆积起来，乱扔着宝贵的水晶体。他在这里打一拳，那里拍一下。最后他的神经安静了下来，仿佛一个精疲力竭的人那样重新倒在椅子里。①

这里，兴趣在刹那之间与惊奇、兴奋相融会，出现激动时刻，然后又回到中等强度，随即一个新的探险计划在他心中成熟了。之后，在三个月地心旅行中，他也始终受到兴趣的支撑，终于历尽艰辛，从一个火山口回到了地面。作者的文笔也许过于夸张，但正如马斯洛所说：“处于创造过程中的人，此时此刻忘掉自己的过去和将来，全部沉浸于这件事中，被当前所进行的事件所吸引。”② 兴趣的动机力量在创造性活动中的确起着不容忽视的作用。

当然，对兴趣的个性倾向也不能理解得过于狭隘。如果种瓜的永远谈瓜，种豆的只能说豆，文学形象岂不成了行业的化身？事实上，人们即使属于同一兴趣类型，具体表现还是各个不同。以感情体验优势型的人来说，巴乌斯托夫斯基曾经说过：“对生活，对我们周围一切的诗意的理解，是童年时代给我们的最伟大的馈赠。”“如果一个人在悠长而严肃的岁月中，没失去这个馈赠，

---

① 《地心游记》，中国青年出版社1979年版，第6、27页。

② 《人类情绪》，第352页。

那他就是诗人或者是作家。”[①] 话说得很好，但每个诗人或作家究竟以怎样的诗意眼光看待世界，恐怕还是存在着千差万别。最近偶读作家洪洋的日记体散文《不拟公开的谈话》，其中一篇写到与徐迟同登南京灵兴塔的情景——

在塔顶上，可以眺望中山陵。我们正在远眺，迟老从口袋中搜出一张白纸，撕成碎片，向空中一撒，纸片翻飞，如一群群蝴蝶。有的随着气流，飘摇直上，众人为之欢呼。[②]

我很欣赏这段细节。没有一句提到诗，却从那一搜、一撕、一撒的动作中，让我们看到了老诗人特有的兴致和情趣。如果我们有意关注一下古今中外描写诗人、艺术家的作品，无疑还会发现许许多多诗意情趣的独特表现。

① 《金蔷薇》，第22页。
② 《不拟公开的谈话》，中国文联出版公司1987年第1版，第226页。

第九章　论惊奇

惊奇，对于古代作家来说，是个既熟悉又陌生的概念。他们似乎很早就懂得要让作品在读者心中唤起惊奇之感，却一直不善于表现作品人物的惊奇情绪。

毛本《三国演义》有一篇序，称该书比《庄子》、《离骚》、《史记》、杜甫律诗、《水浒传》、《西厢记》更奇，认为“三国者，乃古今争天下之一大奇局，而演《三国》者，又古今为小说之一大奇手也……”。在毛宗岗看来，《三国演义》的主要魅力，就在于它的“奇”，在于它所描述的种种奇谋奥略、奇人异事，在于由那“一大奇手”所创造的充满诱惑、令人惊奇的世界。

既然奇局、奇谋、奇事出现在作品故事中，它就很自然地为相关的小说人物造成了引发惊奇的情境。

然而事实上这些人物的心态很少被表现出来；偶有表现，也总是极其简略。譬如“用奇谋孔明借箭”一回，在诸葛亮出人意料的计策面前，周瑜、鲁肃理应产生的惊奇几乎没有得到正面反映——

……瑜曰：“十日之内，可完办否？”孔明曰：“操军即日将至，若候十日，必误大事。”瑜曰：“先生料几日可完办？”孔明曰：“只消三日，便可拜纳十万枝箭。”瑜曰：“军中无戏言。”孔明曰：“怎敢戏都督，愿纳军令状：三日不办，甘当重罚。”瑜大喜……

……至第三日四更时分。孔明密请鲁肃到船中。肃问曰：“公

召我来何意?”孔明曰:“特请子敬同往取箭。”肃曰:“何处去取?”孔明曰:“子敬休问,前去便见。”……[①]

惊奇属于不学而能的基本情绪。实验表明,它在儿童一岁时已经有所显露。诱发惊奇的是一种突然而强烈的刺激,如新异事物的突然出现等等。普拉切克曾为八种基本情绪建立了分别以行为语言、功能语言和特质语言来描述的对应术语。惊奇的行为语言是“停止”;功能语言是“倾向”;特质语言是“不受控制”。[②]就是说,当惊奇发生时,脑内出现极强的兴奋点,抑制了正在进行的其他活动(“停止”);同时整个有机体转向并指向刺激来源(“倾向”);而这一切的发生是不受主观控制的。上引第一段文字中,孔明关于三天即可交纳十万枝箭的说法对于周瑜是一个完全意外的回答,一种突如其来的强刺激。后者应当会有惊奇的体验并在表情、动作上不能自禁地显示出来;随后出于怀疑,才会追加一句“军中无戏言”。可是在罗贯中笔下,周瑜的惊奇心理完全被忽略了,或者说,被省略了。同样,当鲁肃借给孔明快船二十只,两天不见动静,到第三日夜半,忽然被邀前往取箭时,他所首先体验到的无疑也是惊奇。但在上引第二段文字中,除了一句极平淡的问话(“何处去取?”)之外,也看不出他有任何惊奇的反应。

《三国演义》是我国章回体长篇小说伟大的开山之作。上述例证不会掩盖它的光辉,而只能说明,在小说发展史上,它属于一个以往的阶段、一个不以心理描写为重的阶段。何况,它对惊奇情绪的把握,也并非全无值得称道之处,这在后文中还将提及。

明代凌蒙初把自己的短篇小说集命名为《拍案惊奇》,可见

---

① 毛批本《三国演义》,第四十六回。

② 《人类情绪》,第 229 页。

他也在自觉地追求作品的惊奇效应。那么，他又如何描写人物的情绪呢？作品开首一篇，写一个倒运汉意外致富的故事，其中便多次出现引发惊奇的情境，最突出的有两次。第一次是在波斯店主向文若虚询问败龟壳的卖价之时——

……文若虚摇头，竖一指道："这些我还讨不出口在这里。"却被主人看见道："果是多少价钱？"张大捣一个鬼道："依文先生手势，敢像要一万哩。"主人呵呵大笑道："这是不要卖，哄我而已，此等宝物岂止此价钱。"众人见说，大家目睁口呆，都立起了身来——①

原来，败龟壳是文若虚随一批生意人去海外经商，归途于一座荒岛上拾得的。当时众人见了都发笑："好货不置一件，要此何用。"② 文也不过把它当个容器塞装行李而已，根本没有想到它还可以卖钱。因此，波斯店主的态度对众人来说都是极新异的刺激，特别是涉及巨额白银，对生意人灵魂的震撼就更其强烈。

第二次情境出现在波斯店主向大家解释龟壳所以值钱的原因之后。据说，这硕大无朋的败龟壳其实乃是鼍龙壳，壳中藏有二十四颗夜明珠，一颗就值五万两白银。正当众人似信不信之际，店主取出一个西洋布的小包——

……解开来，只见一团绵裹着寸许大一颗夜明珠，光彩夺目，讨个黑漆的盘，放在暗处，其珠滚一个不定，闪闪烁烁，约有尺余亮处。众人看了，惊得目睁口呆，伸了舌头收不进来……③

① 《拍案惊奇》，上海古籍出版社 1982 年版，第 16 页。

② 《拍案惊奇》，第 13 页。

③ 《拍案惊奇》，第 20 页。

与前引“草船借箭”的文字相比，应当说，凌蒙初在情绪描写方面比罗贯中前进了一步，因为他已注意到笔下人物的惊奇反应。所谓“目睁口呆”正是“停止”的表现，同时也是对刺激来源的一种定向反射（“倾向”）。至于“立起了身”和“舌头收不进来”，更表明所受刺激的强烈和反应的不受控制。当然，若以现代小说的标准去衡量，这样的刻画是过于庸陋了，尤其是两次写惊奇，用的都是“目睁口呆”四个字，暴露了作者手法的单调、词汇的贫乏。

现当代注重写实的作家一般并不着意追求作品的惊奇效应。在他们看来，惊奇之感只是美感的一种而非全部。可是，当小说中出现诱发惊奇的情境时，他们中的高手不会像古人那样轻易放过，也不会满足于以雷同的语言做程式化的描写。他们必定要根据自己对生活的细致观察和独特感受，绘声绘色地写出人物的惊奇反应。由于以生活为依凭，他们的描绘往往既独具一格，又符合心理学研究的结论。这里，在引用小说例证之前，我想先谈一幅油画，即列宾的《不期而至》，从中可以看到杰出的现实主义艺术家对惊奇情绪准确而生动的刻画。

这是一幅以被流放的革命者突然回到家中为题材的作品。关于它肯定有过各种各样的评论，但从情绪心理学的角度看去，又可得出一些新的认识。画幅中出现七个人物，除革命者本人而外，其他人或者处于惊奇状态，或者处于由惊奇转化为别种情绪的过程中。首先发现父亲归来的可能是两个孩子，刹那的惊讶过后，男孩正露出喜悦的表情，女孩由于不能确定“陌生人”的身份（父亲被捕时，她可能还太小）而显得胆怯、羞涩。正在屋角弹琴的妻子因为背对丈夫，反应可能比孩子们晚了几秒，这时正赶紧把椅子从钢琴旁挪开，准备站起来，睁得大大的眼睛分明还透着惊奇，但嘴角已浮现出笑意。位于画面中心的是革命者的母亲，由于侧身向门和老年人的迟钝，她也稍晚才发觉儿子归来，然而她受到的刺激似乎比别人更大，因而作出了强烈的反应。她一下子从沙发上站起，身体前倾，全部注意力都集中在儿子身上。尽管看不见她的正面表情，但从侧影，从她的整个姿态，可以看出她正处于高度惊奇之中，还没有来得及产生其他情绪。至于开门的女佣和站在她身后探头张望的邻居（或另一女佣）起初多半也有过惊奇，但这时脸上已没有痕迹。前者的表情是矜持而狐疑的；处于阴影中的后者则感兴趣地想知道他进房后引起的反应。

曾经见到一些分析文字，把画中母亲、妻子、儿子的情绪都归结为“惊喜”；以上一段则试图在情绪发生的时间和两种情绪的转换上做些探讨。这是因为惊奇停留的时间很短，而当惊奇发生时，个体好像受到轻微的电击而一跳，脑内顿时出现一片空白，没有任何思维内容或过程可与惊奇同时存在。[①] 尽管人们惯于用惊喜、惊羡、惊叹、惊疑……来形容人的情绪，实际上都是先有瞬间的惊奇，而后转化为喜悦、羡慕、叹息、疑惑……当然，列宾作画时未必从心理学上做过推敲，但因他对生活有深入的观察，形诸画面，便自然地反映出各个人物情绪发生的不同强度和先后过程，从而给作品带来了丰富而不单一的色调。回过头去再看《三国演义》，似乎于无意中也有过与心理学恰相吻合的描写。那是在鲁肃向周瑜叙说草船借箭的经过之后，“瑜大惊，慨然叹曰：‘孔明神机妙算，吾不如也！’”[②] 作者不笼统地用“惊叹”一词，而是让人物先惊后叹，这样，情绪的呈现也就多少有了一些层次。

谈到当代小说例证，我蓦然想起的是最近读过的作家王小鹰的《你为谁辩护》。这是一部以律师生活为题材的长篇。作品并不以稀奇古怪的案件来哗众取宠，而是力图通过现实与历史的交

---

① 《人类情绪》，第 345 页。

② 毛批本《三国演义》，第四十六回。

叠，展现当代中国城市的众生相，特别是法律战线一代知识分子的坎坷遭遇和心路历程。因为侧重性格的刻画和心灵的揭示，它就必然时时面临情绪表现的问题。其中有两处关于惊奇的描写，我以为都是十分成功的。

一处是慕容院长过生日，几名老学生约同前往祝寿，一个附带的目的或者说更主要的目的则是想把已经离异近三十年的方泊定和何珏重新撮合到一起。酒席开场不久，田士霏便笑嘻嘻地要向他们敬合欢酒，一桌子人也都屏声静气等着方泊定的反应，然而后者的表态大出人们意料。他先是宣告“本人已决定结婚，过几天去领结婚证”；正当大家“哦”地哄叫起来时，他又说明：“新娘嘛，是我在青海那段日子里认识的，也算是……患难之交吧！”[①]

这是诱发惊奇的典型情境，但王小鹰不会像古代作家那样写一句“大家目睁口呆”便完事大吉。她采用的是列宾的方法，根据每个在场人物的性格和与当事人的关系，对他们的情绪表现做了细致的区分。何珏作为方泊定的前妻，一心想着破镜重圆。方声言即将领取结婚证，对她无异于晴天霹雳。她几乎来不及惊奇，就一下子陷入失望和凄苦之中，随后又由凄苦转为仇恨。由于一贯善于伪饰，她力图装得平静，甚至提议为方的新夫人干杯。（小说对她片刻之间的情绪变化有入木三分的摹绘，只因不属惊奇范围，这里暂且不提。）梅桢曾在饭店中偶尔碰见方与一灰脱脱的女子共进晚餐，所以对他的宣称虽感意外，却不等他说出新娘是谁，已由何珏的脸色猜出那是另一个人。庄世同最初或许也有过惊愕，但作为梅桢的丈夫，对方泊定的真实感情了如指掌，所以一旦方说出什么青海同事，他就一眼看穿了那不过是用来拒绝何珏的借口罢了。在场人物中，真正大感惊奇的是慕容和

---

① 《你为谁辩护》，作家出版社1988年版，第257页。

田士霏。尤其是慕容，酒席前刚同何珏谈过要帮她挑明与方的关系，怎么也想不到两人已经要领结婚证——

“何珏，这、这……你怎早不说？”慕容的眼珠差点没弹到何珏的脸上。

等到获知新娘是另一从未听说过的女子时，她和田士霏不约而同地失声叫了出来——

“啊?!”田士霏嘴唇咬住杯沿不动了。

“啊?!”慕容往椅背上一靠，奇文怪读地把方泊定周正的脸读了一遭。[①]

这样的描写是否仍嫌简略呢？恐怕不能这么认为。应当说，惊奇是一种从表情到体验都不易描写的情绪。它的表情的最大特征就是双眼圆睁，上、下眼睑放松（这与恐惧不同，恐惧表情为眼睛睁大，上眼睑上抬，下限睑紧张）。就这一点说，凌蒙初的“目睁口呆”一语至少是准确的。记得《悲惨世界》中，当偷了银餐具的冉阿让被警察押回主教家，主教却连银烛台都要一并送给他时，雨果也未能对冉阿让的惊奇作出更为详细的描写——

冉阿让睁圆了眼睛，瞧着那位年高可敬的主教。他的面色，绝没有一种人类的文字可以表达得出来。[②]

这是狡猾而高明的写法，它把难以形容的表情留给读者去想象了。对比之下，我们就知道，王小鹰对慕容和田士霏的刻画虽

① 《你为谁辩护》，第 258 页。

② 《悲惨世界》第一卷，人民文学出版社 1978 年版，第 130 页。

各只短短一句，却是多么不容易，何况她还对两人的表情举止加以区分，还写出了其他在场人物各个不同的反应。

另一次引发惊奇的情境出现在小说的尾声部分。与前一次的诱因刚好相反：对何珏毫无感情的方泊定，为了保住自己的事务所，竟被迫同意与她复婚！这次轮到梅桢大吃一惊了——

“我和泊定，要复婚了。”

何珏说得平静，梅桢却犹闻惊雷，她瞪直眼睛瞅住何珏的脸……

……她想，应该笑着说几句祝贺的话呀，于是扯动僵硬的肌肉咧开嘴：“太……好了，恭喜，恭喜。”她自己也听得出声音很空虚。

……赶快随随便便地说两句吧！真糟糕，什么词汇都没有。沉默太可怕了。雨沙沙沙地催促。[①]

看得出，这里的描写与前一次毫不重复。前一次表现的是两个局外人的惊愕，这次表现的却是一个当局者的震惊。于是作者不满足于仅仅刻画表情，而要写出人物的内心体验，写出她的生理反应。写得是否准确呢？我想，至少在“什么词汇都没有”这一点上，作者抓住了惊奇发生时脑内“一片空白”这一重要特征。

① 《你为谁辩护》，第732页。

第十章　论愤怒

记得是多年前的一个夏天，上海正清退“文革”时的抄家物资。当所有昔日珍藏的字画似已杳无踪影时，一幅康熙年间高其佩的指画中堂意外地回到手边。画上是一只猛虎。它不像现代画家如何香凝所画的那样毕肖真虎，首先身上并无黄黑斑斓的条纹，造型也不合比例。然而那四腿笔蹬的姿势，那弯向一边紧抓地面的利爪，那铁帚般直指云霄的尾巴，特别是那一双像灯一样含火欲喷的眼睛，令人见之心惊。当时我在给一位美术史教授的信中曾谈及自己的感受。我说它一点都引不起我对动物园中老虎的联想，它使我蓦然想到的竟是任伯年笔下著名的钟馗！

那些年我正为程十发的一套书画集作序评，看一切作品都惯于从国画特有的意、形、法着眼，很少运用新学科知识。至于对猛虎与钟馗何以会相似，实在也不暇细想。只是觉得两者的眼神颇为接近，后者反手握刀的动作、手上坚硬的指甲与虎的姿势，别致的利爪也有几分相像。此外就是两者的线条都富于骨力，而高其佩指画的功力恰恰体现在它能传达出通常只有毛笔才能表现的风骨气韵。

那时我绝没想到从心理学的角度稍作分析。

现在看来，虎与钟馗所以酷似，很重要的一条是，两者身上都燃烧着怒火，其眼神所透露的是一道射向对方的凶光；其手、爪所表现的高度紧张预示着一阵迅雷般的攻击即将爆发。一言以蔽之：他们都处在愤怒的情绪状态中！

愤怒导致攻击，攻击挟带愤怒。这是我们观察野兽争斗时常可见到的现象。而据达尔文研究，人类祖先在捕猎、搏斗和防御时，也总是发生愤怒反应，出现愤怒表情，因为这有助于战胜猎物或敌手。由此看来，钟馗捉鬼时的一脸怒气，怕也是为了既给自己壮胆，又给对方以威慑，其作用与愤怒的原初模式是相当一致的。

如果说钟馗捉鬼乃是虚妄的故事，那么，我们只需留意一下周围的生活，同样会发现愤怒与攻击的密切关系。试看公共汽车上的泼妇对骂、小巷深处的流氓斗殴，哪一个当事者不是气焰嚣张、怒容满面？即使是在防御性的叫骂中，愤怒也起着不可或缺的作用。“有种的过来！”“你敢碰老子一下！”等语调包含的威胁常常超出了词句的含义。

愤怒在生活中是如此常见，它当然不会逃过小说家的眼睛。中国古典小说写两军对阵，两将格斗，将领身上流露最多的情绪大概是愤怒和轻蔑。而无论愤怒还是轻蔑，都或隐或显地带有长自家志气、灭他人威风的意图。长坂坡上张飞三声怒喝，不是把个胆小的夏侯杰吓得倒撞于马下了吗？当然，人类情绪是复杂而富于变化的，愤怒可以立即引发攻击，也可用高度的自制力突加抑制。巴尔扎克笔下的伏脱冷便有过戏剧性的制怒表演——

……全身的血都涌上了他的脸，眼睛像野猫一般的发亮。他使出那股旷野的力抖擞一下，大吼一声，把所有的房客吓得叫起来。一看见这个猛虎般的动作，跟大众乱哄哄叫嚷的情形，暗探们一齐掏出手枪。伏脱冷一见枪上亮晶晶的火门，马上明白了自己的危险，便突然一变，表现出了人类最高的精神力量。多可怕又多有气概的场面！他脸上的表情只有一个譬喻：仿佛一口锅炉贮满了足以翻江倒海的水汽，而一眨眼之间这股水汽被一滴冷水化得无影无踪。而消灭他一腔怒火的那滴冷水，只是疾如闪电的一个念头而已。他微微一笑，瞧着自己的假发髻，对特务长说：

“哼，你今天不客气呵。”[①]

上述情绪变化并不是人人身上都会发生，或者说人人都能办到的。只有一个像伏脱冷这样的逃犯，一个有着丰富的犯罪经历、与警察打过无数次交道、诨名“鬼上当”的人，才可能于刹那之间变出两副全然不同的嘴脸，“好比火山的溶液与火舌，突然之间窜了出来，又突然之间退了回去”[②]。情绪在这里带上了鲜明的个性色彩，而这正是小说描写所最需讲究的。

如同一切情绪都有引发的具体情境和原因，作为基本情绪之一的愤怒也不会无缘无故地发生。心理学认为，愤怒一般发生在强烈的愿望受到阻挠和限制时。具体说来，受到侵害、侮辱或欺骗，遭到失败、挫折或干扰，以及被迫去说违心的话，做违心的事，等等，都能使人发怒。一个未满周岁的婴儿，就会因为身体活动受限制而爆发愤怒。成人的情绪反应虽然远为复杂，但引发的原因是大体一致的。拿伏脱冷来说，那时他正策划、实行一个夺取银行家泰伊番巨大财产的阴谋，即一方面鼓动拉斯蒂涅与银行家泰伊番的女儿维多莉相爱，另一方面用雇人决斗的方式不着痕迹地除掉了泰的独生子，从而使大笔遗产落到维多莉身上。被捕发生在计划行将实现的时候，愤怒的爆发显然与这一美梦的突遭挫折有关。同时，凡属伏脱冷之类的黑社会头子，最痛恨的是被出卖，所以当明白自己遭了米旭诺的暗算，又猜到是一个绰号“丝线”的同伙出卖了自己时，他的气愤和急于报复的心情简直溢于言表。此外，逮捕他之前，特务长曾一个巴掌打落他的假发，使他当众显了原形。正是这个侮辱性的动作直接引来了他那猛虎般的大吼一声。挫折、被出卖、被侮辱——这就是伏脱冷在短短几秒钟内所体验到的一切，这就是愤怒的导火线。

---

①② 《高老头》，平明出版社 1951 年版，第 289 页。

作为一种负情绪，愤怒与痛苦有着密切关系。除了上述人际因素（受欺骗、遭挫折等等）可以引发愤怒外，持续的痛苦也能成为愤怒的激活器。由于社会条件的制约，一般人对轻度的、甚至中等强度的愤怒往往能自我压抑，不让它立即释放出来；但忍气吞声是痛苦的，只要导致愤怒的情境、因素持续存在，痛苦愈积愈深，则怒火终将喷发。中国古典小说不擅具体地描摹心态，但作者对笔下人物的心理活动还是了解的。透过情节的推进，性格的成长，仍可清晰地看出人的七情六欲、人的心迹的演变。譬如《水浒传》中有许多好汉被逼上梁山，这“逼上梁山”四字便体现了作者对人物情绪的宏观把握。它显示的正是一条由压抑愤怒带来痛苦，又由积累痛苦导致愤怒的曲折的心路历程。其中最典型的是林冲。从第一次撞见高衙内调戏自家妻子，他就取了克制的态度——

……林冲赶到跟前，把那后生肩胛只一扳过来，喝道：“调戏良人妻子，当得何罪！”恰待下拳打时，认的是本管高太尉螟蛉之子高衙内……先自手软了。……智深道：“我来帮你厮打！”林冲道：“原来是本管太尉的衙内，不认得荆妇，时间无礼。林冲本待要痛打那厮一顿，太尉面上须不好看。自古道：不怕官，只怕管。林冲不合吃着他的请受，权且让他这一次。”……①

愤怒的原型意义在于激发人以最大的气魄和力量去打击来犯者。而上述一幕中，林冲不仅抑制了攻击行为，还用解释的语气竭力掩饰自己的愤怒，实际上是暗示鲁智深也权且忍让一次。在以后的事态发展中，尽管高俅对他的迫害日益加重，他还是尽量逆来顺受，甚至对董超、薛霸之流的肆意折磨，他都不作丝毫反

① 金批本《水浒传》，第六回。

抗。然而他的克制与前述伏脱冷的制怒并不相同。伏脱冷的表现，是一种对付警察的战术，几乎含有喜剧的成分。林冲的克制则是悲剧性格的表现：作为堂堂男子，他不能容忍妻子受侮辱，作为禁军教头，他又不能决然起来对抗权势，于是陷入无法解决的矛盾之中。他的每一次克制，每一次忍让，都意味着心灵上增添一分痛苦。终于到了风雪山神庙那一天，当他从仇人口里获知高衙内还在打他妻子的主意，并且要害死自己以绝妻子之念时，满腔的怒火再也无法平息，一股杀人的冲动使他显出了掩饰已久的英雄本色。他不仅一口气杀了三个仇人，而且剜了陆谦的心，还把三颗人头割下来，将头发结做一处，可见他复仇的欲望是多么强烈！从此以后，林冲几乎换了一个人……

愤怒虽属负性情绪，却不一定每次都带来负性效果。DRS 测量表明，愤怒的冲动维、紧张维、确信维都很高。一方面，由此引起的偏激行为可以带来破坏，可以瓦解认识、智慧活动；另一方面，在某种情形下，愤怒的自信成分又能导致认真态度，改善操作，从而达到更有效的活动结果。沙汀写于抗战时期的短篇名作《在其香居茶馆里》，对愤怒情绪有活灵活现的描绘，从中便可看到上述两种效果在人物身上的同时出现。作品以兵役问题为题材：在四川的一个小镇上，联保主任方治国因新县长声言要整顿兵役，不得不赶紧上一封密告，致使土豪邢幺吵吵已经缓役四次的二儿子被抓了壮丁。后者很快由县兵役科获知内情，于是，在该镇的其香居茶馆里，开始了一场面对面的冲突……

邢幺吵吵本来是个“不忌生冷的人，什么话他都嘴一张就说了，不管你受得住受不住”。现在受了如此欺负，愤激之情更是可想而知，然而他并没有一下子就失去冷静。尽管他高声吵闹，肆无忌惮地辱骂方治国，但在关键问题上十分清醒。这就说明，愤怒既使人紧张、冲动，又能增强人的自信，促使人经过努力来改变处境，以收到好的效果。邢幺吵吵的清醒首先表现在紧紧抓住方治国不放。不论对方表演得如何精彩，如何摆出讨好的笑容，如何赌咒发誓地分辩，也不论同席的俞视学如何劝解，他都丝毫不为所动——

“再多讲点就讲通了！”幺吵吵重又坐了下去，接着满脸怒气嚷道，“没有生过娃娃当然会说生娃娃很舒服！今天怎么把你个好好先生遇到了啊！冬瓜做不做得甑子？做得。蒸垮了呢？那是要垮呀，——你个老哥子真是！”

他的形容引来一片笑声。但他自己却并不笑，他把他那结结实实的身子移动了一下，抹抹胡子，又把袖头两挽，理直气壮地宣告道：

“闲话少讲！方大主任，说不清楚你今天走不掉的！”[①]

这里，前一段话是针对俞视学说的，因为俞有一大堆孩子，并未挑一个送去当兵，所以他的譬喻一下子就击中了“好好先生”的要害。后一段话是指着方说的，说明他认准了是方告的密，绝不被花言巧语所迷惑。

其次，他的清醒表现在充分意识到问题的严重性，知道光靠自己单枪匹马很难使方治国就范，所以特地又搬来了陈新老爷，希望通过一台“讲茶”来达到目的。果然，后者的整个谈话都完全站在他一边……

其三，也是很有意思的一点，即邢家在镇上素来被认为很有“面子”的，特别是幺吵吵的大哥还是“全县极有威望的耆宿”。[②]这就使他在冲突过程中，既要表明自己受害之深，以争取同情，又不能让茶客们误以为邢家太没背景和本事。而他居然能于激动之际，将这种分寸掌握得恰到好处，足见愤怒并未影响他对利害

---

①② 《在其香居茶馆里》。

关系的全面判断。

以上都是就愤怒的积极效应而言，但这种效应是有条件、有限度的。如果导致愤怒的情境持续存在，引发愤怒的原因无法消除，那么，积极效应终将被消极效应所取代。事实上邢幺吵吵绝非全然冷静，冲突过程中他有过多次拍桌、挽袖、瞪眼咆哮等按捺不住的表现。强烈的打击冲动与认真的战术措施奇妙地交错在一起。而当一切努力归于无效，方治平竟露出一种安闲而嘲弄的表情时，他终于气得胡子发抖，一把扭牢对方的领口就朝街面上拖，演出了一场“全武行”。这一行动当然是不理智的。要不是他的大哥确有“面子”，新县长又并非真的廉洁奉公，那么武斗的后果势将对他不利，“因为联保主任已经决定立刻进城控告去了”。①

《在其香居茶馆里》是一篇杰出的讽刺小说，它不以漫画式的夸张见长，而善于通过对人物心理言行的白描，让讽刺的意味自然地流露出来。其中最突出、最成功的则是对愤怒情绪的刻画，不但邢幺吵吵的整个形象被愤怒所笼罩，而且在方治国、在陈新老爷身上也都有过或愠怒或气愤的表现。篇幅所限，这里就不详述了。

最后想谈的是，由于愤怒作为负性情绪，可以给人带来痛苦，可以损害健康，也可影响认知，造成盲动和失误，因此生活中常有故意激怒对方的事情发生，用心当然是不友好甚至险恶的。反映到小说中，则给描写愤怒的文字平添了多样的色彩。早在古典小说中，这类情节就十分常见。《水浒传》“黑旋风斗浪里白条”一回中，李逵起初听了张顺的谩骂，并不准备上船，禁不住对方一再撩拨，才一时火起，跳上船去，终于被骗到江心，吃了大亏。《三国演义》中，这类例子更多，尤其是诸葛亮，极爱运用

---

① 《在其香居茶馆里》。

心理战术，包括施行激怒对方的计策。周瑜便是被他“三气”之下，箭疮迸发，一命呜呼。毛宗岗曾就此批道：“周瑜少年，经怒不起。”① 后来王朗也是被他一顿痛斥，气填胸膛，撞死于马下。毛宗岗又曾批道：“周瑜有三气，王朗只一气，老儿气不起，不似少年熬得。”② 唯一不中其激怒之计的是司马懿。那是在后者于上方谷大败之后，屯兵渭北，坚守不出。孔明于是派人前往赠送妇人衣服并修书一封，略曰：“……不思披坚执锐，以决雌雄，乃甘窟守土巢，谨避刀箭，与妇人又何异哉！今遣人送巾帼素衣至，如不出战，可再拜而受之；倘耻心未泯，犹有男子胸襟，早与批回，依期赴敌。”③ 司马懿受此侮辱，心中大怒，但他深知这是对方的计策，于是佯笑一声，竟把礼物收了下来。这是书中最精彩的斗智场面之一，显示了作者对愤怒情绪的性质、特点的深切了解。

---

① 毛批本《三国演义》，第五十七回。

② 毛批本《三国演义》，第九十三回。

③ 毛批本《三国演义》，第一百零三回。

第十一章　论嫉妒

一谈嫉妒，每个人脑中都会蹦出若干生动的形象。熟悉《红楼梦》的，会想起大观园内外的争风吃醋；爱读《水浒传》的，必然忆及嫉贤妒能的白衣秀士王伦；迷恋莎士比亚戏剧的，忘不了那亲手掐死妻子的奥瑟罗；不常读书的，也会很容易地联想到生活中的某个“大醋坛”；而有自审意识的，则可能会为自己曾经产生的某种嫉妒感到脸红。

嫉妒二字，均从“女”旁。翻开《说文解字》，没有“嫉”字；对“妒”的解释，则赫然写着：“妇妒夫也。”可见造字之初，是把“妒”视为妇女的专有情绪的。尽管《说文》中另有一个“媢”字，注明：“夫妒妇也。”但此字从未流行开去，一般人几乎不认识它；而且有趣的是，它也从“女”旁，似乎男人之妒，也带有女性的特征。看来，是历史上的一夫多妻制造成了女性之间的倾轧与争宠，于是影响到字形的构成。倘若世上真有《镜花缘》所描写的女儿国，情况怕会颠倒过来。

事实上，作为一种常见的负情绪，嫉妒并无性别之分。不论男孩女孩，周岁之前，都不懂得何谓嫉妒，只有当认知发展到一定水平，特别是对母亲有了特殊感情后，嫉妒才会萌生。这时不论他或她，看见母亲抱别的孩子，都会赶紧去将两者分开，自身则投入母亲的怀抱。这或许就是嫉妒的原初形态。

如果说情绪因与道德认知结合而具有善恶的色彩，那么嫉妒通常被认为是卑劣的。千百年来，它一直受到严厉的批判。战国时期，荀子已曾指出：“士有妒友，则贤交不亲；君有妒臣，则贤人不至……妒昧之臣，国之秽孽也。”[1] 汉代的王充也认为：“谗与佞，俱小人也，同道异材，俱以嫉妒为性。”[2] 西班牙的塞万提斯则通过堂·吉诃德之口说：“啊，嫉妒！你是无穷罪恶之根，一切美德之蠹！所有别的恶德总都还有几分可喜的地方，唯有嫉妒带着来的就只有憎恶、仇恨和忿怒。”[3] 人们往往愿意承认自己有愤怒、轻蔑、焦虑、忧郁等不良情绪，却不太愿意承认自己嫉妒。奥瑟罗临死之前不还声称自己是“一个不容易发生嫉妒的人”吗？[4]

然而嫉妒其实并不一概卑劣。尽管它总是带有利己排他的倾向，但有时它因觊觎别人的幸运而起，有时却发生在自身利益遭受侵害之际。前一种情境常常导致某种计谋的施行；后一种情境中，嫉妒者本身可能正是堕入计谋的受害者或牺牲品。不论哪种情境，在文学作品中均有生动的反映。

先看后一种情境。

《奥瑟罗》是莎士比亚的著名悲剧。作品描写英勇的统帅奥瑟罗与威尼斯元老勃拉班修的女儿苔丝狄蒙娜结婚后，起初非常爱恋美丽的妻子，后来受了旗官伊阿古的挑拨，开始怀疑妻子对己不忠。他陷入对方设的陷阱，越陷越深，终于残忍地扼杀了无辜的娇妻。真相大白后，他愧悔莫及，拔剑自刎。作品对他嫉妒发生的过程描述得颇有层次——

奥瑟罗：……要是我会让这种捕风捉影的猜测支配我的心灵，像你所暗示的那样，我就是一头愚蠢的山羊……我也绝不因为我自己的缺点而担心她会背叛我；她倘不是独具慧眼，绝不会

① 《荀子简注》，上海人民出版社 1974 年版，第 302 页。

② 《论衡》，上海人民出版社 1974 年版，第 180 页。

③ 《堂·吉诃德》下册，人民文学出版社 1959 年版，第 609 页。

④ 《莎士比亚全集》（九），人民文学出版社 1978 年版，第 402 页。

选中我的……我在没有亲眼目睹以前，绝不妄起猜疑；当我感到怀疑的时候，我就要把它证实……①

这是他刚受挑拨时的反应。他的心理是矛盾的，一面竭力排除对妻子的怀疑，用种种合理的解释将谣言从心头驱赶出去；一面又不能不为伊阿古的含沙射影所迷惑，感到必须弄清真相。而当伊阿古进一步暗示英俊的副帅凯西奥可能比“您”对她更具吸引力，她当初恐怕是由于一时的孟浪才选择了“您”时，他的嫉妒明显地增长了。他嘱托对方留心观察，同时慨叹命运：“我们一生下来就已经在冥冥中注定了要戴那顶倒楣的绿头巾。”② 以后，随着对方将伪证和谎言逐一抛出来，他变得愈来愈失去理智，对凯西奥愈来愈忌恨，对苔丝狄蒙娜也愈来愈粗暴。然而，直到亲手杀她之际，他仍然深深地爱着她，爱恨交织构成了情绪的主要色调。他有过一长段独白，这里摘引几句——

奥瑟罗：……（吻苔丝狄蒙娜）啊，甘美的气息！你几乎诱动公道的心，使她折断她的利剑了！再一个吻，再一个吻。愿你到死都是这样；我要杀死你，然后再爱你，再一个吻，这是最后的一吻了；这样销魂，却又是这样无比的惨痛！我必须哭泣，然而这些是无情的眼泪。这一阵阵悲伤是神圣的，因为它要惩罚的正是它最疼爱的……③

但凡深刻的悲剧性格，必然在灵魂内部存在着两种对立观念的冲突，由于不能从矛盾中解脱，于是走向悲剧。奥瑟罗从最初落进圈套到杀人前的最后独白，都表现出内心极度的矛盾，正是

---

① 《莎士比亚全集》(九)，第 337 页。
② 《莎士比亚全集》(九)，第 341 页。
③ 《莎士比亚全集》(九)，第 388 页。

这种矛盾及由此造成的绞心的痛苦使他的嫉妒带有一种令人惋惜的色彩。人们称他是“笨伯！傻瓜！泥土一样蠢的家伙！”[①] 却不会认为他是个卑劣的小人。

因疑心妻子（或情人）不贞而妒火中烧的例子在小说中简直数不胜数，只是各个作家对生活观察、认识的深度不同，写来也有雅俗之别、高低之分。民国初年的鸳鸯蝴蝶派小说及“五四运动”以后张资平的“三角”、“四角”恋爱小说中，你嫉我妒的故事可谓层出不穷，其中有卑劣的嫉妒者，也有受损害的嫉妒者。但多数作品意在媚俗，既缺乏时代的悲剧感，又缺乏艺术的独创性，因此不能给人留下稍微深刻的印象。下面，我想谈几个比较独特的例子。其中的人物与奥瑟罗同病，但时代、身份有异，作者又各有各的主旨，所以给人感觉毫不雷同。这就是唐传奇名篇《霍小玉传》中的李益、普希金诗体小说《叶甫盖尼·奥涅金》中的连斯基、高尔基短篇小说《马尔华》中的华西里。

《霍小玉传》描写年方十八的妓女霍小玉被青年进士李益遗弃的故事。女方临死之前说过“我死之后，必为厉鬼，使君妻妾，终日不安”[②] 的话。从此以后，李益的家庭生活中出现许多怪事。譬如他同妻子卢氏刚睡下，便听帐外叱叱作声。“生惊视之，则见一男子，年可二十余，姿状温美，藏身映幔，连招卢氏”[③]。又一日，忽有人自门外抛一盒子至卢氏怀中，拆开一看，里面是相思子等物事。李益于是心怀疑忌，常对卢氏暴加捶楚，最后“竟讼于公庭而遣之”[④]。之后，他对别的侍婢媵妾，也无不猜忌万端：出门前，要把卧床封起来，“归必详视，然后乃开”[⑤]；

① 《莎士比亚全集》（九），第 395 页。

② 《唐人小说》，上海古籍出版社 1978 年版，第 81 页。

③ 《唐人小说》，第 81 页。

④ 《唐人小说》，第 82 页。

⑤ 《唐人小说》，第 82 页。

并常以短剑恐吓妾婢……据新旧《唐书》和李肇《国史补》记载，生活中的李益就是个“防闲妻妾过为苛严”的“妒痴”[1]，其为人又“自负才，凌藉士，众不能堪”[2]，传奇的创作在某种程度上可能就是为了发泄对他的愤懑，由于作者成功地塑造了女主人公的形象，以深情的笔墨写了她的痴情和不幸，这就使读者的同情完全倒向她一边。尽管李益的嫉妒带有被动的、被捉弄的性质，人们却认为这是一个薄幸男子应得的报应。

连斯基是一个心地单纯的诗人，他的嫉妒的产生似乎比奥瑟罗更为简单。只是他没有找意中人奥尔加算账，而是立刻决定与“勾引”她的奥涅金决斗，就这样，“年轻的歌手过早地走到了生命的尽头”[3]！从整部作品的构思看，连斯基是奥涅金的陪衬，他的死亡使后者作为多余人的形象更加丰满了。同时他也有自身不朽的典型意义。只要想到，作品完成后仅仅六年普希金本人也走上了连斯基的道路，我们就不能不感到深深的震撼，不能不对嫉妒这一人性的弱点作一番新的思考。事实上，莱蒙托夫当时就在《诗人之死》中发出了感叹：他为什么要“走入这嫉妒的闷人的世界”？

华西里的嫉妒也因一个女人而起。与前述诸形象不同：他的对手是自己的儿子雅柯夫，因此结局也很不一样。在一次凶猛的格斗之后，他感到了自己的衰老；同时有一种“沉重的思想压住了他”：“……因为一个‘逛着的婆娘’，就丢开了自己的老婆，而他同老婆在勤苦的劳动里过了十五年以上的生活，为了这个缘故……上帝罚了他，叫他的儿子反抗他……”[4] 于是他默默地退出竞争，回乡去了。

---

① 《旧唐书》卷一三七。

② 《新唐书》卷二〇三。

③ 《普希金选集》第五卷，人民文学出版社 1985 年版，第 224 页。

④ 《高尔基作品选》，惠民书店 1949 年版，第 545 页。

嫉妒是一种复合情绪，除了其中必有认知参与之外，它还包含着其他情绪成分。在奥瑟罗、李益、连斯基、华西里的嫉妒中，便无不含有愤怒、痛苦和敌意，特别是愤怒的色彩尤为强烈，从而导致攻击行为的发生。而华西里一面凶狠地追打儿子，一面又不准儿子说出关于那“婆娘”的话来，最后竟黯然离去，这又表明，在他的嫉妒中还掺杂着羞涩与内疚。

下面我们来看嫉妒发生的另一种情境。

这种情境中，嫉妒者本身并没有受到实际的侵害，但是他们想象别人的幸运已经损害或妨碍了自己。所谓“幸运”，是个宽泛的概念，可以指财富、地位、爱情、权力、学问、才华、容貌、健康、风度乃至服装打扮等各种可以比较的东西。嫉妒者对别人的幸运感到不平，难受，希望取而代之，于是他们开始玩弄计谋，以达到不光彩的目的。人们对奥瑟罗、连斯基等的嫉妒往往付之一叹，而对此类嫉妒却总是鄙夷和痛恨。历来的哲人和文学家所批判的也正是这一种嫉妒。

我们还是来看具体作品。

孙膑和庞涓是真实的历史人物。他们的故事被编进《东周列国志》后，为这部不甚高明的历史小说增添了情趣。书中对庞涓心态的描述虽嫌粗糙，却不失其情绪把握的准确性。他的嫉妒始于魏王命他作书邀请孙膑前来共事之时——

> 庞涓口虽不语，心下踌躇：“魏国兵权，只在我一人之手，若孙宾到来，必然夺宠；既魏王有命，不敢不依，且待来时，生计害他，阻其进用之路，却不是好？”①

这里，人物的心态是赤裸裸的。对方尚未到来，他已经感到

① 《东周列国志》，第八十七回，其时孙宾尚未改名为孙膑。

威胁，已经想到要设计陷害，可见嫉妒之心是多么卑劣！后来的事态发展，包括他不愿与膑共掌兵权、处膑以刖足黥面之刑、求膑缮写兵书以及表面始终装得对膑极为友好，等等，都是上述心态的外显和延伸。日本哲学家三木清曾经说过："因为没有自信才会产生嫉妒，这样说是对的。不过，真的没有一丝一毫的自信，嫉妒也就无从产生。"[①] 这段话对庞涓似乎特别适用。既自信又不自信，既骄傲自大又害怕被超过，不正是庞涓突出的情绪特征吗？可惜他不能通过正当的学习与竞争来达到对方的水平，却企图运用阴谋诡计来除掉对方，结果反而使自身走上了灭亡之路。由此又可看到嫉妒与羡慕的根本区别。羡慕是一种不含敌意的感情，当它发生时，常常伴随着欢愉，为别人的幸运感到由衷的高兴，即所谓"欣羡"。当它化为动力时，则将导致个体向对方学习、向着更高的境界迈进。

前面我们曾着重谈到奥瑟罗的嫉妒。其实，剧本中另有一个比奥瑟罗怀有更强烈的嫉妒、以至于策划了整个阴谋的人物，就是伊阿古。他是全剧中最先出场的人物，一出场就直言不讳地道出了自己对凯西奥的嫉妒和对奥瑟罗的怨恨："……凭良心说，我知道我自己的价值，难道我就做不得一个副将？……他选中的是个什么人呢？哼，一个算学大家，一个叫做迈克尔·凯西奥的弗罗棱萨人，一个几乎因为娶了娇妻而误了终身的家伙；他从来不曾在战场上领过一队兵……可是，老兄，他居然得到了任命；我在罗得斯岛、塞浦路斯岛，以及其他基督徒和异教徒的国土之上，立过多少的军功……却只在这位黑将军的麾下充一名旗官。"[②] 应当说，伊阿古的形象也是具有不朽的典型意义的。上面这段话，只需把具体事例变动一下，就可在今天许多人的口里找到它的翻版。有意思的是，由于嫉妒者总是忙于"思索"，忙于

---

① 《人生探幽》，上海文化出版社 1987 年版，第 56 页。

② 《莎士比亚全集》（九），第 280 页。

策划某种计谋，他们对嫉妒也有相当深的了解。生活中一个嫉妒的求爱者往往喜欢要弄手腕，让对方先嫉妒起来。而伊阿古后来实行的全部计策，归结为一句话，就是让奥瑟罗陷入熊熊燃烧的妒火之中。

在行将结束本文的时候，我发现文中举到的所有例证竟然均为男性，这足以证明嫉妒不是女性专有的情绪，但若因此以为它仅仅属于男性，那将是更大的误会。曾经有人做过观察，说当两对不相识的夫妇擦身而过时，男方注视的是对方中的异性，女方注视的则是同性，而且会注意自己丈夫的反应。观察者由此认为，女性比男性更易发生嫉妒。这种观察的科学性也许值得怀疑，但是若从小说形象来看，则女性之间的嫉妒，无论在敏感性、在程度的强烈以及工于心计等各方面，都绝不亚于男性。且看《斯巴达克思》中的一个例子——

由于角斗士对爱芙姬琵达的爱情没有丝毫反应，希腊姑娘的自尊心就大大受到了损伤，于是她猜测他那么忽视她的原因，无疑，一定是碰上了一个竞争者，另一个攫取了斯巴达克思全部爱情的女人……

……当爱芙姬琵达抓住了这一可以对她所憎恨的也是她所热爱的人以及那个幸运的竞争者进行报复的机会时，她是多么高兴啊。[①]

希腊妓女的故事差不多贯串全书。而从她以后的表现，从最初派人向苏拉告密到最后成为起义的叛徒，可以看出，她的嫉妒色彩之强烈和丰富，比之伊阿古和我们所知道的任何男性，都是有过之而无不及的。

---

① 《斯巴达克思》，上海人民出版社 1977 年版，第 165、166 页。

第十二章 论恐惧

19 世纪的欧洲画坛是群星灿烂的时代，几乎各种流派都产生了大师，留下了大批传世之作；然而若从情绪表现的角度看去，给我印象最深的还是俄国的列宾和苏里柯夫，尤其是列宾。《论惊奇》一章，已经谈过《不期而至》；实际上他的许多作品都不妨视为情绪心理的绝妙图解。如《伏尔加河上的纤夫》表现的痛苦，《萨布罗什人写信给土耳其苏丹》表现的欢愉，都完全符合心理学研究的结论。现在，当论及作为基本情绪之一的恐惧时，我首先想到的仍然是他的名作：《伊凡雷帝和他的儿子伊凡》。

这是一幅以真实的历史事件为题材的作品。1581 年 11 月 6 日，俄国沙皇伊凡雷帝于一时盛怒之下，挥杖击毙了自己的长子伊凡。画面表现的是伊凡临终前的一瞬。由于父子间原本有着极深的感情，垂死的儿子目光中并无仇恨，他准备原谅父亲；而父亲则以疯狂的力量把儿子抱在胸前，竭力用手捂住伤口流出的鲜血。他的表情不是一般的后悔，而是恐惧和绝望。心理学观察发现，恐惧的外显表情为额眉平直，额上有些抬高的或平行的皱纹，眉头微锁，眼睛睁大，上眼睑上抬，下眼睑紧张。恐惧严重时，面孔各部肌肉都较为紧张，口角后拉，双唇紧贴牙齿。仔细看看伊凡雷帝的表情，就会发现，他的眼睛、眼睑、额头和整个面部肌肉都与心理学的描述相一致。嘴部虽被儿子的头颅遮住，但从脸部其他部位的表情可以揣测出一定也呈紧张状态。当然，他的眼神远比单纯的恐惧来得丰富，因为其中还包含着绝望和作为绝望核心的悲哀与痛苦。此外，由于对自己失手造成的后果缺乏思想准备，他的情绪中还含有惊愕的成分。这时恐惧已经发生，而惊愕尚未完全消失，所以眼神透露的也可以说是惊恐。

小说中描写恐惧的例子甚多，但像上述绘画那样着重刻画眼神及面部表情的比较少见，作家们似乎更喜欢从苍白的脸色以及发抖、冒冷汗、心跳加速、小便失禁等生理反应来写出一个人的恐惧。这是因为艺术门类不同，各门艺术总是很自然地采用适合自身表现的手法。(两百年前莱辛在其名著《拉奥孔》中曾专门探讨过造型艺术与文学的区别。)同时从生理反应来写恐惧也有其心理学的依据。20 世纪以来，关于情绪的生理成分已积累了大量的研究成果，情绪心理学在很大程度上是从情绪生理学所不断取得的成就基础上发展起来的。以恐惧为例，心理学家便从十四个方面测试过战斗飞行中的生理激活反应。这十四个方面是：心跳加速、肌肉紧张、易激怒或痛苦、喉头和口内干燥、出汗、想呕吐、不真实感、排尿频繁、发抖、慌乱或被扰乱、衰弱或昏厥、即时遗忘、胃不适、注意力不集中。小说家当然不会也不必按照这些测试项目去逐条描写恐惧。不过正像我曾经多次谈过的：一个高明的作家，通过对生活的细微观察，总会使其描述符合心理学研究的结论。有关恐惧的描写也是如此。譬如——

……恐怖使她每根骨头都发抖。她站在那儿，吓呆了。……当那皮床一碰到她，她就觉得周身血液全向心底流去了。她用恐怖的目光环顾室内。她仿佛看见那些难看的刑具从各方面向她爬过来，爬在她身上，咬她，钳她，刺她……①

这段引文出自雨果的《巴黎圣母院》。其时吉卜赛少女埃斯梅拉达因被诬伤害军官菲比思而受到宗教法庭的审判。她被带到刑具房。面对着曾使许多不幸者受过苦的皮床，她怕极了。她的

① 《巴黎圣母院》，贵州人民出版社 1980 年版，第 406 页。

惧怕既是心理的，也是生理的。她发抖。她觉得血液全向心底流去，也就是脑内出现了失血感，这种失血感与口干、想呕吐是联系在一起的。她觉得刑具像蜈蚣、蜘蛛似的爬过来，则是慌乱中发生的不真实感。作者按照自己的想象去描写埃斯梅拉达的恐惧，所写却都符合恐惧应有的生理激活反应。又如——

吕维祺重新被推走，还在竭力保持镇定，只求不失去朝廷大臣体统。但是他模糊地感到自己在裤子里洒出小便，大腿上有一股湿热向小腿奔流。当走出周公庙大门的刹那间，他在心中问道：

“我不是在做梦吧？难道这就是慷慨成仁么？……”①

这是《李自成》第二卷中的一段情节。写的是农民军攻占洛阳后，刘宗敏审问吕维祺。吕当过南京兵部尚书，有“理学名儒”之称，平时牢记的是“纲常至重”、“杀身成仁”的古训。他不像福王那样，见了李自成就叩头求饶，而是曾经反复想过如何“不屈膝，不失节，不丧失大臣体统，要在青史上留下个‘骂贼而死’的美名”，然而当他被带到杀气腾腾的刘宗敏面前，面对着周围晃动的刀光剑影时，不觉害怕起来。尽管他一再以纲常名教、以《正气歌》中的句子鼓励自己，却并不敢跳起来回骂，只是竭力避免出丑而已。②整个审问过程中，他的情绪特点可以概括为恐惧——克制恐惧——恐惧。从艺术效果说，这样的写法与接着进行的审福王形成了对比，产生了映衬之美。从心理学的角度看，作者对恐惧的生理反应也把握得颇为准确。你看，吕维祺在路上想着“慷慨尽节”，到了殿前却“不禁脊背发凉”，“心惊肉跳，两腿打战”；理智告诉他“不可对‘贼’屈膝”，然而被士兵

①② 《李自成》第二卷，中国青年出版社 1979 年版，第 1316—1328 页。

们一按一踢他就“扑通一声双膝跪地，俯下身子”；他曾试图反驳刘宗敏，但在对方怒喝一声之下立刻“浑身哆嗦，不再做声”，“背上冒着冷汗”；他又曾鼓起勇气声称自己“早将生死置之度外”，然而听了宣判却“越发浑身战栗不止”。最后，则出现了上述引文中的镜头——他竭力保持镇定，可还是小便失禁了。[①] 他的种种生理反应，其实都没有越出前面提到的十四种测试范围。作为一个典型人物，他的独特之处在于，自身并不希望出现这些反应，结果竟然出现了，以至于临刑之前，连他自己都发生了疑问：难道这就是“慷慨成仁”么？典型的生命在于表现活生生的“这一个”，吕维祺正是以特有的喜剧性的反恐惧表演完成了自己的性格塑造，给读者留下了独一无二的印象。

上面我们谈了恐惧的外显表情、生理反应及其在绘画、小说中的分别表现；下面再来看看恐惧的适应意义，发生原因和与他种情绪的关系。

恐惧是对人体非常有害的负性情绪。DRS测量表明，恐惧的紧张维比任何情绪都高，冲动维也很高，确信维和愉快维则甚低。恐惧发生时，体内的能量资源会加速消耗以至枯竭，心脏和整个循环系统的负担则会加重以至威胁人的生命。《论愤怒》一章曾举到《三国演义》中的张飞大闹长坂坡。在那一特定情境中，张飞发生的是愤怒，夏侯杰发生的是恐惧。愤怒使张飞走出困境，恐惧则使夏侯杰走向死亡。罗贯中没有详细描写夏侯杰的生理反应，但从那“惊得肝胆碎裂，倒撞于马下”[②] 的套话中，可以想见其心脏已经不堪负荷。

然而恐惧也有其适应价值。就是说，它能成为一种警戒信号，使有机体采取适当的、通常总是退缩或逃避的适应行为。譬如城市生活中交通事故的避免，很大程度上得归因于人们对车祸

① 《李自成》第二卷。

② 毛批本《三国演义》，第四十二回。

的恐惧。这种适应性也必然受到小说家的注意。《阿Q正传》中，王胡被阿Q“嚓”地用手劈过脖子以后，“瘟头瘟脑的许多日，并且再不敢走近阿Q的身边”，便是由惧怕引起的一种适应行为。上引《巴黎圣母院》中，埃斯梅拉达也出于对受刑的恐惧，不得不屈招是自己驱使“黑衣魔鬼”刺伤了菲比思。类似的逼供情节在中国古典小说戏曲中也很多，著名的如《错斩崔宁》、《窦娥冤》等皆是。虽然中国作家一般不对人物情绪作细腻的描写，但作品中常见的“屈打成招”四字已足以说明恐惧的适应意义。

那么，恐惧究竟是怎样发生的呢？上述所有的例证都表明，它是由威胁性刺激所引发的。据知，正常的婴儿长到七个月时即会萌发恐惧，诱因则为从高处降落形成的安全威胁。具体说来，刺激可能是生理的，也可能是心理的。生理的刺激主要来自各种各样的疼痛，如伤痛、病痛，等等。埃斯梅拉达、吕维祺的恐惧便都是对疼痛的恐惧。其实历史上刑具的发明也可说是心理学的一项成果。《资治通鉴》中有一则记载——

……俊臣与兴方推事对食，谓兴曰：“囚多不承，当为何法？”兴曰：“此甚易耳！取大瓮，以炭四周炙之，令囚入中，何事不承？”俊臣乃索大瓮，火围如兴法，因起谓兴曰：“有内状推兄，请兄入此瓮。”兴惶恐叩头伏罪。[①]

这就是“请君入瓮”的故事。来俊臣和周兴均为武则天时期的酷吏。周兴被控参与谋反，来俊臣负责审讯，于是出现了上面这一幕。从两人的言行可以看出，他们都深知疼痛、恐惧、招供三者之间的因果关系。来俊臣似乎还富于冷酷的幽默感，遂使故事增添了“即以其人之道还治其人之身”的逻辑色彩，变成了寓

---

① 《资治通鉴·唐则天皇后天授二年》。

意更为宽泛的成语。若就其原始含义来看，则可以视为对恐惧的生理原因的一个注脚。

关于诱发恐惧的心理原因，心理学家们把它区分为天然线索和文化影响两个方面。所谓天然线索，指的是恐惧通常都有先天预置的特性，这特性又可归结为四种，即：突然性、新异性、剧烈性、危险性。但凡具有上述特性的情境如电闪雷鸣、黑暗、孤独、从高处降落、与野兽相遇、陌生环境以及地震或洪水等自然灾害都可成为恐惧的诱因，而这些特性结合起来达到的强烈程度也就决定着恐惧的程度。阿Q临刑之前，于神志恍惚中曾想起几年前与饿狼遭逢的情境——

这刹那中，他的思想又仿佛旋风似的在脑里一回旋了。四年之前，他曾在山脚下遇见一只饿狼，永是不近不远的跟定他，要吃他的肉。他那时吓得几乎要死，幸而手里有一柄斫柴刀，才得仗这壮了胆，支持到未庄……[①]

鲁迅安排这段“回忆”，显然是为了衬托阿Q临死前的恐惧，同时也借以指明围观喝彩者的眼神实比饿狼的眼神更为可怕。但从心理学的观点看去，仅仅上段文字已经很形象地写出了恐惧的心理诱因。据研究，孤独是最基本的和天然的惧怕线索。阿Q独自与狼相遇，除人对凶兽的一般恐惧之外，又加上孤独的恐惧，难怪“吓得几乎要死”。而狼的出现，是出乎意料的，带有突然性和新异性；“要吃他的肉”的举动又带有剧烈性和危险性。可见他的恐惧的发生完全符合前文所归纳的特性。

天然线索是先天具有的，不仅贯穿人的一生，而且在动物特别是高等动物身上也同样存在。一只饿狼，既能使阿Q吓得要

① 《阿Q正传》。

死，也能使山羊和野兔丧魂失魄。至于文化影响则仅仅属于人类，它是后天习得的，通常由认知、想象和记忆所引发。譬如学生害怕考试，成人害怕失业，痴情的夫妻害怕离婚，善良的人们害怕战争、盗贼、坏人，迷信的人们害怕地狱、鬼怪、报应，等等，凡此虽与天然线索也有联系，主要却由文化影响所造成。正因为如此，这样的恐惧总是比纯由生理原因引发的或纯由天然线索带来的恐惧具有更丰富、更深刻的社会内涵。

小说中描写这类恐惧的例证甚多，给我印象较深的是一些人物对自己的隐私、秘密被揭露所产生的恐惧。不论这种恐惧是霎时出现还是一直存在，似乎都能打动读者的心。霍桑的《红字》是一部富于氛围感的小说，浓郁的氛围离不开丁梅斯代尔牧师的恐惧，而他的恐惧正来源于一个未尝揭开、却时时被人故意触及的秘密。《悲惨世界》中，已经成为马德兰市长的冉阿让，“当他那深埋密隐的名字被人那样奇突地提到了的时候，他大为惊骇，好像被他那离奇的厄运冲昏了似的；并且在惊骇的过程中，起了一阵大震动前的那种小颤抖”①。雨果将该节题为“脑海中的风暴”，而风暴正由隐情被揭露所引起。至于哈代笔下的苔丝姑娘，当婴儿即将病死之际，她的恐惧又别有一种原因——

……她就想到，那个孩子既是私生，又没受洗，两罪俱罚，于是就打到了地狱最下层的犄角上；她看见那个大魔鬼拿着一把三刃叉……把这孩子叉来叉去；……她越捉摸，那种森严阴惨的情形就越活现，她的睡衣都叫冷汗湿透了……②

私生子的事情，对于虚荣心颇重的苔丝的父亲来说，仍是一件需要隐瞒的丑事；而对苔丝来说，已经无所谓了。真正令她恐

① 《悲惨世界》第一卷，第 274 页。

② 《德伯家的苔丝》，人民文学出版社 1957 年版，第 128 页，省略号系引者所加。

惧的是，孩子会不会进地狱？事实上她后来自己替孩子受了洗并且又特地去问教士，这样做是否有效。不言而喻，这是由宗教观念——一种典型的文化线索诱发的恐惧。它在我们心头引起的感慨丝毫不亚于祥林嫂的“捐门槛”之举。

最后，想约略提一下的是，恐惧不是凝固不变的。它可以转化为别种情绪，譬如在危险的游戏中，人的情绪便常常流动于惧怕和兴趣之间。它也可以与别的情绪相结合而变为复合情绪，如惧怕＋接受＝谦让，恐惧＋期待＝焦虑，等等。《论焦虑》一章中举到的某些例证如拉斯科尔尼科夫的焦虑，其核心正是恐惧。此外，由于恐惧中产生的适应行为和保护倾向可能带有违心的性质，所以它在当时或事后又可能因道德认知的参与而引起内疚。德国女作家安娜·西格斯的短篇《接头地点》，描写希特勒统治时期，两个参加地下工作的青年约好在一所教堂接头，其中一个因恐惧而折了回去。由于担心对方因此被捕，他从此被内疚所困扰，甚至直到大战结束、重晤对方之日，他仍然不能原谅自己。同样，我们曾经谈过的巴金《随想录》中的内疚之情，也往往与胆怯联系在一起。

第十三章　论敌意

人类情绪的复合形式数不胜数，反映于小说的自然也是千姿百态，缤纷多彩。要对所有的情绪一一论及是不可能的，我们只能以基本情绪为主，加上若干常见的复合情绪如焦虑、忧悒之类，作一些肤浅的探讨。

不知大家是否注意到，在已谈过的十来种情绪中，除欢愉和兴趣之外，大都带有负性色调，这是为什么？原来，正性情绪的差异主要表现在维量程度上，如欣慰、高兴、喜悦、快乐、狂喜等，也许在激动程度、享乐程度、疏松程度上有所差别，其性质和适应价值却是相同的，即都反映了个体情绪的良好状态，所以谈过一种，也就略知其他。负性情绪则不仅有维量程度的区别，而且在性质和适应价值上也各个不同，如愤怒与恐惧，羞涩与轻蔑，不但性质相异，简直就处在对立的两极上。《安娜·卡列尼娜》的开头不是有句名言吗：“幸福的家庭都是相似的；不幸的家庭各有各的不幸。”① 从情绪角度看去，老托尔斯泰的这一警句恰好为上述正负情绪的不同特点作了一个注脚。幸福的家庭为何相似呢？因为其成员体验的是大同小异的正情绪。不幸的家庭为何各不相同呢？因为其成员体验的负情绪可能是悲哀，可能是焦虑，可能是嫉妒，可能是内疚，可能是愤怒……林林总总，不一而足。

为此，本篇想谈的仍然是负性情绪，就是敌意。在小说人物身上，这可能是出现甚多而又颇为复杂的一种情绪。优秀的小说

① 《安娜·卡列尼娜》，第3页。

都离不开冲突：或者是两种性格之间的碰撞、交锋，或者是同一性格内部的矛盾、斗争。有冲突就可能萌发敌意。如何准确、生动、独特地描写敌意，永远是摆在小说家面前的一个课题。

敌意是一种复合的情绪状态，在人的后天生活中形成，一般到少年时期才会发生。它含有明显的认知成分，也含有相当的驱力成分。构成它的主导情绪是愤怒、轻蔑和厌恶。关于愤怒和厌恶，我们已做过专文探讨。至于轻蔑，也是一种负情绪，它在自我优越的体验中发生，同时往往伴随着复杂的嫉妒、怨恨和偏见。小说中描写敌意的文字也许俯拾即得，但真正成功的刻画则无不把握了愤怒、轻蔑、厌恶相交织的情绪特色。

屠格涅夫的长篇《贵族之家》中，有两个并非主人公却从对立的方面衬托了主人公性格的人物。一个是俗吏潘辛；一个是德国音乐教师伦蒙。前者善于逢迎谄媚，人生在他看来是油般的平滑。他又是“天生的才子”：打牌、跳舞、绘画、写诗、演剧、唱歌、弹琴、作曲，几乎无所不能。加上面目俊俏，举止风流，因此在社交界左右逢源，年纪轻轻就当上了侍从官。然而他的种种长处在后者眼里分文不值。伦蒙平生不得志，却有一颗正直的心并对音乐有着深邃的理解。他似乎是凭着艺术家的直觉，看出了前者的浅薄与卑俗。他不喜欢潘辛。当他发现潘辛有意亲近并追求他的心地纯洁的女弟子丽莎时，这种不喜欢发展成了敌意。在他有限的几次出场中，对潘辛的敌意表现成为其性格的重要组成部分。

屠格涅夫描写心理，不像陀思妥耶夫斯基那样连篇累牍。他经常通过一个微笑、一次脸红、一种举动、一段简洁的对话，就生动地再现了人物的情绪状态。小说中伦蒙从未与潘辛正面冲突，但是从第一次出场起，他的爱憎已经鲜明地表现出来。那是在丽莎家里，潘辛正得意地弹唱自己的新作，照例得到所有在场人的称赞，这时伦蒙来到客厅门外——

……在那门廊里边，却立着一个低头谛听的老人，他是刚到的，从他那脸上的表情和肩头的耸动判断起来，潘辛底罗曼斯美则美矣，但是却不曾给他多少乐趣。等了一会儿，用一条粗布手巾打打脚上的灰尘以后，他突然把眉毛深锁，嘴唇也阴郁地紧闭着，已经够伛偻的背部更屈了下去，就徐缓地走进了客厅里来。[①]

这里，首先引人注目的是老人的动作与表情。构成敌意的主导情绪既然是愤怒、轻蔑和厌恶。其外显表情也必然带有这三种情绪的特征。在伦蒙的反应中，除肩头耸动表示着轻蔑外，别的表情都没有超出我们以前描述的厌恶和愤怒的范围。本来，皱眉和转头躲避是常见的厌恶反应，现在伦蒙的双眉果然深锁着，而他的屈背也同别人的转头意图相仿，都是为了躲避所厌恶的对象。至于愤怒的原型，除了也皱眉头之外，口部在婴儿时期往往张开呈方形。成年后人们觉得这种怒的原发形式有损仪容，于是加以掩饰，伦蒙的双唇紧闭便属于一种经过掩饰的愤怒模式。

其次，引文中的“突然”二字颇堪玩味，它说明老人后来的表情不是自然流露而是特地做出的。心理学认为，愤怒极易引发攻击，但厌恶导致的躲避倾向和轻蔑引起的冷淡疏远会降低怒的“热”度，从而使雷霆霹雳化为冷雨酸风，攻击行为变成攻击意向，其结果不是老拳相向，而是通过特定的举止表情来从感情上伤害对方。潘辛并未正面得罪过伦蒙，这就使老人的敌意也不能以爆发的形式表现出来，但他又委实憎恶对方，于是只好以一副阴郁的面孔出现在快活的客厅里，犹如向滚得正欢的开水中投进一块薄冰。

如果说作者描写表情举止的笔墨已够洗练，那么，当潘辛跳起来欢迎伦蒙并声称早知对方在场，自己无论如何也不敢献丑

① 《贵族之家》，文化生活出版社 1937 年版，第 24 页。

时，作者为老音乐家设计的答话就更简洁了。那话在中文译本里只有五个字："我没有听见！"[①] 而这一句谎言也就把他的憎厌、他的鄙夷、他的不屑评价、他的必须顾全礼节不能公然抨击对方的复杂心态表露无遗了。

敌意既有三种主要情绪成分，诱发的原因自然也与三者相关。仍以伦蒙为例，作者于不知不觉中实际已经道出了他心怀敌意的因由。我们知道，愤怒起因于自身强烈的愿望受到限制或阻挠。伦蒙非常喜爱他的学生丽莎，认为她纯洁、高贵、庄重，具有高尚的情感。他由衷地希望她幸福，希望她能与一个同样高尚的人结合。（当后来察觉她与拉夫列茨基相爱时，他是十分满意的。）而潘辛在他看来"并不崇高；那就是说，他底灵魂可不崇高"[②]。而一个不崇高的人怎配追求他的丽莎呢？然而眼前围着丽莎转的偏偏是这个潘辛。老人觉得学生的幸福、自己的意愿受到了威胁，于是愤激起来。尽管没有当面发起攻击，但在丽莎和拉夫列茨基面前，他对那俗吏的讥评是毫不容情、近乎尖刻的。

愤怒的由来已经清楚。那么，轻蔑和厌恶又是怎样产生的呢？轻蔑是一种由"我比对手更强"的体验激发起来的情绪。伦蒙没有明说但通过他对丽莎的评价可以看出的是，他显然自信具有与得意门生同样高尚的情操，这就足够他从人格上蔑视对手了。同时精深的音乐修养又使他能一眼看透对方艺术上的浅薄。他非常率直地告诉丽莎："他是什么也不能懂的，你怎么连这也看不出？"[③] 当善良的少女试图为对方稍作辩护时，他进一步嘲讽——

"是的，全能——全是半瓶醋。粗制滥造。劣等货色。可是

① 《贵族之家》，第24页。

② 《贵族之家》，第152页。

③ 《贵族之家》，第39页。

别人高兴那种货，也高兴那种角色，他也就心满意足了。好罢，唔，好极啦！”[①]

正是这种居高临下、不容置辩的评价，引发了也表现了他对潘辛极度的轻蔑。至于他的厌恶之情可以不言而喻。厌恶，无非是由丑恶肮脏的事物引起的一种令人作呕、亟欲躲避的体验。对伦蒙来说，潘辛正是一个令人恶心的俗物。事实上他从来都不愿与对方多说话，多接触。他之所以还要同丽莎谈论“半瓶醋”，只是为了让心爱的学生也能远离其人罢了。

敌意的复杂，除了系由多种情绪组合而成外，还在于它总是包含着一定的认知成分和驱力成分。心理学家曾在一项测量中，让被试者想象某一引起敌意情绪的情境，由此测定它所包含的成分。结果发现，“愤怒”、“轻蔑”、“厌恶”的分数固然最高，“魄力”、“痛苦”、“怀疑”、“自我”的分数也不低。[②] 关于魄力和痛苦，后文还要谈到，怀疑与自我则属于认知范围。这就是说，敌意往往含有对特定对象的怀疑并常常将对该对象的认知评价与个体自身的利害（自我）联系起来。唯其如此，在一个优秀作家笔下，敌意也总是表现为认知—情绪相互作用的模式。譬如伦蒙的情绪便始终与对潘辛的认知评价相互影响：认知导致敌意，敌意加深认知，使评价几乎具有了尖锐的极端的倾向。而当他将这种认知评价与丽莎的未来幸福相联系时，敌意中更加掺入了怀疑的成分，以至于他一会儿说两人不可能结合，一会儿又说道：“在这世界，什么全可能。尤其在你们这贵国——在这俄罗斯。”[③] 前一种判断反映了他的良好意愿；后一种判断则反映了他对意愿落空的担心。

---

① 《贵族之家》，第 39 页。

② 《人类情绪》，第 326 页。

③ 《贵族之家》，第 152 页。

写到这里，我不由想起了屠氏的另一部小说——《木木》。在那个短篇里，主人公又聋又哑，遂使敌意中的怀疑色彩更加耀人眼目。作品里的盖拉新是莫斯科一所贵族宅第的看门人。他身高近两米，有着惊人的力气。同所有的聋哑人一样，他非常敏感，只要有人取笑他，他马上就完全明白，而且会作出令人害怕的敌意反应。所以实际上没有人敢同他作对。后来，他爱上了洗衣妇塔季雅娜，可是女主人却准备将她许配给鞋匠卡皮统并将这事交给总管加夫利洛去办。后者既要执行主人的决定，又怕盖拉新闹事，只得把仆人们召集到一起商量。此举当然瞒不过当事人——

盖拉新凶恶地、迅速地轮流望着每一个人，不肯离开女佣人房间的台阶，他好像已经猜到了他们正在商量什么对他不利的事情。[①]

作者在这里的心理描写，如同在别处一样，着墨不多，但很传神。聋哑人不能像伦蒙那样用语言（包括语气、声调）来表情达意，却通过目光举止透露了自己的敌意和满腹狐疑。如果说敌意中的认知成分也可外显为表情，那么盖拉新的上述反应可能是最典型的。

下面再来看敌意中的驱力成分。

据知，当敌意萌生时，自主神经系统的激活总是为个体当时的处境提供能量准备。[②] 在前文提到的心理测量中，“魄力”的分数仅次于愤怒、轻蔑和厌恶，也说明处于敌意情境中的人是富于内在驱动力的。这一点，似乎也没有逃过小说家的眼睛。我们还是来看《木木》。盖拉新自从爱上塔季雅娜，就把她置于自己的

---

① 《屠格涅夫中短篇小说集》，四川人民出版社 1981 年版，第 16 页。

② 《人类情绪》，第 145—150 页。

保护之下了。别人不能取笑她，更不能追求她。谁若胆敢一试，他的敌意马上会被激发。一次吃中饭时，管衣服的女人故意挑三挑四地逗弄塔季雅娜，使后者被闹得差点哭出来。这时只见——

盖拉新突然站了起来，伸出他的大手，把它放在管衣服女人的头上，并且非常凶恶地望着她的脸，吓得她把头埋在饭桌上面。众人都不做声。盖拉新又拿起他的调羹继续喝他的白菜汤。①

又有一次，他发现卡皮统亲密地同塔季雅娜谈话——

……他便向卡皮统招手叫他过来，把他带到马车房去，拿起一根立在墙角的车杆，捏紧它的一头，轻轻地然而很有意思地用这车杆威胁他。②

上面两段引文的共同特色是：一、把握了敌意的分寸；二、显示了驱力对个体行为的影响。分寸感表现在盖拉新有动武的意向却没有真的动武，从而把敌意与愤怒做了区分。对驱力的描写更有意思。当盖拉新突然站出来时，仿佛是受防卫本能的驱动，要把一股被压抑的能量释放出来。这种举动令人想起电视节目中常见的动物世界的一幕。但是他并没有如张飞或李逵般的暴怒狂吼，相反，倒是颇有一种不把对手放在眼里的从容情致。第一次行动后的继续喝汤，第二次行动中那“轻轻”的动作，都极其形象地透露了一个大力士的自豪与自信。记得李廌《德隅斋画品》中有一段关于画鹰、鹞等猛禽的议论：“欲示其猛，隐所作鹞子，坐柘（枯）枝上，貌甚闲暇，注目草中之鹌，其意欲取蹲缩作势，兵家所谓‘鸷鸟之击，必匿其形’。使人想其霜拳老足，必

①② 《屠格涅夫中短篇小说集》，第8页。

无虚下也。”盖拉新的表现，也几乎当得上“貌甚闲暇”四个字。这丝毫不意味着敌意的减弱，而恰好表明，当他的敌意被诱发起来时，由自主神经系统的激活所提供的能量是非常充足的。

本篇举了两部屠格涅夫的作品。其实，类似的精彩描写甚多，倘加分析，同样会发现其中的诱因和各种成分。当然，由于作家风格的差异和小说情节的需要，敌意的具体呈现是可以各放异彩的。譬如司汤达的《红与黑》中，便有一段关于敌意的生动刻画。事情发生在德·瑞那市长家里。其时于连因整个清晨没有管理孩子们的功课而使市长非常生气。他“丝毫不隐藏他的愤怒的神色”；他用“粗鲁刻薄的话语”责备于连；他几乎想叫于连“立刻滚蛋”。而后者先还沉浸在昨晚征服市长夫人的快乐里，后来慢慢地也被激怒了，而且迁怒于在场的市长夫人和德薇夫人。只见“他猛烈地将她推开，抽脱自己的手臂”，“很冷酷地盯了她一眼，眼里显露出高度的轻蔑”。他的神情让人从中“看出最残酷的可怕的复仇的模糊的希望”……[①]可以说，两人的表现都显示了愤怒、轻蔑、厌恶以及认知与驱力相结合的情绪特色。而其不同于《贵族之家》和《末末》之处，则在于这里的敌意是在冲突双方身上发生的。

最后想提一下的是，敌对状态虽然都是外向的，但在心理上咀嚼着不愉快的，首先是自己。所以前面提到的心理测量中，“痛苦”也有较高的分数。这一点似乎无须论证，试看本文所举的几个人物，有哪一个不是在发生敌意的同时品尝着深深的痛苦呢？

---

① 《红与黑》，上海译文出版社 1979 年版，第 78、79 页。

第十四章 论移情

我闻琵琶已叹息，又闻此语重唧唧。同是天涯沦落人，相逢何必曾相识。①

浔阳江头荻花瑟瑟的秋夜，江州司马白居易，听了商人妇的一曲琵琶，品味着种种幽愁暗恨，复听她自叙坎坷身世，联想到自身的被贬遭际，恬然自安的心态突然失衡。于是当琵琶再度响起时，他禁不住泪湿青衫……

这是众所熟知的《琵琶行》叙述的故事。关于它的真实性，前人早有怀疑：作者很可能出于寄兴之需，虚构了一个感人的故事。但不论其事是否实有，从心理学的角度看去，它都正好描述了移情发生的过程。

移情（Empathy），或译“感情移人”，指的是个体对他人的情感产生的情绪性反应。它说明人类情绪不但可以被识别，而且通过社会交往，在一定的气氛渲染下，可以彼此相通。素昧平生的白居易和商人妇便是在音乐的氛围中产生了心灵的共振。《论内疚》一文曾谈到移情对于内疚的形成具有重要意义，本篇拟再就移情发生的多种方式来看具体作品中的情绪描写。

研究情绪社会化的专家马丁·霍夫曼把移情定义为“被共鸣地引起的感情反应”，并认为随着儿童知觉和认识的发展，移情可在六种情况中产生：一、新生儿的反应性啼哭；二、条件作用；三、直接联想；四、模仿；五、代表性联想；六、充任角

① 白居易：《琵琶行》。

色。除第一种之外，后五种似在人的一生的任何时候都可能发生。[①] 文学作品要再现人世间同病相怜、同气相求、同声相应……的动人场面，也不可避免地会涉及如何描写移情的问题。

朱自清的散文名篇《背影》，写的是他二十岁时在浦口车站与父亲分手的情景。父亲因为事忙，原已说定不送"我"的，踌躇之后，不放心，仍然亲自前来送行。在车站，老人一会儿忙着照看行李，一会儿忙着和脚夫讲价钱，一会儿又嘱托茶房好好照应儿子。而"我"呢，"总觉他说话不大漂亮"，在"心里暗笑他的迂"。[②] 换句话说，没有产生什么共鸣情绪。可是，当父亲去对面月台为"我"购买橘子时，情况发生了变化——

……走到那边月台，须穿过铁道，须跳下去又爬上去。父亲是一个胖子，走过去自然要费事些。我本来要去的，他不肯，只好让他去。我看见他戴着黑布小帽，穿着黑布大马褂，深青布棉袍，蹒跚地走到铁道边，慢慢探身下去，尚不大难。可是他穿过铁道，要爬上那边月台，就不容易了。他用两手攀着上面，两脚再向上缩；他肥胖的身子向左微倾，显出努力的样子。这时我看见他的背影，我的泪很快地流下来了。我赶紧拭干了泪，怕他看见，也怕别人看见……[③]

记得大学时代，无人不爱读《背影》，一些来自外地的同学，谈论起来，尤有切身的感受。但当时大家好像都没有想过：为什么"我"起初没有感动，直到见了父亲的背影才顿时流下泪来？从我读过的评介文字看，似乎也都没有回答这一问题。实际上用一般的文艺理论大概很难将它解释清楚。若从心理学角度分析，

---

① 《人类情绪》，第395—397页。

② 《朱自清诗文选集》，人民文学出版社1955年版，第72页。

③ 《朱自清诗文选集》，第73页。

则背影引起的反应正属于霍夫曼所说的“条件作用”。观察表明，一个被紧张而焦虑的母亲抱着的婴儿，能通过身体的接触，感觉到母亲的情绪而产生痛苦。稍长以后，则无须接触，仅仅母亲的痛苦表情和声音都能成为引起儿童移情的条件性刺激。这一反应方式一直延续到人的成年时代，延伸到广泛的人际关系中。《背影》中父亲最初的忙碌，在儿子眼中没有留下痛苦的印象，不构成移情的条件，而攀爬月台的姿势却使“我”立刻感觉到父亲动作的艰难和老迈，当然也立刻意识到这一切都是为了自己，于是移情很快发生了。

“条件作用”在生活中十分常见，反映于小说的也很多。有的写法与前例相近，无须再举。不妨一提的是，不少作者显然是被现实的人质事件所打动，他们是从与《背影》不同的角度来描写条件性刺激的，从而给读者的感觉也全然异趣。早在并非小说的《史记·项羽本纪》中，项羽将刘邦的父亲置于高俎之上，扬言欲烹，便是企图引起对方的移情反应。现代小说尤其是战争、反恐怖、黑社会一类题材作品中，以人质相要挟的故事更是层出不穷。譬如《战争与回忆》中，党卫军想迫使娜塔丽就范，便当着她的面把她儿子路易斯双脚倒提起来，威胁要把他一扯两半。娜塔丽见状果然尖声喊叫起来……事过之后，她还“眼睛睁得滚圆，外面一圈白边，皮肤发灰发青，一副临死前惊恐万状的神态”[①]，足见孩子的受折磨对她形成了多么强烈的刺激！

比“条件作用”更为普遍的方式是“直接联想”。这是指对方的情绪引起了自身对过去某种经验的联想，从而产生移情。前引《琵琶行》一例，便可部分归入此类，因为正是琵琶女自述的由“名属教坊第一部”到“门前冷落鞍马稀”的不幸，触动了诗人的心怀，体验到自身由京官而“谪居卧病浔阳城”[②] 的悲剧，

① 赫尔曼·沃克：《战争与回忆》，人民文学出版社 1981 年版，第 1447 页。

② 白居易：《琵琶行》。

很自然地产生了移情反应。小说、戏剧中，“直接联想”也为许多作者所乐于采用。可以说，但凡作品中出现同病相怜的情节，必然与人物先前的经历、体验相关。当然，艺术最忌重复，尽管同属一种移情方式，作者写来还是应当各有各的手段、各有各的心裁。近读剧作家沈虹光的新作《丢手巾》，发现她巧妙地将移情反应与特殊的人际关系组合在一起，遂使戏剧冲突呈现出别样的风貌。作品描写某厂职工医院护士惠苇，被丈夫抛弃后，带着十岁的儿子与厂校英语教师乔媛合住一间单身宿舍，相处十分融洽。一天，她进房时，发现一个紫衣女人正狠狠地把茶泼在乔媛脸上。她直觉地意识到发生了什么事，正帮着乔媛说话时，对方甩出的一串回答证实了她的预感——

紫衣女人：（凄绝地逼视惠苇）你有是非吗？你竟然站在她一边！好！请你告诉我，当你知道你丈夫和另一个女人勾搭上了的时候，你心里怎么想？（痛哭失声，下）①

这是引发移情的典型情境。对方与惠苇自身的遭遇完全相同。对方的痛苦直接勾起了惠苇自己对往事的回忆。可是，这次充当第三者的却是同室好友，这就使惠苇一面有满腔的怨恨、不平要宣泄，一面又时时被同室的情谊所牵系。移情便在这种特殊的关系中发生，带上了既冲动又理智、既奔放又有控制的奇特色彩。她第一句问话是：“乔媛，她冤枉你了吧？”接着又试图婉转地联系自身来给乔以善意的规劝。由于乔执拗地表示“不想听”，她激动起来，憋在心里的话脱口而出：“不管你爱不爱听，今天我都要说！我应当恨你，因为我的丈夫……也是被一个你这样的人夺走的！……我不明白，世上的男人多得是，你们为什么偏要去

① 《丢手巾》，1990年第3期《楚天艺术》，第74页。

夺别人的人！”她甚至责问乔：“你有没有罪恶感？”然而，当乔冲到大雨中，表示“你不住嘴我就不进来”时，她又只得认输：“唉，捅了娄子的倒还比我厉害！”[①] 这是一段人情味颇浓的戏，而人情味恰同作者对“直接联想”式移情准确而独特的把握联系在一起。

“模仿”，是又一种引起移情的方式，即通过自动的轻微动作的模仿，以及动觉的内导反馈，而产生对对方感情的体验。譬如演员在表情训练中，经常要通过动觉内导反馈去体验自身萌生的表情是否符合角色的要求。[②] 生活中，一些人出于对心目中某个偶像（如伟人、影星或虚构的艺术形象之类）的崇拜，也会通过表情、姿势，声音的模仿去体验对方的感情。钦佩拜伦而学跛足，激赏维特而开枪自杀，是西方有过的时髦。《红楼梦》中，贾宝玉的一句“我就是个‘多愁多病的身’，你就是那‘倾国倾城的貌’”[③]，则反映了封建时代东方少年对理想角色倾慕、仿效的意向。往前追溯，两千年前庄子说的“丑女效颦”的寓言已提供了一个由模仿而移情的实例，只是由于其人对自身条件缺乏认识，沦为千古笑柄。翻开当代小说，则会发现今天仍有不少红男绿女染有东施之癖。

不过，上述种种模仿都带有自觉的、随意的性质，另有一种模仿乃是自发的、不随意的。文学作品对此描写不多，偶有出现，颇堪玩味。譬如《牛虻》中，亚瑟青年时代有将花朵撕得粉碎的习惯，这神经质的动作一直保持到饱经风霜的成年时代——

牛虻从花瓶上摘下了一朵菊花，开始把那白色的花瓣慢慢地

---

① 《丢手巾》。

② 《人类情绪》，第395—397页。

③ 《红楼梦》，第二十三回。

一片一片扯下来。[①]

有意思的是，当年与亚瑟一起在吕森湖畔漫游时，蒙泰尼里有过同样的动作——

蒙泰尼里从花丛中摘下一朵蔷薇，把花瓣一片一片地扯下来，抛进水里去。[②]

那么，亚瑟的动作是否出于对神父的不自觉的模仿呢？模仿中又是否包含着对对方感情的体验呢？作者没有明说，却给我们留下了值得玩索的问题。

移情可以发生在双方直接照面的情况下，也可由照片、信件等间接信息所诱发，后一种情况就是所谓“代表性联想”。它需要移情者学会解释那些代表真实情境的信息，因而只有在较大的孩子和成人身上才可能发生。这种方式也早就受到作家关注，通过信件、照片或由他人转述的事实来刻画人物心理，是小说中常用的手法。

譬如罗曼·罗兰的《约翰·克利斯朵夫》中，有一卷专写安多纳德和奥里维的手足之情。姐弟俩原在巴黎相依为命。为了供给弟弟读书，安多纳德不得不去德国教书。分离的日子里，通信成为彼此精神生活的支柱。奥里维每天都给姐姐写一封十二页的长信，这些信使安多纳德沉浸在温情里头，唯有在读信的时间她才觉得有点空气可以呼吸。信要不在早上预期的时间收到，她就苦恼得什么似的。同样，她每天必给弟弟写信，而奥里维也总是一边想着上一天的来信，一边眼睛盯着钟，等着当天的信。要是邮局耽误，把安多纳德的信晚一天送到，他就特别难过。他的思

① 《牛虻》，第 118 页。

② 《牛虻》，第 21 页。

绪老是朝着不祥的方面活动——

“噢，上帝！要是她病倒的话！她总该见到他一面才死吧……昨天为什么她只写寥寥几行呢？……是不是病了？……是的，她病了……”①

除了从来信体验对方的喜怒哀乐、想象对方的一切之外，他们还深知自己的去信会给对方造成怎样的移情反应。一次奥里维特别颓丧，在信中写道：“你回来罢，回来罢！……”②可是信刚发出，他就觉得愧悔，赶紧又写一信，声明前信作废，要姐姐别把那句话放在心上，甚至故意装作很快活……如果说，小说的整个这一卷都被诗意的温柔的氛围所笼罩，那么，有关通信的段落无疑为这种氛围增添了格外缠绵的情调。

下面再看一个由别人口述的事实诱发移情的例子：《模特儿》。这是现代作家许钦文早年创作的短篇。小说叙述一个卖菜的乡村寡妇被美术学校学生雇为模特儿的故事。作品采用第一人称，而有关年轻寡妇的性格、身世等均由友人朱君口中道出。“我”并不曾见过她，“可是我听了朱君这些话，似乎面前就有个不长不矮满脸悲容的无告的女人，正在拼命地挣扎。直到现在，已经过了好些日子，这个鹅蛋脸留在我脑中的印象还是很明显的”。③显然这也是一种“代表性联想”，引发移情的不是面对面的情境，而是由他人口中传来的信息。

这里，想顺便指出，上述例子中，“我”对寡妇萌发的是一片同情，而作为心理学术语的移情与同情（Sympathy）并非同一概念。同情以移情为基础，却含有更多的认知成分。移情不一定带来同情；同情发生时，则必定已经有了移情反应。

---

①② 《约翰·克利斯朵夫》第三册，第66—72页。

③ 《许钦文小说选集》，作家出版社1956年版，第75页。

霍夫曼归纳的末一种移情方式是“充任角色”，即个体设想自身处于对方遭逢的情境中，从而产生移情，这也就是俗话说的“设身处地”地为别人想一想。由于移情的发生常常混合着多种方式，因此在前文所举的某些例证中，实际已经包含此种方式。譬如安多纳德与奥里维的每日一信，便是充分意识到了对方的孤独。又如《背影》中二十岁时的“我”，曾经暗笑父亲“迂”；提笔写《背影》时的“我”，却能体验到父亲的老境颓唐，从而以自责的口气说“那时真是太聪明了”！①

最后，应当说明的是，移情说在近代西方美学界产生过广泛而深刻的影响。我国美学前辈朱光潜在所撰《西方美学史》中曾用整整一章篇幅来评介这一学说，特别是立普斯的移情说和谷鲁斯的内模仿说。认为前者侧重由我及物的一方面，即把主体的生命灌注到对象中去；后者侧重由物及我的一方面，即对对象做一种内在而不外现的模仿。这些解释对于我们探讨的问题并非全无关系，特别是当某个形象处于审美情境中时，有关学说无疑有助于我们对其心态作出合理的分析。譬如《琵琶行》中的白居易，当其聆听琵琶之际，很可能有一种内模仿的感觉。只是小说人物不可能成天价都在欣赏艺术、观照自然，他们身上的移情反应多数都与审美无关，用立普斯的话说，那是一种“实用的移情作用”②，因此本文对于“审美的移情说”也基本没有涉及。

---

① 《朱自清诗文选集》，第72页。

② 《西方美学史》，人民文学出版社1981年版，第608页。

第十五章　论活跃

二千三百年前，古希腊名医希波克拉特提出了一种关于体液和体质的学说。他认为人体内存在着四种由不同器官生出的液体，即由心脏生出的血液、脑生出的黏液、肝脏生出的黄胆汁和胃生出的黑胆汁。由于体液比例的不同，造成了人们体质的差异。大约五百年后，古罗马名医盖伦进一步将此说与气质相联系，认为人的不同气质系由体内某种液体占优势所决定。血液占优势的为多血质，其人性情活跃，动作灵敏；黏液占优势的为黏液质，其人性情沉静，动作舒缓；黄胆汁占优势的为胆汁质，其人性情莽撞，动作迅猛；黑胆汁占优势的为抑郁质，其人性情脆弱，动作迟钝。

这一学说缺乏生理科学依据，却比较确切地划分和描述了人的气质类型，因此一直为后人所重视。20 世纪上半叶，巴甫洛夫从高级神经活动过程去探讨气质的生理基础和表现，他所划分的神经系统类型（活泼型、安静型、兴奋型、弱型）也可与上述四种气质相对应。现代心理学在气质领域有广泛深入的研究，但希氏和盖氏的学说始终不失其经典的意义。

由于气质与人的各种心理现象、高级神经活动关系密切，以塑造人物形象为使命的小说艺术也就不可避免地会碰到气质问题。譬如前面十四章中，我们着重探讨情绪，而一个人情绪反应的强弱、快慢、隐显，正是不同气质的表现。同样是愤怒，在胆汁质的人身上可能立即引发一场攻击，而黏液质的人却可能加以掩饰和克制。同样是内疚，多血质的人会立即以某种补偿行为来求得心理平衡，抑郁质的人却会长期默默地在内心咀嚼痛苦。所以，成功的心理描写，既要准确地刻画心智内容，又要揭示其相对稳定的动力特征，也就是气质。事实上，在优秀作家笔下，人物气质大都比较鲜明，而且常常互为映衬。如堂·吉诃德为胆汁质，桑丘则近乎多血质；鲁迅《故乡》中的豆腐西施为多血质，闰土则为黏液质；柳青《创业史》中的梁生宝为黏液质，郭振山则为多血质……

既然四种气质的划分至今仍然流行，我们探讨小说人物气质时，也不妨仍加采用。当然，正如巴甫洛夫所指出，纯粹的类型很少见，一般人均为两种以上类型的混合。同时，在教育和生活条件的影响下，气质有时也会发生改变。这些，我们将在以后的分析中一一涉及。

本篇先谈多血质。

现代心理学将气质定义为个人心理活动的稳定的动力特征，因此一般都从人对外界刺激的感受性、耐受性、反应的敏捷性、可塑性、情绪兴奋性以及外倾性或内倾性等方面来展开研究，认为以上各种特性的不同组合，构成了不同的气质类型。我们探讨小说中气质描写的成败优劣，也不妨从上述角度入手。

在这个专栏开始时，我曾试图尽量扩大例证范围，避免总是举《红楼梦》、《战争与和平》、《安娜·卡列尼娜》一类大家过于熟悉而又只能“徒此揖清芬”的高峰作品为例。但是现在当问题进入气质范畴时，首先闪现在脑际的依然是这些长篇中的人物，因为几乎各种气质的人在这里都可迎面相遇。以多血质而论，站在我们面前的便有贾宝玉、史湘云、王熙凤、刘姥姥、娜塔莎、奥布浪斯基等长长的一列。

多血质的人，感受性低而耐受性高。这一点，只需把史湘云和林黛玉略一对照，便可看得极其分明。两人的境遇本来颇相似：都是孤儿，都寄人篱下，然而反应完全不同。黛玉的体验是，“一年三百六十日，风刀霜剑严相逼”[1]。任何一点微小的刺激，都足以使她伤心落泪，可见感受性是多么高而耐受性又是多么低了。湘云恰恰相反，从最初出场时的“大笑大说”[2]，到后来“醉眠芍药裀”时梦中的嘟嘟囔囔——“泉香酒洌……醉扶归”[3]，她似乎从来没有哭过，也没有长时间地烦恼过，而且也不理解黛玉的伤感和“小性儿”。最有意思的是，海棠社成立时，她兴奋之下，全然忘了自己在家中的地位，立即表示：“明日先罚我个东道儿，就让我先邀一社，可使得？”[4] 直到晚上，经细心的宝钗提醒，她才意识到自己的真实处境——

……“既开社，就要作东。虽然是个玩意儿，也要瞻前顾后，又要自己便宜，又要不得罪了人，然后方大家有趣。你家里你又做不得主，一个月统共那几吊钱，你还不够使。这会子又干这没要紧的事，你婶娘听见了，越发抱怨你了。况且你就都拿出来，做这个东也不够。难道为这个，家去要不成？还是和这里要呢？”

一席话提醒了湘云，倒踌躇起来。[5]

自身的不良处境，竟然要由别人来提醒，其对外界刺激的感受性之低、耐受性之高也就不言而喻。

小说中但凡成功的多血质描写，大概都会注意到人物的感受性和耐受性。《安娜·卡列尼娜》中，安娜的哥哥奥布浪斯基在自己的私情被妻子察觉因而整个家庭乱作一团的情况下，还能在沙

---

① 《红楼梦》，第二十七回。

② 《红楼梦》，第二十回。

③ 《红楼梦》，第六十二回。

④ 《红楼梦》，第三十七回。

⑤ 《红楼梦》，第三十七回。

发上安然入睡，还能做甜美的梦，醒来之后还能带着微笑继续回味，觉得“哦，真是有趣极了”①，说明不幸的事件虽也使他痛苦，但感受并不很深。他对发生的事情也不后悔，“后悔的只是他没有能够很好地瞒住他的妻子”②。一旦获知妹妹安娜即将来到，也许会促使他们夫妻和好起来时，他的脸色立刻开朗了。整个长篇是从奥布浪斯基的家庭纠纷揭开序幕的，而这个人物的多血质特征一开始就以其对痛苦的低度感受充分显示了出来。

可塑性和反应的敏捷性均为神经系统灵活性的表现。所谓可塑性，指的是个体根据外界事物变化的情况来调整自己行为的可塑程度。多血质的人一般都能灵活地顺应环境的变化，可塑性是很强的。《子夜》中的吴老太爷从乡下来到上海，养尊处优的地位丝毫未变，却竟然不能适应而一命呜呼，说明他绝不属于多血质。刘姥姥以乡下穷亲戚的身份来到荣国府，在全然陌生的环境中应付裕如，则不啻为多血质的表现。契诃夫的讽刺小说《变色龙》，写巡宫奥楚蔑洛夫处理狗咬人的事件。当听说那不过是条野狗时，他站在人一边，要把狗处死；当获知那是将军家的狗时，他又站在狗一边，责骂被咬伤的人。狗的身份一变再变，他的态度也就随之摇来摆去。作品的笔墨自然颇夸张，其对人物气质的渲染倒是鲜明不过，因为世上趋炎附势的小人虽多，却唯有多血质的人才能这样心安理得地随机应变。

所谓反应的敏捷性，又可分为两类特性：一类是指心理反应的速度，如说话的速度、记忆的速度、思考的速度以及动作的灵活与注意转移的灵活等。多血质的人反应迅速，动作快捷，多言善辩。黛玉说湘云“偏是咬舌子爱说话”③，宝玉说湘云“睡觉还

---

① 《安娜·卡列尼娜》，第4页。

② 《安娜·卡列尼娜》，第6页。

③ 《红楼梦》，第二十回。

是不老实”[1]，都是从小说中人的眼里看出了多血质的特征。而湘云听了黛玉的嘲谑后，立刻以“明儿得一个咬舌儿林姐夫”[2] 相回敬，说完回身就跑，——也表现出言行反应的快捷。至于凤姐说话办事的机敏爽利，更是无人能及。第二十回有这么一段插曲：宝玉的乳母李嬷嬷无端跑来大闹，众人无法劝止。可巧被凤姐听见——

……便连忙赶过来，拉了李嬷嬷，笑道：“妈妈别生气。大节下，老太太刚喜欢了一日。你是个老人家，别人吵，你还要管他们才是，难道你倒不知规矩，在这里嚷起来，叫老太太生气不成？你说谁不好，我替你打他。我屋里烧的滚热的野鸡，快跟了我喝酒去罢。”一面说，一面拉着走，又叫：“丰儿，替你李奶奶拿着拐棍子、擦眼泪的绢子。”那李嬷嬷脚不沾地跟了凤姐儿走了……后面宝钗、黛玉见凤姐这般，都拍手笑道：“亏他这一阵风来，把个老婆子撮了去了。”

像这样又麻利又灵活的办事作风，乃是多血质人的特长。换了胆汁质的人来，可能会一声断喝将老人制止，却不能如凤姐一般八面玲珑。

敏捷性的另一类特性，指的是不随意的反应性。多血质的人容易被新奇事物所吸引，兴趣广泛而又容易转移。贾宝玉被称为“无事忙”，说明各种刺激都能引起他不由自主（不随意）的反应，唤起他的兴趣和注意。大观园中每有活动，他和史湘云永远是兴致最高的一对。“脂粉香娃割腥啖膻”那一回中，首先想到要烤鹿肉吃的，就是他们两人。契诃夫的短篇名作《跳来跳去的女人》也是一部人物气质鲜明而又相互映衬的作品。医师戴莫夫温和、沉

---

① 《红楼梦》，第二十一回。

② 《红楼梦》，第二十回。

静、志趣专一，是典型的黏液质。与之形成对比的妻子奥尔迦则属于多血质。她活泼、好动、爱交际，兴趣尤其广泛。她有一批艺术界的男朋友：一个话剧演员，在教她朗诵；一个歌剧演员以为她只要肯下决心，“就会成为出色的歌唱家”；一个青年画家，替她修改画稿，并“说她将来很可能有所成就”；一个大提琴家“公开声明，在他认识的一切女人当中，能够给他伴奏的只有奥尔迦·伊凡诺芙娜”。[①] 此外，还有文学家、业余的插图家和饰图家……她爱好甚多，却不能精于一门，这正是多血质的一大特征。

写到这里，不由想起有关气质优劣的探讨。巴甫洛夫当年曾把“强而平衡、灵活型”（活泼型、多血质）视为“一种健康的、顽强的、充满活力的神经系统类型”，也就是“最完善的类型”。理由是，这种类型较其他类型更能维持有机体与环境的平衡；即使处于不良环境中，个体也难以出现神经性疾病。[②] 从这一角度看，多血质确乎优越。譬如前面举过的几位小说人物，便没有一个会得忧郁症或焦虑症；同时他们的活跃性情还会给周围造成快乐的气氛。史湘云无疑比林黛玉活得轻松自在。王熙凤尽管干过很多坏事，但无可否认，她也给大观园带来了笑声……

然而，如果我们换一种角度去看，就会发现，各种气质之间只有特征的差异，并无优劣的区分。一个兴趣广泛而又容易转移的人，也许较能适应经常变换的工作（特别是要求手脑灵活的工作），也许能给生活增添更多的情趣，但另一方面，他却不如黏液质和抑郁质的人认真细致，能对工作集中注意。他容易分心，在情感领域也容易用情不专。譬如宝玉深深爱着黛玉，却不如对方专一，花花心思甚多，正像黛玉所指出的那样：“……你心里有‘妹妹’，但只是见了‘姐姐’，就把‘妹妹’忘了。”[③] 又如“跳

---

① 《契诃夫小说选》，第 362 页。

② 斯特里劳：《气质心理学》，辽宁人民出版社 1987 年版，第 15 页。

③ 《红楼梦》，第二十八回。

来跳去的女人”不仅没有成为演员或画家，而且终于跳进别人的怀抱，破坏了本来可以十分幸福的家庭。

在谈过以上几种特性之后，对于多血质人的情绪兴奋性和外倾性几乎已经有了答案。无论是宝玉、湘云，还是奥布浪斯基或奥尔迦，情绪抑制力都较弱，都容易兴奋，也容易表露于外。荣府演戏，众人都看出那唱小旦的像林黛玉，只是都忍住不说，唯独湘云毫无顾忌：“我知道，是像林姐姐的模样儿。”[①] 宝琴初来，她又当着众人介绍情况：“……若太太不在屋里，你别进去，那屋里人多心坏，都是要咱们的。”足见心里藏不住任何话儿，难怪宝钗笑她：“说你没心却有心，虽然有心，到底嘴太直了……”[②]

与湘云时代、国度、性格、命运全然不同，却同样以强烈的兴奋和强烈的外部表现显示了多血质特征的是《战争与和平》中的娜塔莎。她第一次出场就以不可抑制的兴奋感染了所有在场的人，也给读者留下了难以磨灭的印象——

……她从父亲手里挣出来，跑到母亲身边，毫不注意她的严厉的斥责，把泛红的脸，藏在母亲的花边披肩里，笑起来了。她笑着，上气不接下气地说到她从小裙子下边取出来的玩偶。

“您看见吗？……小娃娃，米米……您看。”

娜塔莎不能够再说别的了（她觉得一切都好笑）。她倒在母亲的怀里，并且笑得那么高声响亮，使大家，甚至拘礼的女客，都忍不住地笑起来了。[③]

大笑过后不久，她又怀着极度的好奇和兴奋，做了一件颇为出格的事。——她跑出客厅，在花房里，跳上一只花桶，主动地

---

① 《红楼梦》，第二十二回。

② 《红楼梦》，第四十九回。

③ 《战争与和平》，高植译本，第57页。

吻了保理斯。她的热情的举动使对方不禁脸红起来。这时她十三岁。半年后，她已不再想嫁保理斯，而易于兴奋的气质丝毫未变。当哥哥尼考拉偕同战友皆尼索夫从前线归来时，尽管全家都沉醉在幸福中，娜塔莎还是比一切人都更欢跃。她“把他的头向下扳着，吻了他整个的面孔，然后从他身边跳开，抓住他上衣的边，在原来的地方像一只山羊那样地跳跃着，尖声地叫着”。[①] 她对初次见面的皆尼索夫尤其表现出令人奇怪的热情——

“亲爱的，皆尼索夫！”娜塔莎大叫，狂喜忘形地跑到他面前，又抱他，又吻他。大家都被娜塔莎的行为弄迷惑了……[②]

的确，如此突发的兴奋，如此狂放的表现，即使在一般具有多血质倾向的人身上也不多见（因为这是一种典型表现），对于黏液质和抑郁质的人来说，就更加不可想象了。

那么，是否多血质的所有特性都与其他类型不同呢？并不。事实上，在感受性低而耐受性高、反应的敏捷性高、情绪兴奋性高、外倾性明显这些方面，它同胆汁质是相近的。它同黏液质在感受性耐受性方面、同抑郁质在情绪兴奋性方面也有相通之处。多血质类型真正独一无二的特征，在于其人性情的活跃、反应的灵活。——唯其如此，本篇才以“活跃”作为题目。

---

① 《战争与和平》，高植译本，第 423 页。

② 《战争与和平》，高植译本，第 424 页。

第十六章　论沉静

一个流寓莱茵河畔的俄国青年“我”，由于偶然的机缘结识了另一个青年加京和他的妹妹阿霞。从第一眼起，“我”就觉得她非常美丽，很快便被她的笑声、她的时而发亮时而变得温柔的眼神、她的优美的身材和轻盈的动作，特别是她那略带野性而又敏感的性情所吸引。其时“我”刚被一个漂亮寡妇抛弃不久，正沉浸在失恋的哀愁和孤寂中，以至于每天临睡前都会情不自禁地想起那位残酷的美人。可是认识阿霞的第一天，“我”就忽然发现自己整个夜晚连一次都没有想到寡妇。第二天晚上“我”有意拿出寡妇的一封信来，但是还没有打开，思想就转到另一个方向去了。“我”开始想着阿霞……其后的两星期中，三人天天见面。“我”更加被阿霞所引动，同时越来越怀疑，“她不是加京的妹妹……他太宠爱她了，太体贴她了”。一天，“我”碰巧偷听到她激动地对加京说：“不，除了你以外，我任何一个人都不要爱。”这“证实”了自己的猜疑。“我”不由非常痛苦。怨恨之余，曾试图把寡妇的形象重新唤回心中，然而未能奏效。后听加京解释，才知道阿霞是他父亲与一个女佣的私生女。他唯恐伤害她的自尊心而一向对她格外爱护。他的叙述使“我”顿觉轻松，犹如有一种蜜、一种甜味流进心田，于是彼此恢复了亲密的交往。“我”刚认识阿霞时，曾经自问：“我是不是又在恋爱了？”而现在想的是：“她会爱上我吗？”

她果然爱上了“我”。她约“我”单独会面，要把婚事确定下来。这原是“我”渴望多时的幸福，然而当它真正降临时，“我”却踌躇起来，想到了她的身世，她的教育，她的火一般的性格。“跟一个十七岁的她那种性格的少女结婚，那怎么可能呢?”见面后，她用几乎听不到的低低的声音喃喃说着：“我是您的……”而“我”没有作出应有的反应，没有说出那在内心说了无数遍的一个字，没有说出自己也爱她。于是第二天，她就同着哥哥永远地离去了。①

这是屠格涅夫最优秀的中篇之一——《阿霞》的故事梗概。车尔尼雪夫斯基、皮萨列夫等曾给予女主人公以极高的评价并认为，在那个年代的俄罗斯，能够配得上阿霞的生气勃勃的年轻人尚未出现，作品中的“我”不过是个虚假的英雄而已。这一评价自有其深刻的意义，“我”其实正可归入当时贵族青年的“多余人”行列。倘就气质而言，则这一形象刚好表现出了黏液质的若干主要特征。

黏液质与前篇所谈多血质的相似之处，是感受性低而耐受性强。“我”被漂亮寡妇先是“鼓励”而后“丢开”之后，虽曾痛苦、伤感，但恰如他自己所说，是“暂时”的，“我应该承认我心里的创伤并不很深”。一旦认识阿霞，寡妇在他心中就完全没有地位了。阿霞的离去对他心灵的刺激自然要深得多，但是他也能自宽自慰，特别是他当时还很年轻，“还把短促、易逝的将来认为是无限的”。他想着，“难道发生过的事情就不可能再来，就不可能比从前更好，更美吗?……”可见这一打击远未超出他的承受力范围，他绝不会因此患上神经系统疾病。

留意一下其他作品中的黏液质人物，如冈察洛夫笔下的奥勃洛摩夫、《安娜·卡列尼娜》中的卡列宁、《故乡》中的闰土、《家》中的觉新、《创业史》中的梁生宝，等等，就会发现，尽管他们所处的时代、国度，所属的阶级、阶层，以及文化教养、道德品质各个不同，但都具有感受性低而耐受性高的特征。巴甫洛夫的学

① 《屠格涅夫中短篇小说集》，第197—259页。

生、生理学家克拉斯诺戈尔斯基曾以儿童作试验，通过对象的言语反应及整体行为来验证气质特性。结果表明，黏液质的人大脑皮层与皮下的相互协调保证皮层能良好地控制先天反射，容易适应社会环境。[①] 奥勃洛摩夫能够年复一年地住在满是尘灰、与世隔绝的住宅里，怡然自安地躺在床上胡思乱想；卡列宁能够那样理智地对待妻子的不忠；闰土能够在“多子，饥荒，苛税，兵，匪，官，绅”造成的极艰难的境况中“辛苦麻木”地生活；觉新能够在旧家庭、旧礼教的压抑氛围中以“作揖主义”来调和一切；梁生宝获知改霞考工厂的消息后，能够克制住心中的不畅快，一心扑在互助组的工作上。他们身上都充分显示了对刺激的耐受性和对环境的适应力。

不过，气质的各种特性不是孤立存在的，而是有规律地结合在一起，以稳定的心理特点呈现出来的。黏液质人虽与多血质人同样具有感受性低、耐受性高、易于适应环境等特点，但因其反应速度较慢、可塑性和兴奋性较低、外部表露较少，因此呈现的整体特征还是截然而异。与多血质人的活跃、易变相反，黏液质人是沉静、稳定的。前者以随机应变来适应生活；后者则以善于忍耐来适应生活。恋爱故事中，多血质人喜欢主动进攻，黏液质人惯于被动接受；多血质人常扮演见异思迁的角色，黏液质人则往往是受害的一方。《阿霞》中的“我”，在与风流寡妇的交往中，便是先被勾引随后又被弃如敝屣的，只是他能承受打击，不像胆汁质人那样易于冲动或像抑郁质人那样脆弱罢了。

“我”对阿霞的态度，同样反映出黏液质的特性。由于缺乏敏捷性和灵活性，黏液质人能够适应比较稳定的哪怕是不良的环境，却不太能适应快速变化的环境；善于有条不紊地处理日常事务，却不善于应付突如其来的事件。“我”无疑爱着阿霞，但

---

① 《气质心理学》，第 26 页。

“我”只习惯在慢悠悠的水到渠成的过程中伫候，不敢主动果决地叩响幸福之门。对方的急切、率真未能使他惊喜，反而使他惊慌失措——

“您要我怎样来回答这一个问题呢！您自己想想吧，现在我怎么能够知道呢？”①

……我在屋子里走来走去，像一个发高烧的病人似的说着：“您不让刚开始成熟的感情有成长的时间，您，您自己先破坏了我们的友谊，您不信任我，您怀疑我……”②

这是“我”对加京和阿霞分别作出的回答。明明是自己心中盼望的事，偏不敢直截了当地承认，就像舌头被魔鬼拖住了一样，甚而还要责怪对方。这里既暴露了“我”人格上的弱点，同时也反映了黏液质类型在突发情境中的窘困。

最安于现状、最不喜欢变动的小说人物可能是奥勃洛摩夫。他在那尘封终日的宅子里如鱼得水，认为花园、妻子、美食，加上与朋友们聊天，便是最美满的生活。任何需要移动、需要出门、需要改换环境的游乐和社交都使他闻而生厌，难以适应。在结识聪明活泼的姑娘奥尔迦后，由于对方的鼓励、督促，他曾经变得稍有活气，但不久便觉得恋爱是件艰苦的事，不想继续下去。后为对方的诚挚所感动，他们决定结婚，但一想到婚事需做种种准备，包括找房子、料理事务、上法院、筹钱等等，他又愁上心来，不愿为此奔忙而失去宁静。他的一再拖延终于使奥尔迦彻底失望，重病一场后，她随婶婶到国外去了。而他则被崇拜贵族的房东太太爱上，在丝毫不改变生活习惯的情况下，同她有了

①② 《屠格涅夫中短篇小说集》。

一个儿子……奥勃洛摩夫是蜕化到极限的“多余人”典型。比起以往的“多余人”如奥涅金、皮却林来，他显得更加缺乏作为，更加没有出息，更加充满惰性。而他的主要性格特色正与黏液质特性胶合在一起。

不过，如前篇所说，气质类型本身并无优劣可分，全看所处的情境。黏液质人的安静、舒缓，使他或她在恋爱中往往跟不上节拍；但另一方面，这种人却不易被坏人所勾引。试想娜塔莎身上如果多点沉稳，她又怎么会被花花公子阿那托尔所诱惑？① 而一旦爱上了，黏液质人多数都能忠于对方，不会轻易变心。元稹叹道：“同穴窅冥何所望，他生缘会更难期！”② 如果他的悲怀是真的，那么大致可以认为他属于黏液质。杜牧吟道：“十年一觉扬州梦，赢得青楼薄幸名。”③ 如果他的遣怀是真的，那么大致也可判定他不属于黏液质。

不但从恋爱态度是否主动、急迫、稳定等方面可以看到气质特性的流露，而且在遇到情敌、受到对方欺骗的情况下，不同气质也有不同的表现。《论嫉妒》一章曾谈到奥瑟罗与连斯基等在发现妻子、情人不忠时的情绪反应。从他们的冲动表现和极端行为可以断言两人均属于胆汁质。事实上普希金本人也属于胆汁质，后来也走上了与连斯基几乎一模一样的道路。至于《阿霞》中的“我”，无论在寡妇被一个军官夺去时，还是当他误解了加京与阿霞的关系时，都采取逃避的态度，独自排遣忧思，绝未萌发过攻击对方的念头，这正是黏液质人的冷静之处。

一个描写得更细致的例证是《安娜·卡列尼娜》中的卡列宁。他对妻子与渥伦斯基的隐情早有怀疑，最后的证实则在观看赛马之时。他很快就从安娜全神贯注的神情、从她苍白而严峻的

---

① 《战争与和平》第二卷第五部。

② 《遣悲怀》。

③ 《遣怀》。

脸色看出了自己所不愿知道的东西。当渥伦斯基从马上翻下，安娜大声惊叫，作出种种失态表现后，事情就更明白了。然而他没有爆发，反而“站得遮蔽了她，给她时间来恢复镇静”①。回家的路上，他才指出妻子“有失检点”②，同时他也没有忘记把马车的前窗关上，以防谈话被车夫听见。抵家后，“他先下车，然后扶了她下来。在仆人面前，他紧握了握她的手”③。这是卡列宁在事发当时的系列表现。尽管内心气愤、痛苦，外表却毫未流露，相反，他竭力顾全体面。在观众、在熟人、在车夫、在仆人面前，都尽量不让人看出他们夫妻之间有任何异常的事已经发生。甚至对安娜，他也没有改变惯常的有礼貌的态度，因为他“意识到在当时那种情况下他的感情的任何表露都是不适宜的，他竭力把生命的一切表现压抑在自己心中”④。

事后，当独自思考对策时，他情绪更趋稳定，思路更加清晰。他先追忆现代上流社会中妻子对丈夫不贞的种种实例，然后逐一地权衡决斗、离婚、分居等方式的利弊。他对决斗的考虑与胆汁质类型的莽撞行事形成了尤为鲜明的对比——

决斗这件事，亚历克赛·亚历山特罗维奇年轻的时候是特别醉心的，这正因为他生来就是一个胆怯的人……一想起手枪对准自己的情景就毛骨悚然……这种恐怖心理在他年轻时候常常使他想起决斗，设想他将不能不把生命置于危险境地的那种情景……⑤

① 《安娜·卡列尼娜》，第 308 页。
② 《安娜·卡列尼娜》，第 309 页。
③ 《安娜·卡列尼娜》，第 311 页。
④ 《安娜·卡列尼娜》，第 407 页。
⑤ 《安娜·卡列尼娜》，第 410 页。

托尔斯泰的高明，在于他不仅能透过人的表面写出内心，而且能透过内心活动揭示更隐秘、更深层的动机。卡列宁无论在什么情况下都决不会找人决斗，但这并不妨碍他从各方面考虑一番决斗的问题。胆怯带来的心理惯性使他对决斗比对离婚、对分居想得更早，想得更多。他要通过合理的推论使自己确信决斗之不足取。他首先设想自己打死了对方，“为了要确定自己与有罪的妻子和儿子的关系而谋杀一个人，有什么意思呢？这样我还得决定怎样处置她”[①]。接着，他设想更可能发生的事，即自己被打死或打伤，“我，一个无辜的人，会成为牺牲者——被打死或打伤，这就更没有意思了”[②]。最后，他又设想，即使自己提出挑战，朋友们也会加以阻止，因为他们“不会让一个俄国所不可缺少的政治家的生命遭到危险”[③]。既然如此，挑战就成了沽名钓誉的行为，所以——

这是不正直的，这是虚伪的，这是欺骗别人，也欺骗自己。决斗是毫无道理的，谁都不会期望我这样。[④]

经过这样一番思考，他堂而皇之地否定了自己原本就不会采取的行动，既避免了危险，又心安理得。

托尔斯泰塑造的卡列宁是个极其自私、虚伪、冷漠的官僚，同时是个典型的黏液质人。他的品质决定了他在处理与妻子的关系时始终不离一个原则，就是一方面不让自己的名誉、地位受到损害；另一方面还要让安娜受到惩罚、受到痛苦。而黏液质类型特具的安静沉稳、深思熟虑，使他的上述原则得以顺利施行。于是我们看到安娜终于不得不同心爱的儿子分离，终于未能实现离婚，终于未能见容于上层社会并终于在急驰的车轮下，悲惨地结

---

①②③④ 《安娜·卡列尼娜》，第411页。

束了自己年轻的生命。

上面着重谈了黏液质特性在两性关系中的表现。其实气质类型是一种稳定的心理特点，它在各种场合、各种内容全然不同的活动中都会有同样性质的呈现。它可以体现在职业、教养、道德品质各个不同的人身上，它的正负作用也不能一概而论。一个在机床前操作的黏液质类型的工人，灵活性肯定不如多血质，注意力却会比较集中。他的产品也许不是最多，但废品也很少。一个黏液质类型的将军，过于谨慎的特性可能使他容易坐失战机；反过来说，沉静稳重的特性又使他能够老谋深算，不至于轻易地上敌方的当。《三国演义》中有许多正正反反的例证，《论愤怒》一章中举过的司马懿便基本上属于黏液质。他曾经面对一座空城，迟疑不前，白白放过了活捉孔明的机会；而后来又能在孔明的种种侮辱（如送妇人衣服等）面前沉住气，坚不出战，使对方无计可施。《战争与和平》中的库图索夫大致也可归入黏液质类型，他实际上是用以逸待劳的战略不战而胜地拖垮了拿破仑……

第十七章　论莽撞

胆汁质人，在叙事艺术史上，曾备受作者青睐。

早在并非小说的先秦两汉史籍中，胆汁质人就以其易于冲动和莽撞的表现给人们留下了深刻印象。《左传》中的先轸，《史记》中的廉颇、樊哙、灌夫，既是真实的历史人物，又是不朽的文学形象，而他们的性格魅力无不与胆汁质的特征联系在一起。开创了文言小说新纪元的唐传奇中，不但一些豪侠形象如黄衫豪客、虬髯客等属于胆汁质类型，甚至连霍小玉这样的悲剧女性，其性格都闪耀着胆汁质的光芒。

戏剧和白话小说繁兴起来后，胆汁质人仍然在作品中扮演重要角色。生、旦、净、末、丑，每个行当中均可有胆汁质人出现；尤其是净角行当，可以说大体上由豪迈粗犷的胆汁质人所组成。至于白话小说，则从讲史、演义到侠义、公案，几乎每种作品中都必有胆汁质人活跃其间，充当要角。譬如梁山泊的一百零八条好汉中，起码有一半以上属于胆汁质，其中塑造得最成功、最家喻户晓的则为李逵和鲁智深。

这里，想顺便指出的是，一般说来，古典小说中的人物气质比现代小说容易来得鲜明。这是因为，《红楼梦》之前的古典小说，塑造的大都属于“扁平”人物，那是按照从概念到形象的类型化方式，“依循着一个单纯的理念或性质而被创造出来”[①] 的，而气质也是按神经系统的类型划分的，所以两者较易契合。金批《水浒传》中有一段话：“鲁达粗鲁是性急，史进粗鲁是少年任气，

---

① 佛斯特：《小说面面观》，花城出版社 1981 年版，第 55 页。

李逵粗鲁是蛮，武松粗鲁是豪杰不受羁勒，阮小七粗鲁是悲愤无说处，焦挺粗鲁是气质不好。”[①] 《水浒传》是描写类型化形象最为成功的作品，其中某些人物已接近典型化形象。上述批语正是对该书性格描写多样化的评述。然而，尽管鲁达、史进……各有各的粗鲁，却在粗鲁这一胆汁质特性上表明了他们都属于同一类型。现代小说以塑造复杂圆整的典型化性格为己任，人物身上的类型色彩很淡。这当然不等于说“圆形”人物就没有气质，而是说，他们的气质将更多地融化到丰富多样的个性特质中去，因而表现的难度也更大。

胆汁质人率直，热情，易于激动，情绪兴奋性和外倾性较之多血质人更为鲜明和强烈。巴甫洛夫以狗做实验，发现多血质和黏液质类型都易于建立抑制性条件反射，唯独胆汁质类型难以建立，在这一类型身上，兴奋明显强于抑制。同时巴甫洛夫认为，他的结论也适用于人类。[②] 从小说中的胆汁质形象来看，凡是成功的描写，都首先把握住了兴奋强于抑制这一主要特征。鲁智深是《水浒传》中最令读者喜爱的形象之一，也是胆汁质特征最为突出的人物之一。金圣叹说“鲁达粗鲁是性急”，虽不全面，但“性急”正是兴奋强于抑制的表现。鲁智深是在与史进的茶坊邂逅中出场的，一出场就显示了热情豪爽的气质。他同史进几句话谈得投机，马上便拉了对方要去喝酒。途中恰遇史的开手师父李忠在当街卖膏药——

鲁提辖道：“既是史大郎的师父，也和俺去吃三杯。”

李忠道：“待小子卖了膏药，讨了回钱，一同和提辖去。”鲁达道：“谁奈烦等你，去便同去。”李忠道：“小人的衣饭，无计奈何。提辖先行，小人便寻将来。贤弟，你和提辖先行一步。”鲁

① 《读第五才子书法》。

② 斯特里劳：《气质心理学》，第 14、15 页。

达焦躁，把那看的人一推一跤，便骂道："这厮们挟着屁眼撒开，不去的洒家便打。"众人见是鲁提辖，一哄都走了。李忠见鲁达凶猛，敢怒而不敢言，只得陪笑道："好急性的人。"①

这是典型的胆汁质人的表现。换了多血质人，会以一种灵活的方式，在不使李忠难堪的情况下将他邀走。换了黏液质人，则会耐心地等李忠卖完膏药再走。而现在的鲁提辖，绝无此种涵养功夫。在他身上，与知交共饮引起的兴奋已经压倒一切，表现出来的便只能是粗鲁的举动了。

胆汁质人所以深受古典小说作者和读者的喜爱，一个重要原因是，"路见不平，拔刀相助"的侠义行为往往体现在他们身上，或者说，在他们身上表现得格外慷慨急切，热烈壮观。鲁智深的性格魅力便正是从拳打镇关西、大闹桃花村、大闹野猪林等一系列抱不平行为中生发出来。如果说，在上述邀李忠喝酒的举动中，我们见到的还只是他性急莽撞的一面，那么，当他听完金老父女的哭诉而突然爆发时，言辞之间就见出可爱又可贵的侠义心肠了——

鲁达听了道："呸！俺只道那个郑大官人，却原来是杀猪的郑屠！这个腌臜泼才，投托着俺小种经略相公门下，做个肉铺户，却原来这等欺负人！"回头看着李忠、史进道："你两个且在这里，等洒家去打死了那厮便来。"②

金圣叹曾就此批道："快人快语，觉'秋后处决'为烦。"③在一个恶霸横行的社会里，除暴安良是善良的人们普遍存有的心愿。这种心愿总是非常急切。小说中胆汁质类型的好汉刚好以其快人快语、快速行动满足了人们的心理需求。

---

①②③　金批本《水浒传》，第二回。

分析人物气质，应当把情绪兴奋性与外倾性或内倾性结合起来。仅仅情绪兴奋性高，却并不外露，只在内心默默体验，那是抑郁质人的特征。唯有情绪兴奋性、外倾性均高，抑制能力又很低，才是胆汁质人的表现。这一点，从鲁智深的一举一动已可看得分明。下面我想再举一个现代小说的例子，即李劼人的《死水微澜》。女主人公蔡大嫂是个从生活中走出来的典型化形象。从她身上看不到某种概念（如“粗鲁”）的影子。她是活生生的“这一个”。然而从她那复杂而独特的性格中，还是可以清晰地看出一种起主导作用的气质，即胆汁质。她是一个美丽的、精力旺盛的女子，由父母做主嫁给了貌丑而老实的蔡傻子。她向往热烈的爱情，在丈夫处却得不到满足。终于，富有男子气概的罗歪嘴闯进了她的生活。两个胆汁质人，两颗滚烫的心，碰撞在一起，电火花耀眼地迸射。而在外倾性方面，她比他表现得更为强烈，更无丝毫抑制——

……她要罗歪嘴教她烧烟泡，竟无所顾忌地移到罗歪嘴这边，半坐半躺，以便他从肩上伸手过去捉住她的手教。恰这时候，张占魁、田长子两个人猛地一下掀开帘子进来。罗歪嘴便一个翻身，离开蔡大嫂有五六寸远，而她哩，却毫无其事地，依然那样躺着烧她的烟泡，还一面翘起头来同他们交谈。

事情是万万掩不住的。罗歪嘴倒有意思隐秘一点，偏蔡大嫂好像着了魔似的，一定要在人跟前格外表示出来。于是他们两个的勾扯，在不久之间，已是尽人皆知。蔡大嫂自然更无顾忌，她竟敢于当着张占魁等人而与罗歪嘴打情骂俏，甚至坐在他的怀中……①

① 《死水微澜》，作家出版社 1955 年版，第 129 页。

这是发生在19世纪末叶四川一个小乡镇上的故事，一切都带上了特定时代、民族、地域的色彩。不过，明知是非法的、有违礼俗的恋情，偏要显示出来，则可能是胆汁质人的共性。《论沉静》一章中，我曾谈过卡列宁的沉稳表现。与之形成对比的是安娜。作为一个有教养、有地位的俄罗斯上层贵族妇女，她的生活背景与蔡大嫂全然不同，然而当她爱上渥伦斯基后，那种不加掩饰的态度又与后者何其相似。这不仅反映在观看赛马时她情不自禁的失常的表现上，更反映在归途中她同丈夫的对话中。其时卡列宁还希望她会像以前一样嘲笑地回答说他的猜疑是可笑的、毫无根据的，可是她却明白地告诉他："你没有错。我绝望了，我不能不绝望呢。我听着你说话，但是我心里却在想着他。我爱他，我是他的情妇，我忍受不了你，我害怕你，我憎恶你……随你高兴把我怎样处置吧。"[①] 婚外恋在各种气质的人身上都可能发生，特别是多血质人容易用情不专，但唯有胆汁质人能够表现得如此坦诚。《论活跃》一章曾谈到安娜的哥哥奥布浪斯基在隐情被揭露后最懊丧的是未能将事情瞒住妻子。两相对照，就会看出，兄妹俩的气质是多么不同。

比起神经脆弱的抑郁质人来，胆汁质人的感受性较低而耐受性较强。一般情况下，他们也不容易患神经性疾病。只是，在困难情境中，要求个体有较强的抑制力时，胆汁质人不像多血质人那样富于可塑性，不善于调整自身来顺应环境的变化，也不像黏液质人那样善于忍耐。这时他们或者倾向于抑郁和昏沉，或者相反，即爆发攻击性或难以遏制的行为。

《论嫉妒》一章中，我曾举过唐传奇名篇《霍小玉传》中李益的例子。作品真正的主人公是长安妓女霍小玉。她明显地具有胆汁质特征。与《李娃传》中的李娃不同，她不会用心计，自己

---

① 《安娜·卡列尼娜》，第310页。

的一切忧虑、愿望，都真挚地向对方倾诉。还在初欢之夜，她就说出了“一旦色衰，恩移情替，使女萝无托，秋扇见捐”① 的担心。两年后，当李益将去外地任职时，她知道以自己的身份不可能与对方结亲，所谓“盟约之言，徒虚语耳”②，于是道出了一个再共同生活八年的短愿：“妾年始十八，君才二十有二，迨君壮室之秋，犹有八岁。一生欢爱，愿毕此期。然后妙选高门，以谐秦晋，亦未为晚。妾便舍弃人事，剪发披缁，夙昔之愿，于此足矣。”③ 这是一个听来令人寒心的愿望，它发自无限忠于爱情的妓女的心田，饱含着屈辱、希冀与恳求。然而愿望未获实现，对方一别之后，便从此不再露面。倘说分离之前，她的胆汁质特征主要表现为热情、率直，那么这时她就更多地暴露了胆汁质人的不灵活和对困境的不适应。本来，作为风尘女子，对男子的薄幸完全不必过分介意，上面提到的李娃甚至是在对方资财用尽之后主动设计摆脱的。霍小玉却始终不能超脱——

玉自生逾期，数访音信。虚词诡说，日日不同。博求师巫，遍询卜筮，怀忧抱恨，周岁有余。羸卧空闺，遂成沉疾。虽生之书题竟绝，而玉之想望不移……

玉日夜涕泣，都忘寝食，期一相见，竟无因由。冤愤益深，委顿床枕。

……乃引左手握生臂，掷杯于地，长恸号哭数声而绝。④

她死了，享年不到二十岁。她是病死的，不是什么别的病

① 《唐人小说》，第 78 页。

②③ 《唐人小说》，第 79 页。

④ 《唐人小说》，第 79—81 页。

症，而是忧恨成疾，由极度的忧郁、失望、痛苦、愤怒而终于一病不起。她的悲剧当然有着深刻的社会历史原因。那个时代，被蹂躏、被迫害、被剥夺了自由生活的权利的妓女，绝大多数都不能得到幸福的归宿。不过，由于遭逢的具体环境及性格、气质有别，各人走向不幸的途路并不相同。霍小玉如此年轻即忧愤而死，说明作为胆汁质类型的人，她不容易在情绪上顺应外界变化的环境，不能接受自己已被抛弃这一简单的事实。

霍小玉说过“我死之后，必为厉鬼，使君妻妾，终日不安”的话[①]，但生前并未采取报复行动。更多的胆汁质人，则往往因不能忍受困难情境而立即爆发攻击性或难以遏制的行为。在不灵活这一点上，胆汁质与黏液质、抑郁质有共同之处，但后者的不灵活表现为反应的徐缓、迟钝，胆汁质人的不灵活则与反应的迅猛、激烈相联系。他们于冲动之际，常常会不顾后果地采取极端行为。如鲁智深听了金老父女的哭诉后便要立刻去杀郑屠。又如蔡大嫂看到丈夫挨打，她的反应也是疯狂的——

她大叫一声，觉得她丈夫的头全是红的。她眼也昏了，也不知道怕，也不知是哪来的气力。只觉得从床上跳起来，便向那打人的兵扑去。

耳朵里全是声音，眼睛里全是人影。一条粗的，有毛的，青筋楞得多高的膀膊，横在脸前，她……便本能的张开……口，狠命地把那膀膊咬住……[②]

她面对的是一群提枪携刀的兵丁。但凡头脑稍微清醒一些，都不会在这种情况下去拼命。可她显然已经失去自制。罗歪嘴的

---

① 《唐人小说》，第 81 页。

② 《死水微澜》，作家出版社 1955 年版，第 225 页。

仓皇出逃和蔡傻子挨打两件事给她的刺激是如此之深，她已经不可能冷静地来观察周围，思考一切。她当时的行为是不可遏制的。她遭到了兵丁们狠狠的毒打……

同属冲动表现，而与上述形式不同的是，胆汁质人在困境中还可能走上自杀之途。自杀并不总是脆弱的表现。鲁迅说过："自杀其实是不很容易，决没有我们不豫备自杀的人们所渺视的那么轻而易举的。倘有谁以为容易么，那么，你倒试试看!"[1] 多血质人和黏液质人都不会轻易自杀。我在前一节曾谈过卡列宁对决斗的态度。决斗不等于自杀，但有被杀的危险，所以为理智的黏液质人所不取。普希金及其笔下的连斯基所以贸然决斗并在决斗中丧生，就因为他们是缺乏抑制力的胆汁质人。关于安娜的卧轨自杀，我在《论忧悒》一章中已经谈过，实际上她那种"刺激性忧郁症"的症状与胆汁质人在困境中的表现是相当一致的。换句话说，这种以冲动、愤怒和攻击为特征的忧郁症患者大都属于胆汁质人。小说中自杀的例子很多，譬如杜十娘是古代白话小说中光彩夺目的妓女形象，也是一个典型的胆汁质人。她把命运寄托在官宦子弟李甲身上，对方却准备把她推进另一个火坑。当一切都昭然若揭时，她没有顺应这一安排，也没有试图挽回李甲的心。她怀着满腔悲愤，以"怒沉百宝箱"的激烈行为狠狠地报复了对方，随后自身也投入江心——以悲壮的举动结束了年轻的生命。

---

① 《论"人言可畏"》,《且介亭杂文二集》。

第十八章 论脆弱

《少年维特之烦恼》是歌德根据亲身体验写成的，但歌德并未走上自杀之途。

谁没有过青春？谁没有过柔情似水的年华？“笑吾颇类河干柳，飘荡随风不自持”，即便是最古板、最矜持的人，当神秘的爱情悄然流入心田之际，怕也不免心旌摇荡，难以自持。那年歌德二十三岁，受父命去魏茨拉实习法律。一次舞会上，他偶与某法官之女夏绿蒂·布芙相识，一下子便坠入深深的爱河之中。然而这是一桩无望的爱情——夏绿蒂是好友凯斯特涅尔的未婚妻。在明知无望而又不能割舍的情感折磨下，他曾一度于夜晚用短剑对准自己的胸膛，试图轻生以求解脱。但他终于放弃这一蠢念，断然离开了魏茨拉。不久，他获悉青年耶鲁撒冷因恋一友人之妻无望而开枪自杀的噩耗，类似的情感和经历使他深受震动，小说的构思开始在心中成熟。两年后他又一次经受失恋的打击，于是决定通过创作使郁闷和痛苦得到宣泄，恢复心灵的平衡，其结果便是书信体小说《少年维特之烦恼》的诞生。

歌德与维特的不同，在于他能抑制自己的情感，设法从痛苦中摆脱出来。不仅如此，当他后来发现有读者模仿维特自杀时，特地在书的第二版中题了两首诗。其一云：“可爱的读者哟，你哭他，你爱他，请从非毁之前救起他的声名；请看，他出穴的精灵在向你目语：做个堂堂的男子，不要步我后尘！”① 这种富于理智、善于维持有机体与环境平衡的特征表明歌德的气质中含有多

① 《德国伟大的诗人——歌德》，北京出版社 1981 年版，第 39 页。

血质和黏液质的成分，却绝不属于单纯的抑郁质。

与之相反，他塑造的穿蓝上衣、黄背心的少年维特基本上属于抑郁质。这不仅因为他自杀，而且因为他的整个表现几乎就是对抑郁质类型的图解。

抑郁质人的一个突出特点是脆弱。他们感受性强而耐受性低。譬如林黛玉虽与史湘云处境相似，却不如后者开朗乐观。任何一点微小的刺激，哪怕是别人无心说出的一句话，无意做出的一点举动，都足以引起她对身世的联想，从而凄凄切切，悲不自胜。她的早夭也是精神上不堪压抑的结果。巴甫洛夫认为，这种类型的个体“不能正常地适应生活，会很快出现崩溃，导致患病”[①]。林黛玉的悲剧说明，她身上虽然还有其他气质成分，但主要的乃是抑郁质。同样，少年维特也具一颗极敏感的心，他的自杀主要是由无望的爱所引起。翻开书页，随处都可感觉到他那燃烧的恋情和揪心的痛苦，正如作者后来所说，“它简直是一堆火箭弹”[②]！请看——

……夏绿蒂坐下了，将我携带的且不易得着的一些橘子分吃了，她便感觉精神重振起来；但是她却一片一片的和蔼地让给她邻座的一位女人，每给一片，使我心如刀割。[③]

一个豁达的、感受性低的人，对于自己送给情人的东西特别是零食之类如何被再分配，是可以不挂在心上的。上述引文中，维特看见自己的橘子被夏绿蒂分给别人吃了，竟难过得心如刀割，一方面表明他爱她已到了排斥一切的地步；另一方面也暴露了他的脆弱，说明一点微小的刺激都会使他不堪忍受。

---

① 《气质心理学》，第16页。

② 《歌德谈话录》，人民文学出版社1978年版，第17页。

③ 《少年维特之烦恼》，龙虎书店1936年版，第29页。

在反应的速度方面，抑郁质人与黏液质人相似：既不敏捷，也不灵活。他们是刻板而迟钝的。维特认识夏绿蒂时，并不知道她有未婚夫。就在他们一起快活地跳乡村舞时，一个女伴笑着向她举起一个指头，威胁地叫出“亚尔伯”的名字。接着，当她回答他的提问，坦然地告知“亚尔伯是位杰出的人，我和他已订婚”时[①]，他显然不能适应这突如其来的消息——

……我从未想到这件事就和我在短时间内所认识的供为珍奇之宝的她有连带的关系。糟了，我已慌乱了，方寸失主了，出乎舞步之外了，竟扰得全部混乱了，幸亏夏绿蒂用心地来纠正我，牵引推进我，使我回到正当的步伍，把整个的秩序恢复常态。[②]

这里，他的慌乱，他的方寸失主，其实都是迟钝的变相表现。

契诃夫曾经塑造过若干典型的抑郁质人物，著名的如切尔维亚科夫、别里科夫等均可归入此类。他们不仅感受性强，耐受性低，并且在突发情境中迟钝而不灵活。切尔维亚科夫是一个小庶务官。一次看戏时，他不小心一个喷嚏恰好溅在将军的秃顶上，他赶紧道歉。在对方表示“不要紧”后，事情本来已经过去，可是他仍然惶惶不安，疑神疑鬼，总以为对方没有真正原谅他；于是一而再、再而三地跑去表白自己的悔恨之心，说明他“不是故意做出来的”，也“根本就没有开玩笑的意思”，等等，终于使对方忍无可忍，对他大叫了一声“滚出去”。而他则顿时吓得“甚么也看不见，甚么也听不见，……走到家里，没有脱掉制服，往长沙发上一躺，就此……死了”。[③] 故事有点夸张，人物气质却是鲜明不过。小公务员对大人物产生敬畏，在旧俄时代并不稀奇，

---

①② 《少年维特之烦恼》，龙虎书店 1936 年版，第 30 页。

③ 《一个官员的死》，《契诃夫小说选》，第 6—9 页。

譬如契诃夫另一部小说《胖子和瘦子》中的瘦子，当听说早年的同学已成为三等文官时，全家都做出了奴颜婢膝的样子。只是像切尔维亚科夫这样被一个喷嚏吓得送了命的事例，怕不多见。它充分显示了人物神经的脆弱；同时也反映出他惊人的刻板和迟钝——谁都看得出将军发怒的真正原因，唯独他看不出。他一定要沿着自己的思路往坏的方面想，于是悲剧也就不可避免了。

别里科夫是个教希腊语的中学教师。“他所以出名，是因为他即使在顶晴朗的天气也穿上雨鞋，带着雨伞，而且一定穿着暖和的棉大衣。他的雨伞总是用套子包好，表也总是用一个灰色的鹿皮套子包好……他的脸也好像蒙着一个套子，因为他老是把它藏在竖起的衣领里面……他一坐上马车，总要叫马车夫支起车篷来。”[①] 种种古怪的习惯实际上反映了他对现实生活的高度不适应。巴甫洛夫说过，“这种类型的个体的神经细胞很弱，所以正常强度刺激也会引起由超强刺激才能引起的保护性抑制”，他们“仅在特定环境中，如生长在‘燥热房间’条件下才有一定价值”。[②] 事实正是如此。对别人说来十分正常的事情，在别里科夫却会备受惊吓。譬如看见一个同事和妹妹一起骑自行车，他的脸色立刻由发青变成发白。“难道中学教师和小姐骑自行车还成体统吗?”[③]他问。对于政府告示，凡属禁止什么事情的，如禁止中学生晚上九点以后上街之类，他立刻觉得一清二楚，接受下来；凡属批准或默许某件事的，他就会起疑，感到六神无主。他的感受性之强，耐受性之低，都超乎寻常。他所以要做一个“套中人”，正是想寻求一个与世隔绝的特殊环境。当然他也极其刻板和迟钝。晴天穿雨鞋以及他的各种怪癖都不啻为此种特性的绝妙写照。

与刻板和迟钝相联系的，是抑郁质人的可塑性也很低。他们

---

①③ 《套中人》，《契诃夫小说选》，第672—687页。

② 《气质心理学》，第16页。

不善于改变自己来顺应外界环境的变化。少年维特不但乍闻夏绿蒂有未婚夫时立即陷入慌乱，而且在结识亚尔伯之后仍然不能灵活地控制自己的情绪和言行。尽管对方很细心周到，从来不当着他的面与夏绿蒂接吻，但维特只要碰到三人在一起，动作就同傻子一般并闹出许多笑话。以至于后来只要亚尔伯在场，他总走开；看见她独自一人，他才感觉愉快。也正是由于不能转移、减轻对她的一片痴情，他不得不走上了绝路。

可塑性程度除表现为顺应上的难易之外，从一个人行动是否简捷、态度是否果断也可看出来。抑郁质人跟不上外界事物的节拍，办事也容易犹豫不决。别里科夫在认识瓦连卡之后，经过同事和同事的太太们的怂恿，彼此都产生了好感。他把她的照片放在自己桌子上，不断地找同事交谈，谈瓦连卡，谈家庭生活，谈婚姻是终身大事……然而始终未能迈出关键的一步——

"瓦尔瓦拉·沙维希娜我是喜欢的，"他对我说，露出淡淡的苦笑，"我也知道人人应当结婚，可是……您知道，这件事发生得这么奇突……总得细细想一想才成。"

"有什么可想的？"我对他说，"一结婚，就万事大吉了。"

"不成，婚姻是终身大事，人先得估量一下将来的义务和责任……免得日后闹出什么乱子。这件事弄得我烦死了，现在我通宵睡不着觉……"

他没求婚，一个劲儿地拖延……他时时刻刻在估量将来的义务和责任，同时他又差不多天天跟瓦连卡出去散步，也许他认为这是在他这种情形下照理该做的事吧……①

就这样，他一味地迟疑，延宕，下不了决心。终于，当他有

① 《套中人》。

次从楼梯上滑稽地滚下来时，恰好被瓦连卡撞见，忍不住扬声大笑。“这一串响亮而清脆的‘哈哈哈’就此结束了一切，结束了婚事，结束了别里科夫的人间生活。”① 他脆弱的神经受不了被人取笑的刺激。回到家后，他第一件事是撤走桌上瓦连卡的照片，然后他躺到床上，放下帐子，盖上被子，一声不响，一个月后他就死了。

关于犹豫的各种表现，我在下一章有关人格心理的探讨中还会涉及，不过可以肯定的是，抑郁质人大都性情犹豫。譬如被改编成电视剧播放的茅盾的小说《虹》中，女主人公梅女士具有多血质和胆汁质倾向，她的恋人韦玉则属于抑郁质。商讨终身大事时，前者灵活、果决，后者死板、犹豫，从而形成了鲜明的对比。又如抑郁质人最易患神经系统疾病，最易发生变态情绪，所以自杀者以抑郁质类型为最多。但同样是自杀，胆汁质人于冲动中比较容易下决心。（《论莽撞》一章中提到的安娜、杜十娘，便是如此。于决斗中丧生的普希金、连斯基，当其作出决定之时，也没有过太多的踟蹰。）抑郁质人则往往于行动之前左思右想，在内心经过痛苦而激烈的思想斗争后才走上自尽之途。维特于自杀前就每每向自己说：“只有你最不幸，一切别人都幸福——没有像你这样磨折的！”② 其所以“磨折”，就因为不断地彷徨，犹豫，怀疑，思索，给自己带来了无穷的痛苦。

在情绪兴奋的高低及内外倾方面，抑郁质与黏液质的不同，在于其情绪兴奋性极高；而与多血质、胆汁质的不同，则在于其严重的内倾性。就是说，这种类型的人，其强烈的情绪并不流露于外。而是在内心深深地体验。《少年维特之烦恼》采用书信体，可以说正好适应了气质类型的需要，因为书信与日记有相仿之处，即都比较宜于把不愿当众表露的情绪在孤独的状态下对自己

① 《套中人》。

② 《少年维特之烦恼》，龙虎书店 1936 年版，第 131 页。

或对挚友尽情地倾吐，这种倾吐正是一种自我体验。鲁迅《狂人日记》的主人公无疑也属于抑郁质。既然到了发狂的地步，情绪当然是高度兴奋的。譬如——

今天全没月光，我知道不妙。早上小心出门，赵贵翁的眼色便怪：似乎怕我，似乎想害我。还有七八个人，交头接耳的议论我，又怕我看见。一路上的人，都是如此。其中最凶的一个人，张着嘴，对我笑了一笑；我便从头直冷到脚跟，晓得他们布置，都已妥当了。[①]

可以看出，“我”的整个心灵都被疑惑和恐惧占据着。接下去的一段，“我”更对路旁的小孩子发生怀疑，认为他们的眼色也怪，脸色也都铁青。于是他开始紧张地思索：自己与赵贵翁有什么仇？同路上的人有什么仇？同孩子们又有什么仇？他的情绪明显地处于亢奋状态，然而同时又是严重内倾的。他只是反复地体验，一味地冥思苦索并以日记形式记录下来。

《论焦虑》、《论忧悒》二章中举过的某些焦虑症、抑郁症患者如《李自成》中的崇祯，《沉沦》中的“他”，《米嘉之恋》中的米嘉等，大体上也都属于抑郁质类型。他们也都易于激动而又明显地内倾。崇祯的性格非常复杂，绝非一种气质特征所能包容。但只需把他和历史上他的祖父——万历皇帝做一比较，或者与小说中他的叔父——福王做一对照，便可看出日益败坏的大局在他心中引起的无穷焦虑，看出他对焦虑的体验之深。《沉沦》可以说是一部心理小说，描写年轻的主人公因孤独而忧郁、由忧郁而自沉的经过。“他”的情绪兴奋性表现为对周围事物过度的敏感。譬如他到学校去，“每觉得众人都在那里凝视他”，眼光“总好像怀了

---

① 《狂人日记》。

恶意”。别人欢笑的时候，“他总怀疑他们是在那里笑他，他就一霎时的红起脸来”。他渴望爱情，见到女学生，“呼吸就紧缩起来”。然而他是严重内向的。他没有通过接触、交游来缓释自己对同学的疑心，虽然他希望能同某个人谈谈知心话，但临到头总说不出什么话来，于是同大家日益疏远了。他也不敢同女学生说话，只好在擦肩而过之后，回到房中，一面按着乱跳的胸口，一面自骂：“怯懦！怯懦！”他对旅馆主人女儿的态度最能显示他的高度兴奋与高度内倾——

他心里虽然非常爱她，然而她送饭来或来替他铺被的时候，他总装出一种几不可犯的样子来。他心里虽想对她讲几句话，然而一见了她，他总不能开口。她进他房里来的时候，他的呼吸竟急促到吐气不出的地步。他在她的面前实在是受苦不起了，所以……他每不得不跑出房外去……①

至于蒲宁笔下的米嘉，虽然生活在另一个国度，具体的经历和情感流程也与《沉沦》主人公并不相同，但只要想想，他不能豁达、灵活地促进同卡佳的爱情，偏要躲到乡下去，用无尽的思念、用写长信来追求对方，折磨自己并终于自杀，就可以知道，在情绪兴奋性高而体验深、内倾性强等方面，他也正属于抑郁质“家族”中的一员。

---

① 《郁达夫选集》，第1—40页。

第十九章 论犹豫

上

本章开始，将转入有关人格和性格的探讨。

何谓人格（Personality）？何谓性格（Character）？对此，心理学界聚讼纷纭。据阿尔波特于1937年统计，从古至今关于人格的定义便有五十种之多。而阿氏之后，现代心理学家又提出了不少新的定义。同样，关于性格，学者们也有种种不同的理解。这里，不可能对各派学说一一评析。想做的，仍然是从作品实际出发，通过对若干常见的心态描写的分析，介绍一些有关人格心理和性格心理的常识；反过来也运用这些常识看看作品的优劣成败。

首先想谈的是犹豫。犹豫并不是一种人格类型或性格类型，而是个体面临选择的困境时产生的一种态度、一种心理过程。它在小说人物身上是如此屡见不鲜，通过它遂可看出人格心理和性格心理的若干特点。

说来有趣，古时关于“犹豫”一词有多种训诂，其中一种竟把二字分开解释：“犹，兽名也。此兽性多疑虑，常居山中。忽闻有声，即恐有人且来害之，每豫上树。久之无人，然后敢下，须臾又上，如此非一。故不决者称‘犹豫’焉。”[①]

这个解释是错误的。因为“犹豫”属双声联绵词，而联绵词“皆上下同义，不可分训”[②]，把“犹”释为兽名，纯属望文生义。

---

① 《汉书·高后纪》颜注。

② 朱起凤：《辞通》，上海古籍出版社1982年版，第1743页。

然而，撇开语言学的研究不谈，上述解释似有一定的概括性：在动物世界惨淡的生存竞争中，个体，特别是缺乏防卫能力的个体，哪一个能完全摆脱七上八下的忐忑心境呢？当饥饿与危险同时摆到面前时，本能促使动物要在两种欲望中作出选择，于是犹豫产生。

人的一生总是在大大小小无数次选择中度过，犹豫对于人类自然更是极常见的心理。由于人受社会的制约，其心态也就必然带有社会性而比动物的表现更为复杂，更加多彩。人的犹豫不仅发生在两种欲望之间，而且常常发生在欲望与道德或道德与道德的冲突中。唯其如此，它很易受到文学家的关注和垂青，而无论抒情文学还是叙事文学，一旦将犹豫成功地引进作品，顿时就有了逶迤之致、起伏之美。

中国传统文学作为伦理型文化的组成部分，更乐于表现人在道德与欲念之间的犹豫，歌颂道德对于欲念的胜利，而不太重视人在两种本能欲望之间的摇摆。只是乐府民歌、词、曲、小说等非“正统”文学对此表现较多。譬如志怪小说，写的既是妖狐鬼怪，似乎可以不受人间道德的约束，于是欲望与欲望的冲突遂在妖氛鬼雾中开放出艳丽的花朵。下面试举一例——

钟繇尝数月不朝会，意性异常。或问其故，云：“常有好妇来，美丽非凡。”问者曰：“必是鬼物，可杀之。”妇人后往，不即前，止户外。繇问何以，曰：“公有相杀意。”繇曰：“无此。”乃勤勤呼之，乃入。繇意恨恨，有不忍之心，然犹斫之伤髀。妇人即出，以新绵拭血，竟路。明日，使人寻迹之，至一大冢，木中有好妇人，形体如生人，着白练衫，丹绣两当，伤左髀，以两当中绵拭血……①

① 《古小说钩沉》。

这则故事的美妙，全在对钟繇和女鬼心态的刻画。钟的不忍，反映了人物在社会舆论与爱欲之间的踌躇，属于道德与欲望之间的犹豫。女鬼的迟疑则完全发生于两种本能之间。她已经察觉对方有相杀之意，还是禁不住情欲的诱惑，终于被斫伤髀。故事出于晋代的《异林》。《异林》大部散佚，唯独留此一则。这颇耐人寻味，似乎是犹豫心态的细微展现给作品带来了温柔而感伤的情调，因此受人喜爱而得以流传。

至于欧美文学中，对人在两种欲望之间犹豫的描写，就数不胜数了。早在古希腊神话中，生活放纵的奥林匹斯诸神便常常陷入两股激情、两种愿望的冲突之中。譬如诸神之王宙斯，每逢追求一位异性而又被神后赫拉察觉时，对前者的爱恋和对后者的惧怕便在内心激烈交锋，以致犹豫再三。又如美丽的海伦当受到特洛伊王子帕里斯引诱时，曾试图从心上抹去他的影像，仍去想念逗留在外的丈夫，从而在两个男子之间产生短暂摇摆。再如帕里斯因拐走海伦而听到海神涅柔斯可怕的预言时，也曾有过片刻的惶骇。希腊神话正是因为成功地描写了与凡人相似的犹豫心态而使众神变得人情味十足，也使自身在文学性上超出其他民族的神话而获得永久的魅力。

研究人格的各派理论中，有一派是主张用特质（Trait）来解释人与人的心理差异的，其创始人便是前面提到的出生在美国的心理学家阿尔波特。他有一句名言："同样的火候使黄油融化，使鸡蛋变硬。"[①] 意思是说，由于各人的特质不同，即使身处同样的情境也会反应各异。那么，特质包括哪些因素呢？生于英国、后在美国任教的卡特尔长期致力于因素分析。他把特质区分为多种类别，认为人有表面特质，也有根源特质，后者是人格结构的最重要部分，是一个人行为的最终根源。他和同事在几十年时间中

---

① 陈仲庚、张雨新：《人格心理学》，辽宁人民出版社 1986 年版，第 53 页。

通过对不同年龄、职业、文化背景的人的行为的测定，发现人有十六种最基本的根源特质，即：乐群性、聪慧性、稳定性、特强性、兴奋性、有恒性、敢为性、敏感性、怀疑性、幻想性、世故性、忧虑性，实验性、独立性、自律性、紧张性。由于十六种因素在各人身上的组合不同，决定了每个人独特的人格特征。

卡特尔的测验方法曾在心理学界和有关领域得到广泛应用。本节所谈的犹豫，倘以卡氏方法来衡量，则可能与两种因素相关。一是敢为性。在对这一因素的测定中，低分者的特征是畏怯退缩，缺乏自信心；高分者的特征是冒险敢为，少有顾虑。二是怀疑性。在对它的测定中，低分者的特征是信赖随和，易与人相处；高分者的特征是怀疑，刚愎，固执己见。[①] 凡事态度犹豫的人，在前一种测试中恐怕只能得低分，而在后一种测试中可能得高分。换句话说，在他的人格结构中，缺少敢为性的因素而不乏怀疑性的因素。

那么，前文举过的钟繇、女鬼，希腊神话中的宙斯、海伦、帕里斯等是否都缺乏敢为性而富于怀疑性呢？不一定。人格具有内部稳定性。它表现为对现实稳固的态度和与之相适应的习惯了的行为方式。一个人在特殊情境中的偶发性表现不足以概括其人；只有那在各种场合经常显示的态度、行为方式才能被视为他独特的人格特征。譬如贾宝玉偶然踢了袭人一脚，不能因此就认为他同呆霸王一样性情暴戾。李逵下井救柴进之前，说了一句"莫要割断了绳索"[②]，也不能据此就说他生性胆怯或性多猜疑。同样，上引钟繇和女鬼的故事虽然非常美妙，但因只有一段情节，我们不知道他和她在别的场合、别种事件中是否经常也有犹豫表现，所以也不能断定他们的根源特质如何如何。对宙斯、海伦、帕里斯，则需要从他们在整个神话中的表现来确定其特征。

---

① 《人格心理学》，第 94—98 页。

② 金批本《水浒传》，第五十三回。

譬如宙斯，确实既好色又惧内，当两种倾向暂时相持之际，犹豫心态便生动地呈现出来。但多数情况下，他倒颇像《论活跃》中举过的奥布浪斯基，总是力图瞒过妻子去干风流韵事，所以至少在情场上很难说他缺乏敢为性。实际上这位众神之王很可能属于灵活多变的多血质类型。

有没有人在根源特质上可以断言其缺少敢为性而富于怀疑性呢？当然有的。《论脆弱》中举过的别里科夫，那自我封闭的“套中人”行为，那对待爱情可笑的犹疑，绝非一时性的偶然表现，而是由其根源特质所决定的。它既反映了主人公的畏怯退缩，又反映了他的固执多疑。卡特尔将“敢为性”测试中的低分特征称为“威胁反应性”，将“怀疑性”测试中的高分特征称为“投射紧张”，——倘用这两个名称来形容别里科夫，可谓再恰当不过了。事实上，抑郁质人的犹豫，如维特自杀前的左思右想，切尔维亚科夫打喷嚏后的疑神疑鬼，等等，都是根源特质的表现。

与上述例证异曲同工的形象还可举出很多。如《红字》中的丁梅斯代尔牧师是美国文学史上著名的悲剧人物，而构成其悲剧人格核心的，正是他的犹豫。他是个极矛盾的人：既虔敬上帝，又向往爱情；既有诚实的品格，又处于伪君子的地位。他千百次地准备当众坦白他与海丝特的关系，但又被怯懦紧紧地拖回。道德上的负罪感和保全自己的欲望在心中反复较量，使他陷入深深的痛苦，也给读者带来浓雾般的阴郁与沉重。

更著名的形象则是莎士比亚笔下的丹麦王子哈姆莱特。他是莎翁悲剧画廊中最富魅力的人物，而他所以数百年来一直让人着迷，就因为那不可解释的犹豫。本来，在他与父亲的鬼魂交谈之后应当马上杀死国王，他却一再延宕。请看他的两段自白——

哈姆莱特：他（指国王）现在正在祈祷，我正好动手；我决定现在就干，让他上天堂去，我也算报了仇了。不，那还要考虑一下：一个恶人杀死我的父亲；我，他的独生子，却把这个恶人送上天堂。啊，这简直是以恩报怨了。……现在他正在洗涤他的灵魂，要是我在这时候结果了他的性命，那么天国的路是为他开放着，这样还算是复仇吗？不！收起来，我的剑，等候一个更残酷的机会吧……①

哈姆莱特：……我所见到、听到的一切，都好像在对我谴责，鞭策我赶快进行我的蹉跎未就的复仇大愿！……我的父亲给人惨杀，我的母亲给人侮辱，我的理智和感情都被这种不共戴天的大仇所激动，我却因循隐忍，一切听其自然……②

两段自白发生在不同的时间、地点。第一段自白中，他为自己的延宕找到一个似乎说得过去的理由。就是说，他要另选一个合适的机会下手，以便让国王死后灵魂永堕地狱。第二段自白则对自己的一再拖延深加谴责。关于哈姆莱特为什么延宕，是一个在学术界争论不休的问题。有人将原因归结为主观，认为哈姆莱特天性优柔寡断，他软弱的双肩承担不了如此重大的任务，或者认为他的道德观念不容许他采取复仇行动。也有人将原因归结为客观，认为是国王和廷臣们严重地阻碍着主人公采取行动。还有人认为原因在剧中并不存在，莎士比亚提供的是一个永无答案的谜语……关于《哈姆莱特》的研究大概会长期开展下去，新的解释还会层出不穷。但有一点是确定无疑的，即：主人公永远同他的根源特质、他的犹豫心态融合在一起。不但他的延宕和对延宕的解释直接反映了这种犹豫，而且他对延宕的自我批判、自我谴责也莫不是同一心态的表现。

在有关特质的研究中，阿尔波特还有一个观点非常值得注

① 《莎士比亚全集》(九)，第85页。

② 《莎士比亚全集》(九)，第101页。

意。他强调，“特质不是处于睡眠状态的，不用等待外界刺激来激活它们、唤醒它们。实际上人们都活跃于寻找刺激情境，使特质有所表现。换句话说，人不是一个对情境的被动的反应者。他所能处的情境正是他自己积极纳入其中的情境”。[①] 应当说，这一见解对于创作是有深刻启发的。成功的性格塑造不仅要写出环境、事件、氛围对人的影响，写出人如何受特定情境的制约，而且要写出人对环境、事件、氛围的作用，写出他或她对特定情境的积极追求、创造和介入。

以前文举过的一些形象来说，其人格特质均非处于消极的睡眠状态。譬如钟繇和女鬼的故事中，我们姑且认定犹豫为他们的核心特质之一，那么，很显然，钟繇本可有别的选择：可以不理会别人的警告，继续与她交往；也可以闭门不纳或追出去将她杀死。然而现在他偏要使自己处于想杀又不忍的两难境地，说明是在主动寻求刺激，以使特质得到表现。而女鬼既知对方有相杀意，完全可以不再登门，现在偏要前来，也正是为了寻求一种适合特质表现的情境。同样，只要细加分析，我们会发现，不论少年维特还是别里科夫，也不论哈姆莱特还是丁梅斯代尔，其行为方式也都反映了特质与情境相互作用的关系。

一个更生动的例子是司汤达的《红与黑》，甚至书名本身已经显示了主人公对两种前程（当军官或当教士）的选择。而每当他在向上爬的道路上迈出关键的一步时，总是迟疑再三。于连的第一次冒险是要在花园乘凉时去握住德·瑞那夫人的手。这一举动丝毫不带情欲色彩，只是为了证明自己有力量征服上流社会。但在采取行动前，他曾经极度矛盾，一再拖延，甚至希望对方自动离开，心情的紧张使他的声音都变得嘶哑，最后才终于战胜怯懦，把手伸了出去。他的又一次冒险是要从木梯上爬进玛特儿的

---

① 《人格心理学》，第 54 页。

房间。这举动同样不带情欲色彩，只是为了向对方证明自己的勇气和力量。而在爬梯之前和进房之后，他始终处于怀疑和防卫的心境中。那么，他究竟是被动地进入情境，还是有意制造这样一种情境呢？关于第一次，毫无疑问是他自己亲手制造的——

……不久，当德·瑞那夫人来到眼前，他不禁立刻想到胜利的光荣。他暗中决定，决定在今天晚上，要她把手送到他的手里，他要握住它。①

第二次冒险，表面看来是由玛特儿先提出的，但是否赴约，主动权仍在于连手中。他不仅终于赴约，而且赴约前那种混合着兴奋、恐惧、犹疑、幻想的情境，也是他所急于进入、乐于体验的。正如小说作者所形容的那样："于连像一个悲剧作家一样，被他自己制造的故事感动了。"②

下

姑且把小说形象分为类型化、性格化、心理化三种，不难看出，犹豫心态在三种形象身上的呈现颇不相同。

类型化形象也就是佛斯特所称的"扁平人物"，其特征具有单纯性和稳定性，在中国古典白话小说中则常常作为某种道德品质或技艺的化身而出现。譬如《水浒传》中的圣手书生萧让与玉臂匠金大坚除了会写字、会刻印因而在情节需要时可以像舞台上的道具搬来一用外，自身几乎没有心态可言。直到茅盾写新编历史小说《石碣》，才赋予这些无生命的人物以灵魂与血肉。至于那些按道德类型塑造的人物，当面临种种欲望或道德的冲突时，往往能凭着其单一的品德特征迅速作出选择。犹豫心态在他们身

① 《红与黑》，第 73 页。

② 《红与黑》，第 450 页。

上同样很少出现。

以《三国演义》为例，徐庶是个孝子，同时对刘备怀有知遇之感。倘属复杂的性格化形象，那么当获悉母亲被赚至曹营的消息后，应会陷入两种道德选择的困境，但他却是简单的类型化形象。他的主要品质是孝，其次才是义，所以他的实际反应是顿时泪如泉涌，立即别刘而去，没有丝毫迟疑。直至启程以后，第二品质才表现出来，于是有了“走马荐诸葛”的报答行为。更典型的例子是关羽，他的突出品质是重义；以义为准绳，一切选择都变得简单了。譬如在曹营时，曹操故意安排他“与二嫂共处一室”，这在别人或许会有片时尴尬，而对他来说，应付这样的场面实在太容易了：他“乃秉烛立于户外，自夜达旦，毫无倦色”……[①]

西洋文学由于所属的文化形态不同，伦理色彩不像中国文学这般浓烈；但在那些特征单一的扁平人物身上，犹豫心态也很少出现。譬如著名的堂·吉诃德是一个因读骑士小说入迷而一意仿效游侠行为的人物。前节举过的丁梅斯代尔、于连那种陷入选择困境的情形，在吉诃德先生那里绝不会遇到。他从他那过时的骑士标准出发，对一切事物都极易作出判断并从而决定自己的行动。尽管他的选择一再失误，却从未影响他在下一次选择中毫不犹疑的果决态度。又如狄更斯是刻画类型化人物的能手，他笔下的密考伯夫人，既然每次谈话都声言自己“永远不会抛弃密考伯先生”，对她来说，还有什么选择的难题可言呢？

类型化形象的产生和流行有其一定的原因。以中国白话小说而论，它由口头文学演变而来。当初说话人为了紧紧吸引住文化程度不高的市民听众，必须致力于设计曲折的悬念迭起的情节，不可能好整以暇地描绘人物的复杂性格及心态。同时口头文学比

---

① 毛批本《三国演义》，第二十五回。

书面文学更具有时间艺术那种一去不回的特征，为了使各色人等在故事的流程中都留下鲜明印记，不致互相混淆，又必须按道德品质或按技艺、习惯、服装等突出人物的一个主要特征，这就使它塑造的形象自然地变得性格简单。

不过，从历史的眼光看去，类型化形象毕竟属于小说发展的初级阶段。在中国，随着白话小说愈来愈脱离其母体特征而独立，人物形象也逐渐向性格化过渡。到《儒林外史》、《红楼梦》问世，这一过渡遂告完成。《红楼梦》中除晴雯嫂子、傻大姐等少数人物仍具类型化特征外，多数都属复杂的性格化形象。所谓性格化形象，就是用丰富而富于发展变化的性格取代了单纯而稳定的类型。其特征看起来不像类型化形象那般突出，却更符合生活的真实。试问生活中的熟人，有哪一个能被我们用一种品德或一句话形容殆尽呢？

类型化与性格化的上述区别，从心理学角度也可作出解释。阿尔波特认为，一个人具有的各种特质并不都对其人格具有同等的影响和意义。他把它们区分为枢纽的（Cardinal）、重要的（Central）和次要的（Secondary）三种倾向。枢纽特质又译基本特质，它的弥漫性、渗透性极强，可以遍及一个人全部活动的方方面面。许多情况下，有这种特质的人常常是其主要情操和优势倾向取代了他的人、他的身份。重要特质又译核心特质，它的渗透性不如枢纽特质，但在人格结构中仍然起着重要作用。它代表个体几个方面的内在倾向。据阿尔波特调查，每个人约有三至十个重要特质，平均七点二个。次要特质的数目较多，但不重要，渗透性极差，它是个人在适应环境时表现的某些暂时性的行为倾向，如对衣食的某种偏好等等。

根据阿尔波特的这一理论，可以知道，类型化形象实际上是一些具有枢纽特质的人。他们的一切言行都受某一特质的制约，无论何时何地与何人相处，其基本倾向都会顽强地表现出来，以至于人物几乎成了这一渗透性极强的特质的化身。而性格化形象则是一些具有重要特质和次要特质的人。由于每个人身上都有若干种特质，其类别、程度及组合方式各个不同，于是形成了千差万别的性格……

既然两种形象均有心理学的依据，为什么说两者有高低之分呢？这是因为，心理学观察发现，枢纽特质并非人人都具有。它，仅仅体现在少数人身上。所以，一部作品中，点缀一两个类型化人物，是合情合理的，对性格化人物也是一种映衬。但若出场人物全体均为类型化形象，均被枢纽特质所左右，那就不符合生活真实，也有违于心理学的结论了。从这一点说，尽管这类作品可能仍有众多读者，其塑造形象的方法终究已经过时。

在对类型化形象与性格化形象的判别中，犹豫是一个重要标尺。具有枢纽特质的人，因为倾向单一，必然较少发生犹豫；即使发生，也往往是在由次要特质显示影响的范围内。而具有几种重要特质的人，面临选择时容易出现多种倾向，犹豫也较易发生。反过来说，当人物身上产生犹豫时，其形象塑造已向性格化迈进了一步。

我国史传文学的成熟早于小说。《史记》的艺术成就远非汉代小说所能比拟，其中许多人物都闪耀着独特的性格光芒。而一些最成功的形象，在其历史命运的紧要关头，又几乎都曾摇摆于两种选择之间；甚至就因为片时犹豫，而错失良机，断送大局！鸿门宴是决定楚汉谁主天下的关键性聚会。当时项羽面临着欲望与道德的选择，“急击勿失”的天子欲和“击之不义”的道德感在内心反复较量，终因优柔寡断而失去扑灭刘邦的绝好时机。他的表现不但令善谋的老范增发出“竖子不足与谋”的愤词，[①] 也令后世读者为之扼腕。从文学性说，正是这当断不断的心理，为项羽

---

① 《项羽本纪》。

悲剧性格的完成添上了浓重的一笔。

同样的遗憾发生在帮助刘邦打天下的淮阴侯韩信身上。韩信的故事，通过电视连续剧的播出已为人们熟知。不过，可能是为了吸引观众，编导杜撰了一些公式化的爱情故事穿插其间，这就使作品处于比较平庸的审美层次。司马迁绝无此种笔墨。原著对韩信悲剧性格的塑造是很成功的，其悲剧也同犹豫心态联系在一起。虽然韩曾批评项羽那种当赏不赏的“妇人之仁”，但当荥阳之战的关键时刻，谋士蒯通劝他背刘自立，与楚汉“三分天下，鼎足而居”时，[1] 他同样未能当机立断。其时蒯的说辞极富煽动性，有几句专门批判犹豫心理——

猛虎之犹豫不若蜂虿之致螫，骐骥之跼躅不如驽马之安步，孟贲之狐疑不如庸夫之必至也……[2]

韩信听之心动，但还是“犹豫不忍倍（背）汉”，直到日后行将被诛，才长叹“吾悔不听蒯通之计”![3]

《三国演义》塑造的均为类型化形象，然而一旦人物身上出现犹豫特征，还是会焕发出异样的光彩。关羽一生，唯一的一次犹豫是在华容道对曹操动了故旧之情，而“义释曹操”遂成为关羽故事中最富人情味的一回。又如曹操，因为主要品质是奸诈，犹豫心态在他身上就表现得较其他人物为多，他也因此成为《三国演义》中最生动的形象。请看兵退斜谷前的一段情节——

……操屯兵日久，欲要进兵，又被马超拒守；欲收兵回，又恐被蜀兵耻笑，心中犹豫不决。适庖官进鸡汤，操见碗中有鸡肋，因而有感于怀。正沉吟间，夏侯惇入帐，禀请夜间口号。操

---

①②③ 《淮阴侯列传》。

随口曰："鸡肋，鸡肋。"……[1]

"鸡肋者，食之无肉，弃之有味"[2]，曹操的心思一下子被随军主簿杨修猜到了，杨因此而遭杀身之祸。这是《三国演义》中富于戏剧性的一回，以至有人据此改编话剧。它写出了杨修的恃才放纵，更写出了曹操在实利与虚荣之间的摇摆，写出了他重才又忌才的性格，甚至写出了他的潜意识。

犹豫、后悔、虚荣等心态的较多呈现使曹操成为类型化群像中最接近性格化形象的一个。而在真正的性格化形象中，犹豫的发生是不足为奇的，只是各个作家的描写有高低之分罢了。这里，想举一种写得较少的内心冲突，即道德与道德的冲突。在古希腊哲学家苏格拉底与其门徒的谈话中对此常有涉及：每逢弟子被他的提问弄得无法回答时，也就是陷入了道德选择的两难处境里。而从文学实例看，道德与道德的交锋较为少见，它总是体现在有浓厚道德观念的人身上。而一旦被两种对立的道德所困惑，又不能作出两全的选择，犹豫的结果便往往导致精神崩溃或生命毁灭。从这个意义说，其人必然具有某种正面素质和悲剧品格。

一个最典型的例子来自雨果的《九三年》。当已经脱险的朗德纳克为从火中救出三个无辜的孩子而自投罗网后，一场道德与道德的交锋便在郭文心中展开。小说用了整整一节文字来描述这位远征军司令内心经历的风暴。"他用两只手紧紧夹住脑袋，仿佛要从脑袋里榨出真理。"一方面，从革命的原则出发，朗德纳克必须被送上断头台，因为他是反革命武装暴乱的头子，他的"目的是要像盖棺材板一样把君主政治盖在共和国上面，把英吉利盖在法兰西上面"。如果让他恢复自由，战争又得从头打起，那就

---

[1][2]　毛批本《三国演义》，第七十二回。

意味着“无数重新被卷入内战旋涡的无辜男、女、儿童的死亡，就是英国人的登陆，革命的倒退，城市的被洗劫，人民的被蹂躏”……另一方面，从人道的立场去看，正是这个魔鬼，刚刚完成了一件奇迹：在已经获得安全和自由以后，又重新回到最可怕的危险中去，为了救出三个素不相识的可怜的孩子。他明知这是在别人和自己的生命之间进行的一次选择，却还是庄严地挑选了自己的死亡。把这样的人送上断头台，不是用一种野蛮的手段去回答一种慷慨的行为吗？“郭文的面前是两个深渊：让侯爵送命呢？还是救他？他必须投入这一个深渊，或者另一个深渊。”他踌躇了。最后，他私释了朗德纳克，自己则被军事法庭判处死刑。①

同样陷入选择困境的是郭文的老师、政治委员西穆尔登。小说没有详叙他的思维活动，但是，从他宣判时踌躇的语调、泥土般的脸色，从他与郭文共进最后的晚餐时拼命喝水的表现，都可看出他在处决郭文问题上内心经过了激烈的斗争。而最后，就在郭文被斫的瞬间，他也饮弹自尽。

心理化形象指的是通过内心活动来表现一切的形象。本来，心理描写或内心独白作为一种技巧，在塑造性格化形象时也常运用，但那是作为辅助手段出现的，人物性格主要还是靠场面和情节来获得呈现和发展。在心理化形象的塑造中，内心活动则成为主要的甚至唯一的手段，场面和情节成了内心世界的一部分。由于内心活动的流程即所谓意识流总是前后左右，时相交错，所以场面和情节的出现也就打破了正常的时序。又由于意识流中既有清醒意识又有潜意识，以致它所表现的还常常是一个畸形而荒诞的世界。

作品既由内心活动组成，人生面临的各种选择都在心灵的屏

---

① 《九三年》，人民文学出版社 1978 年版，第 394—443 页。

幕上映现出来，犹豫心态的描写就更加不可或缺了。倘若一个作者试图塑造心理化形象而不明此理，作品怕不易取得成功。翻开一些运用意识流手法的名著如《尤利西斯》(乔依斯)、《喧嚣与愤怒》(福克纳)，都不乏犹豫心态的呈现。又如巴托的《心的变化》，主要写的也是利昂的内心争论。再如伍尔芙的《墙上的斑点》，内容很空洞，却也写出了一个百无聊赖的人面对一块斑点无所适从的心态。

我国作家对心理化形象的塑造始于五四时期，到20世纪20年代末新感觉派出来曾有较多的尝试。又隔半个世纪，到20世纪80年代，在一些中青年作家中乃蔚为风气。譬如戴厚英的《人啊，人!》、张抗抗的《隐形伴侣》均在这一领域迈出了引人注目的一步。其中《隐形伴侣》与犹豫心态的关系尤为密切。该书通篇由两个人物（主要是女主人公）的意识流组成；每个人的意识又分为清醒的和潜在的两股。这一构思令人想起《乞力马扎罗的雪》。海明威为我国许多作家所喜爱。有的从他那里学到简洁，有的从他那里借来强悍，张抗抗则不知是否从他那里获得了意识流的启悟。启悟不是照搬。《隐形伴侣》是一部成熟的作品，不但以厚实的生活和散文般的语言逗人喜爱，而且在心态描写上别出心裁地把意识与潜意识作为对立的因素呈示出来，从而创造出一种新的犹豫形态。对此，作品于临近结尾时借一个疯子之口做了形象的说明——

“……好像我不是一个我，好像有两个我，两个我叠在一道，你要往东，他就要往西，你要往南，他就要往北，专门同你作对……”①

① 《隐形伴侣》，作家出版社1986年版，第441页。

这不是对犹豫心态的绝妙写照吗？将近三十年前，罗伯特·亨德森也提出过“这个把我喊作‘你’的我是谁”的问题。[①]不过，作为曾是北大荒知青的张抗抗显然是从自身的阅历和中国的文化背景及人文心理中看到了多重自我的神秘。

① 《商品陈列室》。

第二十章　论坚毅

理智战胜情感，还是情感战胜理智？这是人们分析性格类型时经常碰到的问题。然而，当雨果塑造的沙威以法律化身的形象站到读者面前时，我们忽然发觉很难将他归入上述任何一类。

他铁面无情。他与马德兰市长（即冉阿让）的首次正面冲突发生在芳汀被带到公安局以后。其时无辜的妓女为了不被判处六个月监禁而跪在地上苦苦哀求，他却完全不为所动。正如作者所形容的那样，“一颗石心也会被她说软的，但一颗木头做的心是软化不了的”。[①]

他也并不理智。这表现在他不能从事实出发正确地判断芳汀与那无聊绅士之间的谁是谁非，也表现在他与市长的显然不明智的顶撞中。当时他“面色发青，嘴唇发紫，形容冷峻，目光凶顽，浑身发着一种不可察觉的战栗”[②]，丝毫没有考虑与上级对抗可能带来的于己不利的后果。他眼睛朝下，但语气坚决：“市长先生，那不行。”[③]

那么，他究竟属于何种类型呢？

人们的性格千差万别，世上找不到两个性格全然相同的人。但是，不同的人在性格特征的独特组合上可以有一种共同的倾向性，这就是性格类型。关于性格类型的分类，心理学家们做过种种探讨。譬如内倾和外倾便是从心理活动倾向于内部还是外部来加以划分的；又如按个体独立性的程度可以将人分为顺从型和独立型。另有一种机能类型学说，系按理智、意志、情绪三种心理

---

① 《悲惨世界》第一卷，第 237 页。

②③ 《悲惨世界》第一卷，第 242 页。

机能占优势的情形来划分类型。如果一个人的情绪和意志处于较弱或中等状态而理智十分突出，凡事均按理智来权衡利弊并支配行动，那么，他无疑属于理智型。如果一个人的理智、意志平平而情绪体验深刻，举止受情绪左右，则可定为情绪型。同样，如果一个人的意志超过他的情绪和理智，能按照明确的目标、固有的信念去主动行动，那么，他多半属于意志型。

沙威正是一个意志型的人物。他的意志战胜了情感，压倒了理智。雨果曾用整整一节文字描述他的性格特征，认为他“有一种不可解的刚毅，规矩，严谨的本质”[①]。一个走极端的头脑和一种直线式的眼光使他对处于社会下层特别是一度触犯法律的人抱有永不更改的偏见。他生活目标明确，一生只在“警惕、侦察”上下功夫。“他深信自己的作用，热爱自己的职务；他做暗探，如同别人做神甫一样。落在他手中的人必无幸免！自己的父亲越狱，他也会逮捕；自己的母亲潜逃，他也会告发。他那样做了，还会自鸣得意，如同行了善事。同时，他一生刻苦、独居、克己、制欲；从来不曾娱乐过。他对于职务是绝对有公无私的；他理解警察，正如斯巴达人理解斯巴达；他是一个无情的侦察者，一个凶顽的诚实人，一个铁石心肠的包探。”[②]

意志型人的意志特别坚定，却并不意味着他没有理智和情感。所谓意志，指的是“人自觉地确定目的并支配其行动以实现预定目的的心理过程”[③]，而任何一种目的的确定和手段的选择，都离不开认识。人只有认识了自身的需求和客观世界的关系，才能确定目的。人也只有审时度势，通过对以往经验、现实条件及未来后果的权衡与斟酌，才能选择手段，付诸行动。可见，在意志活动中包含着理智成分。不仅如此，当理智成分重到与意志并

① 《悲惨世界》第一卷，第 212 页。

② 《悲惨世界》第一卷，第 213 页。

③ 《普通心理学》下册，人民教育出版社 1980 年版，第 74 页。

驾齐驱时，还可能出现一种中间类型，即意志—理智型。

《西游记》中，孙悟空比之两位师弟，无疑是目标最明确、意志最坚定的一个。他不像猪八戒，一遇挫折，就嚷着要分行李，重返高老庄。他一心一意地保唐僧赴西天取经，即使在遭受误解，将被师父驱逐时，也未尝改变初衷——

大圣……把脑后毫毛拔了三根，吹口仙气，叫"变！"即变了三个行者，连本身四个，四面围住师父下拜。那长老左右躲不脱，好道也受了一拜。大圣……却又吩咐沙僧道："贤弟，你是个好人，却只要留心防着八戒詀言詀语，途中更要仔细。倘一时有妖精拿住师父，你就说老孙是他大徒弟：西方毛怪，闻我的手段，不敢伤我师父。"①

这里，对唐僧的礼拜和对沙僧的嘱托，不但表现了依依难舍的情义，更表现了对取经事业的忠贞与执着。

但是，光凭百折不回的意志还不足以显示他全部的人格魅力。孙悟空之所以成为书中最令人喜爱的形象，还因为他具有实现目标的手段。他的性格光彩同他的火眼金睛、他的筋斗云、他的七十二般变化、他的层出不穷的计谋不可分割地联系在一起。当他遇到无法逾越的障碍时，他会想方设法地搬救兵。当他独自难以制服对手时，他会请出妖精的克星、对方的主人来帮忙。理智与意志在他统一的性格中交相辉映。

意志与情感、情绪也并不总是互相排斥。当一个人勉强从事他所不乐意的活动时，情感和情绪可能成为意志的阻力；而当所从事的是自己热爱、喜欢的活动时，情感和情绪就会成为意志的动力。岳飞的恢复中原的誓愿，文天祥的视死如归的决心，显然

① 《西游记》，第二十七回。

都受到爱国热忱的激励。我们从那“壮志饥餐胡虏肉，笑谈渴饮匈奴血”、“人生自古谁无死，留取丹心照汗青”的不朽名句中，领略到的不仅是磐石般坚强的意志和气节，而且是海潮般汹涌的热血和激情。同样，爱情生活中，坚贞与热烈也常常结伴而行。唐传奇小说《裴航》在艺术上不能算是很优秀的作品，却因写了一个情志合一的人物而传诵千古。故事中秀才裴航爱上了美丽的少女云英，对方的祖母则要求他先寻觅一只玉杵臼来为自己捣药，方才许嫁。裴航诺以百日为期，遂拜别而去——

及至京国，殊不以举事为意。但于坊曲闹市喧衢而高声访其玉杵臼，曾无影响。或遇朋友，若不相识，众言为狂人。数月余日，或遇一货玉老翁曰：“近得虢州药铺卞老书云：‘有玉杵臼货之。’郎君恳求如此，此君吾当为书导达。”航愧荷珍重，果获杵臼。卞老曰：“非二百缗不可得。”航乃泻囊，兼货仆货马，方及其数。遂步骤独挈而抵蓝桥。昔日妪大笑曰：“有如是信士乎？吾岂爱惜女子而不酬其劳哉。”女亦微笑曰：“虽然，更为吾捣药百日，方议姻好。”妪于襟带间解药，航即捣之……①

看来，主人公属于意志—情感型。他那一心一意寻访玉杵臼的不懈精神正来源于对女方一往情深的爱。也正因为如此，直到20世纪40年代，作品的地名还被借来作为一部好莱坞电影的译名（《魂断蓝桥》），从而使一个柔情缱绻的故事增添了更加诗意的色彩。

《论犹豫》一章中，我曾谈到卡特尔测定的十六种根源特质。其中多种似都与意志型性格相关。譬如，在稳定性、特强性、敢为性、有恒性等因素的测试中，意志型人可能得高分；而在忧虑

---

① 《唐人小说》，第274页。

性、敏感性等因素的测试中，则可能得低分。这是因为，意志型人由于目标明确，行为主动，所以他的情绪一般是稳定而成熟的（稳定性），行动是独立积极的（特强性）；为达目的，既冒险敢为，少有顾虑（敢为性），又锲而不舍，持之以恒（有恒性）。另一方面，他由于信念执着，富于自信，不太容易忧虑抑郁，烦恼自扰（忧虑性），也不会过于敏感，感情用事（敏感性）。[①] 如果选用一个词汇来形容意志型性格的特征，那么最合适的词汇可能是坚毅。

性格是一种复杂的组合。同属意志型人，由于经历、背景不同，信念、目标各异，其坚毅的具体表现往往色彩缤纷。它可以是对真理的捍卫，也可以是对谬误的坚持；可以是对美好理想的孜孜追求，也可以是对腐朽事物的盲目维护。它可以体现在粗鲁强悍的好汉身上，显示宁折不弯的气概；也可以体现在温文儒雅的书生身上，化为绵中裹铁的坚韧。如果以为只有表面粗犷的人才有坚毅的品质，那将是一种极大的误解。《死水微澜》中，蔡大嫂、罗歪嘴这一对，虽然爱得轰轰烈烈，关键时刻有股敢拼敢打的狂劲，却不能算是意志型人，因为两人身上都缺乏坚忍不拔的毅力。同样，姚雪垠《长夜》中的土匪，艾芜《南行记》中的强盗、窃贼，尽管凶悍，敢冒险，但生活中缺乏理想的照耀，行动无长远而明确的目标，故而也谈不上意志，谈不上坚毅。《西游记》中，猪八戒是师徒四人中最粗夯的一个，同时也是意志最薄弱的一个。倒是手无缚鸡之力的唐僧，历尽艰险磨难，取经之志从未动摇。无论生死威胁，还是富贵引诱，都不能改变他的方向和决心。不仅如此，任何时候，他都自觉持守佛教戒律，从来不做违背教义的事。试看第五十五回中，他受到女色和酷刑的双重考验，虽然心中害怕，却还是坚挺着走了过来——

① 《人格心理学》，第94—98页。

> 这长老咬定牙关，声也不透。欲待不去，恐他生心害命，只得战兢兢，跟着他步入香房。却如痴如痖，那里抬头举目，更不曾看他房里是甚床铺帐幔，也不知有甚箱笼梳妆。那女怪说出的雨意云情，亦漠然无听。……把那怪弄得恼了，叫："小的们，拿绳来！"可怜将一个心爱的人儿，一条绳，捆的像个猱狮模样。……三藏咬牙道："我宁死也不肯如此。"

诸如此类的诱惑、折磨，唐僧经受了不知多少次。所谓八十一回劫难，遭劫的主要是唐僧。正是一种超常的意志，超常的坚毅，使他终于走完了漫长的取经途程。他的表现，恰如该回标题所云："性正修持不坏身"！

关于性格与人格的关系，心理学界有种种认识。据曹日昌《普通心理学》所论，人格的个体差异性，体现在能力、气质、性格三方面。换句话说，是这三者构成了人格心理特征。其中又以性格为最重要、最鲜明，"它足以区别一个人与众不同的、明显的和主要的差别"。[①] 那么，性格是怎样形成和发展的呢？与气质较多地受个体生物组织的制约不同，性格是在人的生活实践中、在人同环境的相互作用中形成起来的。据心理学界研究，对性格形成起重要作用的最初是家庭，随后是学校和社会。尽管一般人到了学龄晚期即青年时代，待人处世的稳固态度和行为方式已经成型，但性格在后来的生活实践中仍会继续形成和发展，甚至还可能发生重大的变化。以意志型性格而论，一个人可能原先并无明确的行为目标，更谈不上实现目标的主动性、坚韧性和自制力，而在现实生活的教育下终于培养了高度的意志力。

唐传奇《杜子春》是一篇寓意深沉的小说，表现了晚唐士人面对不可改变的现实，既亟欲逃遁又难以割舍的矛盾心态。从性

---

① 《普通心理学》下册，第 179 页。

格心理学的角度看去，它正好反映了意志型的形成、发展过程。作品描写落拓青年杜子春，不能安心治产立业，终因“纵酒闲游，资产荡尽”而见弃于亲友。后偶逢一陌生老人，在子春表示只需“三五万，则可以活矣”的情况下，老人主动资助他三百万。不料“子春既富，荡心复炽……乘肥衣轻，会酒徒，征丝管，歌舞于倡楼，不复以治生为意”，一二年间，贫困如初。老人再度出现，问他究需多少钱方可，“子春惭不应。老人因逼之。子春愧谢而已”。于是老人又给他一千万。子春未受之初，曾思发愤，从此好好谋身治生，“钱既入手，心又翻然。纵适之情，又却如故。不一二年间，贫过旧日”。老人第三次出现，“子春不胜其愧。掩面而走”。老人“因与三千万”并说：“此而不痊，则子贫在膏肓矣。”子春乃痛下决心，“买良田百顷，郭中起甲第，要路置邸百余间，悉召孤孀分居第中。婚嫁甥侄，迁祔族亲，恩者煦之，仇者复之”。[①] 显然，他是在现实生活的反复教育下和内疚自责心情的作用下由一个毫无意志的人变成了目标明确、行为主动的意志型人。

故事到此并未结束。原来，老人是个试图炼药成仙的道士，他需要寻觅一个意志坚强的伙伴来陪同炼药。他对杜子春的三番周济正是为了造就其一种坚毅的性格。当后者治产完毕，前来赴约时，他向对方提出了遇到任何情况都要不动不语、安心莫惧的要求。如果说，前述情节主要交代杜子春意志的形成过程，那么这时，他的坚毅才真正在各种考验面前大放光华。也就是说，意志型性格得到了充分呈示和发展。请看——

左右竦剑而前，逼问姓名……皆不对。问者大怒，摧斩，争射之，声如雷。竟不应。……俄而猛虎，毒龙，狻猊，狮子，蝮

① 《唐人小说》，第230—231页。

蝎，万计；哮吼拏攫而争前，欲搏噬，或跳过其上。子春神色不动……既而……火轮走其左右，电光掣其前后，目不得开。须臾，庭际水深丈余……波及坐下。子春端坐不顾。……牛头狱卒，奇貌鬼神，将大镬汤而置子春前……又不应。因执其妻来……令取锉碓，从脚寸寸锉之。妻叫哭愈急，竟不顾之。……斩讫，魂魄被领见阎罗王……于是镕铜铁杖，碓捣，硙磨，火坑，镬汤，刀山，剑树之苦，无不备尝。然心念道士之言，亦似可忍，竟不呻吟……

据研究，性格的意志特征可以表现为四个方面：一是具有明确的行为目标；二是对行为自觉控制的水平较高；三是在紧急或困难条件下镇定自若；四是能持之以恒。前面举过的沙威、唐僧、孙悟空、裴航等无不在上述四方面显示了坚毅的性格。同样，杜子春于幻觉中经受的种种常人难以想象的考验，也从四方面揭示了意志型性格的发展过程。感恩图报、“唯叟所使”是他的行为动力与目标；“不动不语”是对行为的自觉控制；酷刑面前、生死关头的神色自若是勇敢、镇定的表现；一而再地忍受折磨则反映了人的坚韧性和持久力。当然，小说中他最后还是“噫”了一声。那是在阎王让他投生做女人，嫁给卢珪并生下一男之后，“卢抱儿与之言，不应”，卢乃大怒，持儿两足，“以头扑于石上，应手而碎，血溅数步。子春爱生于心，忽忘其约，不觉失声云：‘噫！’”[①] 于是功亏一篑。不过，这是一个需要另文探讨的作品主题问题。[②] 在一般读者看来，杜子春的坚毅已属不可企及的了。

---

① 《唐人小说》，第 232—233 页。

② 关于该作主题，可参看拙著《志怪传奇新说》，中国盲文出版社 2018 年版，第 168—169 页。

第二十一章　论顺从

上一章从何种心理机能占优势的角度探讨了意志型性格的若干特征，举一反三，也就可以知道理智型和情绪型性格的一般表现。本章拟换一个角度来探讨性格分型，即按个体独立性的程度看其属于顺从型还是独立型。所谓顺从型，指的是其人“独立性差，易受暗示，容易不加批判地接受别人的意见，照别人的意见办事，在紧急困难情况下表现张皇失措”；而所谓独立型，其“主要特点是善于独立地发现问题和解决问题，不易为次要因素所干扰，在紧急困难情况下不慌张，易于发挥自己的力量”。[①]

倘以卡特尔发现的根源特质来相对照，那么也有若干种似与上述分型关系密切；尤其是在特强性、敢为性、怀疑性、独立性等因素测试中，独立型和顺从型的区分将如泾渭一般分明。试看这四种因素的高、低分特征——

特强性

低：谦逊、顺从、通融、恭顺。称顺从性。

高：好强、固执、独立积极。称支配性。

敢为性

低：畏怯退缩，缺乏自信心。称威胁反应性。

高：冒险敢为，少有顾虑。称副交感免疫性。

怀疑性

低：信赖随和，易与人相处。称放松。

高：怀疑、刚愎，固执己见。称投射紧张。

---

① 《普通心理学》下册，第191页。

独立性

低：依赖，随群附和。称团体依附。

高：自力自强，当机立断。称自给自足。①

显然，独立型人在这些测试中易得高分而顺从型人易得低分。据知，卡特尔曾按十六种人格因素对奥林匹克得奖者、著名科学家、飞行员和文职人员进行编组测试并在坐标图上绘出不同职业组的典型曲线。② 我特地看了一下各组人员在特强性、敢为性、怀疑性、独立性上的得分，结果发现飞行员的得分最高，奥林匹克得奖者次之，文职人员最低。这说明，飞行员中独立型性格特多，优秀运动员中此种性格也较多，而文职人员中顺从型性格较多。这个对比颇有意思。职业和性格的关系是双向的。一方面，性格在选择职业时往往已经表现出来；另一方面，职业又可以强化或改变人的某些性格特征。一个独立性差、遇到危险容易慌张的人多半不适宜当飞行员；而一个过于自信，不易接受暗示、不重视他人意见的人大概也不适宜当文职人员。

独立型和顺从型的区分在生活中是如此常见，因而必然受到文艺家的关注。譬如小说、影视中塑造的各种孤胆英雄几乎可以全体归入独立型；而从果戈理《外套》中的九品文官到契诃夫笔下打喷嚏的小公务员又大都属于顺从型。由此也说明作家的创作可以与心理学的试验殊途同归。只是，作家反映的是无限广阔的生活，其所描写的性格理应比心理学实验室测得的更为丰富、饱满、多样。下面，我们就从人物独立性的程度来看看文艺作品中的性格类型。由于独立型性格较为常见，受到的研评也较多，因此本篇将更多地探讨顺从型性格的作用和表现。

高明的作家都懂得映衬之美。在脍炙人口的名著中，独立型和顺从型人物常常携手出现。譬如堂·吉诃德为独立型，桑丘则

---

①② 《人格心理学》，第 94—99 页。

为顺从型；福尔摩斯为独立型，华生医师则为顺从型。又如邦斯舅舅和许模克，因为性情相近、气味相投而被戏呼为“一对榛子钳”，但若两人真的全无分别，那就成了败笔。事实上，前者属于独立型，后者属于顺从型。诸如此类的例证不胜枚举。粗心的读者往往只盯着那处于主角地位的独立型人物，为他的冒险敢为、他的当机立断、他的处变不惊、他的执着自信、他的一切独立性表现所陶醉，殊不知倘无顺从型人物从旁烘托，前者的性格绝不会如此色彩鲜明。

有没有作品是以顺从型人物为主角，而以独立型人物为陪衬的呢？当然有的。老舍笔下的骆驼祥子基本属于顺从型，他的性格便因虎妞的映衬而熠熠生辉。他俩的关系从一开始就带有一方主动、坚定，一方被动、犹疑的特点。她为了促成婚事，竟以“有啦”相威胁，而他果然于一击之下方寸全乱——

“祥子，”她往近凑了凑，“我有啦！”

“有了什么？”他一时蒙住了。

“这个！”她指了指肚子。“你打主意吧！”

愣头磕脑的，他“啊”了一声，忽然全明白了。一万样他没想到过的事都奔了心中去，来得是这么多，这么急，这么乱，心中反猛的成了块空白……手托住腮下，呆呆的看着地，把地看得似乎要动；想不出什么，也不愿想什么；只觉得自己越来越小，可又不能完全缩入地中去，整个的生命似乎都立在这点难受上……①

这正是顺从型人物的典型表现。他容易被对方牵着走，而在突发事件面前惶恐无主。

---

① 《骆驼祥子》，人民文学出版社 1962 年版，第 77 页。

当然，映衬无非是一种对比，而一切对比都是相互的。我们说李四是张三的陪衬，只因张三处于主角地位罢了。实际上后者在受到烘托的同时不也对前者起着映衬作用吗？翻阅一些巨匠之作如《安娜·卡列尼娜》，对交相辉映的艺术会看得格外清楚。该书采用双线结构，安排了两组人物、两条线、两种生活。安娜、渥伦斯基的线连向虚伪矫饰的都市生活；列文、吉提的线连向宗法制的庄园生活。整部长篇便在两条线时而交错、时而平行的关系中进展。与结构相对应，人物性格也呈现为两种类型。在爱情生活中，安娜、渥伦斯基都属于独立型，列文、吉提则比较近乎顺从型。他们的恋爱因此焕发出全然异样的光彩，前者烈火熊熊，后者碧水悠悠，读者遂于多变的节奏中观赏到斑斓之色，品味到起伏之美。试想如果两组人物全为独立型或全为顺从型，怎能产生这样的效果呢？

不仅如此，在一些次要人物的性格设计上，作者也无时不考虑到对比和辉映。小说从奥布浪斯基的家庭纠纷揭开序幕。其时妻子杜丽怎么也不能原谅丈夫的不忠行为，可是当丈夫的妹妹安娜来到后，仅仅一夕之谈，她就完全被对方说服了。整个谈话中，安娜始终掌握着主动，而她则在对方的诱导下逐渐趋于平静。最后，顺着对方的思路，她竟然表示要彻底饶恕了——

“呵，自然，”杜丽赶紧插嘴，好像在说她想了不止一次的话一样，“否则就说不上饶恕。如果饶恕就应当完完全全饶恕。哦，我们走吧，我带你到你的房间里去。”她站起身来说，在路上她拥抱着安娜。“我的亲爱的，你来了我多么高兴呀。我觉得好过一些，好过多了。”①

① 《安娜·卡列尼娜》，第104页。

杜丽是典型的顺从型人物。她头脑简单，缺乏主见，易受别人影响。她的性格在这番谈话中、在安娜的映衬下显得格外分明。同时，就全书来看，她的上述表现又对安娜的独立型性格起了有力的烘托作用。

由于生活中的性格原本形形色色，作品中出现各种类型的对比似乎是顺理成章的事；然而事实上由于作家的生活积累有丰有薄，艺术修养有高有低，其对性格的把握不可能都达到理想的境地。以电视上常见的所谓肥皂剧来说，那样长的篇幅，应是各种性格竞呈异彩的绝好舞台，结果却大都不能尽如人意。又臭又长的拉美连续剧且不论，便是较受欢迎的美国豪门剧，对于性格的塑造也视同儿戏，甚至连基本的前后一致都办不到。往往十几集下来，人物除姓名之外，性情、言语已判若两人，并非其人性格有所发展，而是作者只顾胡编故事，杜撰矛盾，根本无暇顾及性格的完整、丰富、统一。再拿我国的室内剧《爱你没商量》来说，在剧团生活气氛的渲染和人物对白的情趣方面都有一番追求，因而不失为一部有吸引力的作品。不足之处则同样表现在性格设计上的缺乏功力。剧中从老到小，但凡有名有姓的角色，几乎清一色地全为独立型人物。每个人都有主见，都喜欢独立地发表意见，处理问题。这样，对白虽然时有妙语，却少有对比，缺乏映衬，难怪有人说，听来全是王朔式的调侃了。类型的单一还影响到主题的深化。譬如作品中有两个悲剧人物：一是中学生苏培；一是女主角周华。如果将苏培写成顺从型，写她虽然热爱戏剧，却因独立性差，在专业兴趣与母亲的意愿之间痛苦地摇摆，终于牺牲专业，却又未能考上别的大学，又受别人的影响而一误再误，由此陷入更深的痛苦……那么，她的命运将构成比较深刻的性格悲剧。现在，她因偶然的车祸而死，这种构思就不唯浅薄，而且俗套了。同样，如果将周华或将与她关系密切的某个人塑造成顺从型，使人物的命运于疾病之外，更与性格内部或性格之间的冲突相联系，那么，她的悲剧也将比现在更为深刻和有意义。

性格如何表现？从心理学的观点看去，性格一般都是通过个体的活动、言语和外貌表现出来。小说因其叙事的特性，还可通过直接的心理描写、通过人物的内心独白来刻画性格。上引杜丽的顺从性便主要体现在她与安娜的谈话中，其间穿插了一些内心活动和动作语言；而前引祥子的顺从性则以内心刻画为主，辅以简单的对话。其所以有这种区别，并非作家创作习惯有异，而是出于性格塑造的需要。同属顺从型，有的人（如杜丽）可能话很多，只是话中缺乏主见，态度游移，易被别人所说服；也有的人（如祥子）则可能话不多，不爱发表和坚持己见。

这里，我想再举一个例子：韩邦庆的《海上花列传》。这是一部描写近代上海妓女生活的长篇。鲁迅称它“平淡而近自然”①，张爱玲说它与《红楼梦》“有三分神似”②，要知它的确是《红楼梦》之后章回体小说中写得最好的一部。倘若不是因为采用吴语而限制了读者面，它的影响必将更大；但另一方面，也正因为采用吴语，使它达到了一般小说难以企及的传神境界。吴语似乎有一种绘声绘色的机制，不单苏州评弹始终受到江南各阶层听众的欢迎，甚至倪海曙的《苏州话诗经》在生动活泼方面至今仍超过一切用普通话翻译的《诗经》。《海上花列传》中的吴语对话，则无论是酒席上的调笑哄闹，私房中的情语绵绵，应酬的客套，家常的絮叨，还是盛气凌人的恶骂，读来都如闻其声，如见其人。正是从那声口毕肖的对话中，我们看到各种性格的曝光，看到性格与性格的碰撞。譬如妓女黄翠凤与嫖客罗子富便恰好构成了独立型与顺从型的关系。后者不同于拉车的祥子，他原是一个既爱豪饮，也爱说话的候补知县，只是在与精明干练的黄翠凤

---

① 《中国小说史略》第二十六篇《清之狭邪小说》。

② 《红楼梦魇》，皇冠出版社 1977 年版，第 9 页。

的交往中，愈来愈露出了顺从型的本色。小说第九回的回目是“黄翠凤舌战罗子富”，而这次玩笑中的“舌战”也可视为后者丧失独立性的开始。话题是由妓女间的争风吃醋引起的——

子富笑道：“就去仔末，怕耐啥嗄！耐勿入调末，我去教蒋月琴来也打耐一顿。”翠凤把眼一瞟，笑道：“噢唷，倒说得体面哚！耐算说拨来啥人听嗄，阿是来里王老爷面浪摆架子？”

王莲生一口烟吸在嘴里，听翠凤说，几乎笑的呛出来。子富不好意思，搭讪说道：“耐哚人一点点无拨啥道理！耐自家也去想想看，耐做个倌人末，几花客人做仔去，倒勿许客人再去做一个倌人，故末啥道理哩喤？也亏耐哚有面孔，说得出。”翠凤笑道：“为啥说勿出嗄？倪是做生意，叫无法啘。耐搭我一年三节生意包仔下来，我就做耐一干仔，蛮好。”……

子富被翠凤顶住嘴，没得说了。停了一会，翠凤道：“耐有道理末，耐说喤。啥勿响哉嗄？”子富笑道：“阿有啥说嗄，拨耐钝光哉喤。”翠凤也笑道：“耐自家说得勿好，倒说我钝光。”①

这里，两人的性格完全是通过对话表现出来。罗子富由出击转为防守，最后承认败北，显示了顺从型的基本特色。此后，每逢与黄翠凤相处，无论什么事，大到是否出钱帮她赎身，小到当晚是否留宿，他都唯唯听命，几乎没有自己的定见。在赎身问题上，他曾听了老鸨黄二姐的话，要帮贴一千，可是翠凤不依。她要用自己的积蓄来赎身，而让罗的钱留作将来之用，于是他也恍然。至于留宿之类小事，即使他原有回公馆之意，只要她说声“覅去”，他也只得从命。此外，他的顺从性还表现在不能应付紧急情况。当公文匣被窃后，他“像热锅上的蚂蚁一般，坐不定，

① 《海上花列传》，人民文学出版社 1982 年版，第 73 页。

立不定，着急得紧”；对于老鸨的敲诈，他一时“气得手足发抖，瘫在榻床，说不出半句话”，一时又“唉声叹气，只是摇头”，[1]最终还是破费五千，始将匣子赎回。

关于性格在外貌上的表现，通常是指表情的流露。譬如罗子富的顺从型特征，便既体现于言行，也体现于表情和姿态。读了他被敲竹杠的一节文字，一个气急败坏的胖子形象便活脱如在眼前。同样，在祥子和杜丽的言行表现中，也都伴随着面部表情和身体姿态。在某些作品、某些描写中，人物的静态面貌和服装打扮等也可反映性格。请看巴金笔下的枚少爷——

那个瘦削的头，那张没有血色的脸这时显得更加惨白瘦小了，连嘴唇皮也是干枯而带黄色的。那一套宽大的袍褂不合身地罩在枚少爷的瘦小的身上，两只手被长的袖管遮掩着，一个瘦小的头在马褂上面微微地摆动。这一切使得这个十六岁的青年活像傀儡戏中的木偶。[2]

枚少爷身患重病，同时属于顺从型性格。他的悲剧既是肉体的，又是精神的。在上述肖像中，身体的虚弱和性格的懦弱同时得到呈现。肖像是从也属顺从型的觉新眼中观察到的，当时它使后者痛苦得“快要流泪”[3]。这样的笔墨就不仅带来流动感，而且使前者的形象、性格显得更加可怜了。

---

① 《海上花列传》，第501—504页。

②③ 《春》，人民文学出版社1962年版，第112页。

第二十二章　论梦幻

“同床异梦”作为成语，含有讽刺意味；验之实践，却不啻为真理，因为梦的各个不同乃是正常现象，不足为怪。同床同梦或异床同梦倒是极稀罕的。尽管在追求惊奇效应的古典作品中常有此类故事，但大都一望而知出于胡编。譬如——

玄宗梦入井，有一兵士，著绯裈，背负而去。明日，使于兵号中寻访，总无此人。又于苑中搜访，见一掌关，着绯裈，便引见。上问：“汝昨夜作何梦？”对曰：“从井中背负日出登天。”上睹其形状，与梦相似，乃问：“汝欲官乎？”答曰：“臣不解作官，臣家贫。”遂敕赐钱五百千。[①]

这是一个异床同梦的故事。只是后者梦见的不是玄宗本人，而是一轮太阳，于是在迷信氛围中更增添了浓重的封建颂“圣”气味。至于故事的出于捏造是可以一目了然的。

中国古代以梦为题材的作品极多。翻开《太平广记》，属于“梦”类的便有一百七十一则，未归入“梦”类却同样写梦的也不少。《太平广记》编到北宋初年为止，之后当然还有大量的与梦有关的故事不断产生。从《太平广记》所收梦题材作品来看，虽不乏脍炙人口之作，但大体上都为了说明梦的可托性、预兆性、应验性，所以艺术成就是不高的。少数名篇跳出了迷信思想的框框，笔致也颇摇曳，却因情节过于清晰、详赡而不像真实的梦

① 《太平广记》(六)，中华书局 1961 年版，第 2196—2197 页。

境。譬如唐传奇《枕中记》、《南柯太守传》可能是影响最深远的梦类故事，不但均被改编为戏曲，而且“黄粱”、“南柯”几乎成了人人皆知的梦的别称。两部作品的情节艺术都很高明，尤其是《南柯太守传》已懂得将笔墨集中于重要场面的描绘，从而给人留下的印象也格外鲜明。只是，如此复杂、漫长而又条理清晰的梦在生活中并不存在，因此，作为别有寄慨的小说，不妨对二作给予高度评价；作为梦幻心理的表现，其描写却是失真而不足为训的。

梦境描写得不够准确，并非中国古典小说的独特现象。实际上，无论中外，也无论在抒情艺术还是叙事艺术中，梦，从来都是备受青睐的题材。这是因为梦的奇幻和不可把握给作者提供了一片辽阔的想象的天地。然而也正因为奇幻和难以把握，真正经得起心理学推敲的梦境描写并不多。音乐因其抽象性，在梦境表现方面是否真实，似乎无法也无须深究。李斯特曾称赞舒曼的钢琴组曲《童年情景》标题美妙，当然也包括《梦幻》在内，[①] 而那旋律是否真属儿童梦幻的呈示，却只能意会而无从确证。

对于具象的绘画和小说来说，如何再现梦境就成了一个实实在在的问题。除非你不写，要写，就得让别人相信，这是梦，而不是醒时的生活。在心理学对梦未作认真研究之前，人们对梦的描写带有很大的偶然性。写好了，不知其所以好；写坏了，也不知其所以坏。而论及心理学对梦的第一次认真而系统的研究，则不能不推精神分析学派的创始人、奥地利医生弗洛伊德。有关弗氏学说及其在心理学、哲学、社会学、文学艺术等领域的广泛影响，这里不可能详加介绍。简要地说，他对梦的解析其实与他的无意识理论相联系。他认为，人的意识只代表心理能量活动的一种浮面的水平，无意识才是它的深沉部分。无意识包括原始冲动

---

① 《李斯特论柏辽兹与舒曼》，第 170 页。

和本能以及出生后的多种欲望，由于为社会标准所不容，而被压抑到了意识不到的深处。它是人们经验的极大贮存库，由许多遗忘了的欲望所组成。为什么欲望会被遗忘呢？弗氏有一个比喻：无意识好比一个大前房，与它紧连的是一个小房间，即意识所在的地方。两房之间有一扇门，门口有一名守卫，执行稽查的任务。大前房内的冲动和欲望，倘若走近门口，就会被守卫所逐回，所以它们是被压抑、被遗忘的。而当睡眠之时，由于稽查作用松弛，被压抑和遗忘的冲动、欲望会乘机混进意识的小房间，这就是梦。又由于欲望和冲动不能以真面目出现，否则会惊醒守卫，重新被压抑回去，因而它必须乔装打扮，以变形的方式混进意识，这是梦境往往稀奇古怪的原因。弗氏把梦中所见的情境称为梦显相，而把梦显相所包含的意义称为梦隐义，认为只有通过精神分析，才能揭去伪装，弄清梦所隐含的意义。

弗洛伊德的理论产生了重大影响，同时也受到了种种批评。他对梦的研究由于忽视实验心理学的自然科学方法而在方法论上陷于偏颇。他的泛性论观点也经不起事实的检验。但不容否认的是，他对梦的确做了大量的系统而认真的研究，不少见解都很中肯，闪耀着睿智的光芒，用以衡量文艺作品中关于梦幻的描写，立即便可看出成败优劣，看出作家的修养来。

戴厚英的《人啊，人！》是一部在20世纪80年代初期产生了轰动效应的长篇。作者采用多角度第一人称叙事手法，开场便写了赵振环的一个梦——

我拼命往前游，在无边无际的洪水中。……我的目标只是追逐一个在我面前贴着水皮飘飞着的小姑娘。她细长的手臂摆动着，短粗的双辫跳跃着。……我看不见她的脸。但我觉得，我认识她，熟悉她，爱她。

我要追上她，让她知道我对她的一片心。

我的游泳技术从来没有发挥得这么好。……我简直是不用力气地贴在水面上滑行，快极了。

然而我和她的距离还是那么远。

我不泄气地追逐着。

上游突然漂下来一条淹死的牛，直冲着我的脑袋。我又惊怖，又厌恶，连忙躲过它，朝右边偏了偏。又碰上什么东西挂住了我的两只脚。力气一下子用光了……

小姑娘越飘越远。

我焦灼地向她叫喊，用我久已不用的熟悉的语言。……她终于向我转过了脸……一点不错，就是她！

我想笑又想哭。我向她张开双臂。可是，一根藤条一类的东西紧紧箍住了我的脖子。小姑娘没有停止前进。我用力拉扯，挣脱，藤条越缠越紧。小姑娘已经不见了。

我放声哭了起来，我不能失去她啊！①

据作者在“后记”中自述，该书的写作是有意识地借鉴了现代派手法的，其中包括对梦的运用。除上述赵振环的梦之外，她还写过孙悦的梦和游若水的梦。她认为这些梦都有象征意义，用梦来表达特定时刻的思想感情比用其他方法更为准确和经济。那么，她的梦境描写是否符合心理学的结论呢？我看，至少在“愿望的达成”、“记忆表象”、“伴随情感性”等方面与弗洛伊德的见解颇为一致。

弗氏从无意识冲动解释梦幻，必然得出一个结论，即梦是某种受压抑的愿望的达成。这一结论对相当多的梦都是适用的，赵振环的梦也是如此。他同孙悦由青梅竹马结为夫妇，尽管两地分居，当“文革”的恶浪袭来时他又落井下石，与她离了婚，但内

① 《人啊，人！》，广东人民出版社 1981 年版，第 2 页。

心深处，他始终认为孙悦是个名副其实的“爱人”，后妻冯兰香则仅仅是个“女人”。“与孙悦共同生活的日子并不多，但总觉得有无穷无尽的回忆，而与兰香的关系，却单调得分不出今年和去年，今天和昨天。”① 为了排除那种隐蔽的后悔之情，他总是强制自己多干点事并不断地邀请朋友们来家吃吃喝喝，让别人夸赞自己现在的家庭生活。然而，睡梦之中，当把门的“守卫”放松警惕之际，白天被压抑的欲望和愿望就奔涌而出，构成了上述水中追逐的梦境。记得北宋词人晏几道有两句被赞为“鬼句”的词：“梦魂惯得无拘检，又踏杨花过谢桥。”② 可以说是为此类“愿望的达成”做了一个简洁而形象的注脚。

梦中的愿望是变了形的，所以赵振环并没有梦见与孙悦复婚，而是梦见在水中追逐一个可爱的小姑娘。她究竟是谁，梦中并不完全清楚。醒来一想，才猛地意识到那是少年时代的孙悦。而到小说结尾时，他又悟到，那并非孙悦，而是他们的女儿憾憾：“憾憾，我亲爱的女儿！我找回了我的灵魂，那就是你！”③ 尽管梦境不够清晰，但那水中追逐的一幕却来自遥远的记忆，有着生活的依凭。那是他们初中毕业的时候，一起乘木船回家。孙悦故意掉进河里，他吓得立即跳下去将她托上船来，自己则跟在船后面游泳。“一路上，我朝她笑着，她朝我笑着。就这样，她的笑引导我一口气游了十里路。”④ 据弗洛伊德研究，“梦的材料”既包含当日受到的刺激，也包含近期和远期的记忆表象。显然，赵振环的梦在从少年时代攫取“素材”这一点上与弗氏的见解是恰相符合的。

梦是否伴随情感？弗氏的结论是，不但伴随，而且其强度不

---

① 《人啊，人！》，第 11 页。

② 《鹧鸪天》，《小山词》。

③ 《人啊，人！》，第 350 页。

④ 《人啊，人！》，第 7 页。

亚于醒时。这从我们自己做过的梦中以及文艺作品描写的大量梦中很容易得到印证。“夜月一帘幽梦，春风十里柔情。”[①] 梦与情从来有着天然的联系。赵振环的梦同样伴随着一股热烈而又温柔的感情。梦中的“我”是那样紧紧不舍地追逐着“她”，当“她”回过脸来时，“我”是那样悲喜交集，当“她”飘然远逝时，“我”又是那样焦灼，伤心，甚至放声哭了起来，这不都是激情的流露吗？

梦的情节有无象征性？弗氏认为有。戴厚英则认为，她所描写的梦都有。从赵振环的梦来看，不但“水中追逐”具有明显的象征意义——象征着对已经失落的美好事物、对自己曾经堕落的灵魂的追寻，而且，那追逐过程中突然出现的一条淹死的牛似乎也带有象征性。为什么形成障碍的是一条死牛呢？作者未予解释，我们也难以判清。但这正是梦显相所常有的变形特征，它给读者留下了一片释梦的天地。比较而言，孙悦和游若水的梦的象征性也许更为鲜明。孙悦的梦是小说中写得最好的一个梦，在愿望的达成、改装变形、材料来源、情感强度诸方面都比赵振环的梦处理得更见功夫。尽管梦的情节略嫌太长，但因作者时时注意到梦中意识的跳跃性和超逻辑、超现实性，所以读来始终像真实的梦境。有意思的是，如同赵振环一时不能确定梦中的“她”是谁一样，孙悦醒后，也不能确定“他”是谁：“我数遍了所有认识的人，都不像。因为无论如何，我想不出他的年龄、性别、相貌和职业。真怪呀！”[②] 其实，“他”正是一个象征，象征着封闭、保守，象征着无心无肺，象征着多年来一直统御着她而现在行将被抛弃的违反人性的一切。游若水的梦可能是写得较差的一个。他梦见别人的脑袋长在自己的脖子上。这原是受了当天所见一幅漫画的刺激而做的梦，有充分的素材依据，可是由于作者对其人其

---

① 秦观：《八六子》，《淮海词》。

② 《人啊，人！》，第 183 页。

事极度鄙夷，亟欲通过此梦来加以讽刺，这就使整个梦境显得更像是作者在嬉笑怒骂，借题发挥，而不像人物自己所做的了。

弗洛伊德把人的隐念化为显相的过程称为“梦的工作”，认为愈是有违于社会道德标准的欲望，化装变形的程度也愈大。小孩因受社会影响较小，其欲望不必强加压抑，在梦中也就无须太多化装。写到这里，便自然想起董宏猷的《一百个中国孩子的梦》。这部儿童文学作品的特别之处，就是通篇由梦所组成。作者自称该书并非“睡眠实验室的梦境报告”，亦非“心理学家关于梦的学说的客观例证”，[①] 但既然写的是梦幻，则其成功与否仍可从心理学角度加以检验。那么，作者是否注意到了年龄对“梦的工作”的影响了呢？我看是注意到了。该书记叙的一百个梦分属于从四岁到十五岁的不同年龄的孩子，只需将第一个梦与最后一个梦加以比较，立即便可看出变形程度的差别。第一个梦是四岁的“他”所做，表达的是对牛奶煮鸡蛋的厌恶和对母乳、果味露、冰冻汽水的向往。尽管梦中也出现牛奶煮鸡蛋的碗在半空中追着他走等怪异现象，但他的基本欲望并无任何化装。最后一个梦是十五岁的初三学生“他”所做。其时紧张的升学考试刚刚结束，他梦见自己站在半山腰一块突出的岩石上——

没有路。

没有前进的路。

更没有后退的路。

要么就像壁虎一样紧贴着悬崖攀登上顶峰，要么就像一粒石子从半山腰坠落下去，坠落到连坚硬的岩石也要粉身碎骨的深渊中……[②]

---

① 《一百个中国孩子的梦》，江西少年儿童出版社 1989 年版，第 1 页。

② 《一百个中国孩子的梦》，第 507 页。

初中毕业意味着少年时代的结束。在新的人生旅程中，每个人都面临着升腾还是坠落的选择。升腾很艰辛，每找一个支点都要付出痛苦的代价，然而却是有志者唯一可做的选择。这是梦的寓意所在。也许，作者对寓意的强调有点过分，以致多多少少损害了梦的真实性，但毕竟，这是一个经过乔装打扮的梦。十五岁少年不同于四岁儿童，他已有了一定的社会阅历。面对未来，他时而犹疑、恐惧，时而乐观、自信，而这一切是通过“登山”这一富于象征意义的梦境表现出来的。

最后，想谈一下梦的惊醒。从前文所述几个例证来看，赵振环是被一根藤条（实为冯兰香的一条手臂）缠醒的，四岁的“他”是因奶嘴儿漂走（实为掉落）而哭醒的。都很可信。西班牙超现实主义画家达利有幅名作，画一个睡在海边全裸的女人，因一只蜜蜂恰从身旁的石榴周围飞过，那刺耳的声音使她突然梦见一条怪鱼从裂开的石榴中跳出，鱼口里又冲出两只老虎。尽管构思各异，但她被吓醒的原因则与前述二梦一样，都是受了现实的干扰。那么，是否还有别种惊梦原因呢？有的。弗洛伊德认为，梦开始时是对无意识愿望的满足，其活动与前意识所需要的睡眠形成妥协，所以人可以同时睡眠和做梦。但若这愿望达成的企图过于激烈，则会受到稽查作用的抗拒，破坏妥协，从而将人唤醒。由此看来，俗话说的“好梦难圆”也不无道理，因为好梦总是凝聚着过于强烈的愿望，其将人惊醒也就在所难免了。

第二十三章　论本能

人的行为的动机是什么？弗洛伊德的回答是：本能（Instinct）。

关于本能的概念、特点及其与人格结构的关系，这里不可能详述。可以指出的是，精神分析学派的人格理论不但对近代心理学的发展具有重大影响，而且也影响到包括文学在内的其他领域。单以我国现当代小说而论，形成于20世纪20年代末至30年代初的所谓新感觉派便明显地带有弗氏学说的印记；而80年代以来的不少作品如《论犹豫》一章中举过的《隐形伴侣》等，也都自觉或不自觉、直接或间接地接受与借鉴了弗氏理论。由于精神分析学说既有重要的价值与意义，又有根本性的谬误，因此它对创作的影响必然是积极与消极并存。反过来由作品的优劣成败也就可以检验理论的正误与得失。

按照弗洛伊德的解释，本能的根源来自躯体的某种状态或需求，其目的是为了减除由需求引起的紧张和兴奋。一旦目的达到，人就感到满足和快乐。至于本能的对象可以是自身，也可以是环境中的任何人或事。以刘呐鸥、穆时英、施蛰存为代表的中国新感觉派，成就高低不一，其笔下人物的行为动机则都带有减除紧张、减除兴奋的性质，而且如同弗洛伊德一味强调性本能那样，这些作家也往往喜欢把人物的所作所为归因为性。譬如刘呐鸥的《两个时间的不感症者》，写青年H在赛马场的看席上偶逢一个漂亮的女人，便乘着赢钱的豪兴，邀她去茶室吃冷饮，又在热闹的马路上散步，当来到舞厅附近时，意外地发现另有青年T已在那里等候，于是三人一起进入舞厅。正当H与T明争暗斗地各与女人跳了一轮舞时，女人忽然看看腕上的表说："那么，你们都在这儿玩玩去吧，我先走了。"① 并解释说，自己从未跟任何男士一块待过三小时以上，今天已是破例了，"Love－making"（做爱）本应在汽车上风里干，且郊外到处有绿荫，可是你们偏偏要吃冰激凌啦，散步啦，还要跳什么舞，一大堆啰唆，把属于自己的时间白白浪费了。

作品明显地含有讽刺、调侃意味，若以弗氏学说剖析，则人物行为纯由无意识的本能所驱使。无论 H 还是 T，对那女人的身份、姓氏等各种情况都一无所知。他们对她的追逐只有一个动机，就是减除由性需求引起的紧张和兴奋。所以当明白对方是如此这般的一个女性后，他们并无嫌厌鄙夷之心，只是惊愕自己何以未能抓紧时机罢了。

这个故事实际上还涉及弗氏的其他一系列论述，如关于行为的两个原则、人格结构的三个组成部分以及自我防御机制等。由于刘呐鸥的作品在新感觉派小说中并不属于上乘，所以下文的阐述将更多地以施、穆的作品为例。

弗氏认为，行为有快乐与现实两个原则。人的本性按快乐原则办事，寻求直接的满足，可是由于受到周围物质环境和社会环境的限制，因此除了梦中和无意识下可以无所顾忌外，在日常清醒的生活中，行为总是受现实原则的支配。

他又认为，人格结构包含"本我"（Id）、"自我"（Ego）、"超我"（Superego）三个部分。"本我"指的是一种原始的力量来源，是遗传下来的本能。它毫无掩盖与约束地要求满足基本的生物要求，如受阻挠，人就感到不快和烦恼，而要求满足的愿望也就更加强烈和迫切。它处于无意识的底层，纯按快乐原则行事。"自我"是"本我"与环境关系的调节者，它感知外界刺激，将有关

① 《两个时间的不感症者》，《新感觉派小说选》，人民文学出版社 1985 年版，第 16 页。

经验消化、储存，从而指挥“本我”，决定对后者的各种要求是否予以满足。它有相当部分处于意识的层次，受现实原则的指引。弗洛伊德曾将“本我”比为一匹马，而将“自我”比为骑手。通常是骑手操纵马行进的方向，但也有马支配骑手的时候。“超我”带有辨别是非的特征，与常人所说的良心相似。它在很大程度上受父母的影响，即儿童通过心力内投或摄取的机制，将父母的人格及祖先的社会道德化成了自己的东西。它有很多清规戒律，强迫“自我”遵守。自从发明了“超我”一词，弗氏就把“稽查”的概念（见《论梦幻》一章）弃置不用了。

弗氏还认为，外界环境、“本我”、“超我”均可对“自我”构成威胁，从而使人产生焦虑。为了消除焦虑，“自我”必须采用一些策略，使“本我”的冲动得到间接的满足，同时又可避开来自“超我”的挑剔和压力。这种策略被称为自我防御机制。常用的防御机制有压抑作用、投射作用、合理化作用、反向作用、升华作用、转移作用等。

在上引《两个时间的不感症者》中，青年 H 与漂亮女人邂逅相逢，立刻心猿意马，不能自持，说明在他的无意识深处，“本我”正竭力按照快乐原则行事。然而他后来的举动并没有越出社会规范，说明“自我”有效地控制了“本我”，从而使他根据现实原则来追求对方。同时自我防御机制特别是转移作用在他的行为中也有表现。请看——

H 只觉眼睛有点不能从那被 Opera bag 稍为遮着的，从灰黑色的袜子透出来的两只白膝头离开，但是另外一个强烈的意识却还占住在他的脑里。

一阵轰音把他唤到周围不安的空气和嚣声中，随后一团的速力便在他眼前箭一般地穿过了。五号马不是确在前头吗！这突然的意识真使他全身的神经战动起来。[①]

弗氏学说是在19世纪物理学和生理学思想的影响下形成的。他认为人的行为也依循能量守恒定律。当本能投放的对象由于某种原因不能选择时，能量会移置其他地方，选择其他对象。这种观点曾导致出一些荒谬的结论，如认为种族偏见和战争也无非是人的攻击本能的一种移置等等。但在上述引文中，H的表现却是合理的，所谓一心不能二用。既然看台并非求爱之所，赛马又正在激烈进行，他的霎时的性冲动便很自然地转换方向，转到较安全的、不为"超我"所责备的对象上去了。

当然，性冲动并不一定要以与性无关的对象为转移。穆时英的短篇《白金的女体塑像》中，主人公谢医师的性冲动远较H为强烈，而其缓解方式则是将本能宣泄的对象换成另一女性。穆的心理描写手法较刘细腻，对弗氏理论的运用也更娴熟。作品写三十八岁单身的谢医师，十多年来诊过很多女病人，从未有过心态失衡。而这次，当一位胸脯丰满、腰肢脆弱、有着惨淡的白莲般肌肤的年轻病人带着轻柔的香味来到面前时，"沉淀了三十八年的腻思忽然浮荡起来"[②]。听诊时，他"嘴唇抖着，手指僵直着"，"简直摸不准在跳动的是自己的心，还是她的心了"[③]。他同病人的问答，也无不于下意识中涉及性。而后，在给对方照紫外线灯时，他脑中想着"袜子不一定要脱"[④]，嘴却不由自主地吩咐她把衣服全脱了。面对着一丝不挂的女体，"本我"、"自我"、"超我"都激烈地活动起来——

① 《两个时间的不感症者》，《新感觉派小说选》，第11页。
② 《白金的女体塑像》，《新感觉派小说选》，第260页。
③ 《白金的女体塑像》，《新感觉派小说选》，第261页。
④ 《白金的女体塑像》，《新感觉派小说选》，第263页。

“没有第三个人！”这么个思想像整个宇宙崩溃下来似地压到身上，压扁了他。

谢医师浑身发着抖，觉得自己的腿是在一寸寸地往前移动，自己的手是在一寸寸地往前伸着。

（主救我白金的塑像啊，主救我白金的塑像啊，主救我白金的塑像啊，主救我白金的塑像啊，主救我白金的塑像啊，主救我……）①

作者用括弧表达人物的内心活动。信教的谢医师望着白金般的女体塑像，“一股原始的热从下面煎上来”②，他唯有祈求上苍的护佑，也就是力图用教会的道德来约束自己了。当晚回到家中，他仍然不能平静，于是破例去应酬一个朋友的宴会并在筵席上破例地向一位青年孀妇献殷勤。一个月后，他结婚了。由女病人唤起的性本能在对象上实现了安全的转移。

当谢医师频频呼唤“主救我”时，他是有意识地在压制自己不该有的冲动和欲望。而据弗氏研究，还有一种机制，是在不知不觉中将“非分之想”压抑到无意识中去，这称为压抑作用。施蛰存是新感觉派中最有才华的作家，他的《梅雨之夕》便不啻为压抑作用的生动例证。作品描写公司职员“我”，在一个梅雨淅沥的黄昏，正撑着伞缓步回家，不期于电车站附近见到一位正在躲雨的美丽的少女。“我”不自觉地也退到屋檐下。时间一分一分地过去，在她是因为没有伞，不得不滞留着，而“我”分明打着伞，却也不走，行为就透着古怪。当她又一次惊异地回眸注视时，“我”脸红了。终于，“我”建议拿伞送她一程，她同意了。一路上，“我”浮想联翩，甚至产生幻觉，觉得她很像是离别多年的他初恋的那个少女，他不由问她“贵姓”。而从她鬓边颊上吹来

①② 《白金的女体塑像》，《新感觉派小说选》，第265页。

的香气又使他联想到“担簦亲送绮罗人”的诗句，想到铃木所绘的一幅美人图。[①] 不过，他并未做出任何越轨的举动，他甚至故意将伞压低，不愿路人注意他与她的同行。他已于无意识中将不允许产生的念头、动机压抑下去。

防御机制通常不是单独应用，而是数种机制同时进行自卫。上述“我”的表现中，除压抑作用外，也有其他机制在发挥作用。那是当他又一次凝视她时，发觉她与铃木所绘美人并不相像，尤其是嘴唇太厚，令人嫌厌，倒是自己的妻子更像画中的少女。于是——

> 我忽然觉得很舒适，呼吸也更通畅了。我若有意若无意地替她撑着伞，徐徐觉得手臂太酸痛之外，没什么感觉。在身旁由我伴送着的这个不相识的少女的形态，好似已经从我底心的樊笼中被释放了出去。[②]

这里的防卫机制可以称为合理化作用，或称文饰作用，也就是歪曲现实以保护自己的自尊心。其心态正如《伊索寓言》中的狐狸，因为吃不到葡萄就说葡萄是酸的。与之相应的则是“甜柠檬心理”，即认定自己得到的都是最好的，哪怕柠檬也是甜的。应当指出的是，合理化作用并非“欺骗”，因为个体本人相信这是真的。

与刘、穆喜欢以洋腔洋调反映洋场生活不同，施蛰存的笔墨较带民族色彩，他还写过历史题材的作品，譬如《石秀》便是据《水浒传》第四十三至四十五回改编，只是风格上采用了新感觉派特有的心理描写手法。《水浒传》中的石秀对潘巧云从未动过邪念，他的行为先是替义兄杨雄抱不平，后来则是替自身辩诬。而施蛰存笔下的石秀，从第一天来到杨家，夜晚就未能睡好，眼前

---

① 《梅雨之夕》,《新感觉派小说选》，第 27 页。

② 《梅雨之夕》,《新感觉派小说选》，第 28 页。

不时“浮上一个靓艳的人形”[1]，“心头也不知怎的像有小鹿儿在内乱撞”[2]。他甚至对杨雄的艳福产生嫉妒，“不觉的莽莽苍苍地叹了一口浩气”[3]。但同时，他又意识到这种情感的可卑和不义，便不得不用最大的自制力将欲念强压下去。在后来的日子里，他继续受着情欲的烈焰的煎烤，常常被潘的美艳和狎亵勾引得神魂飘荡，几乎要作出轻佻的反应，而旋即又被一种英雄的庄严所呵止。他最后所以能从矛盾的泥淖中走出，则是由于发现了潘与和尚裴如海的私情。若从精神分析学说看去，在他身上发挥效应的主要是两种防御机制，即投射作用和反向作用。

所谓投射作用，指的是把内心不被允许的冲动、态度和行为投向别人或周围事物，把自己的错误归咎于他人。在表现上则可能是“借题发挥”、“以小人之心度君子之腹”或“五十步笑百步”。石秀明明自己心怀不端，自从窥见潘与裴暧昧的一幕，嫉妒便戴上了正义的面具，及至察觉两人的奸情，原先对潘的眷恋更被一种愤激之情所代替——

石秀不觉叹口气，自说道：“哥哥如此豪杰，却恨讨了这个淫妇，倒被这婆娘瞒过了，如今竟做出了这等勾当来，如何是好？”[4]

石秀对杨雄曾一度心怀愧疚，发自“本我”的冲动和来自“超我”的责备使“自我”简直不知所措。而现在，由于裴的出现，一切罪过都推到这个秃驴身上，他的心态实现了平衡。

所谓反向作用，指的是自我为了防御某些不被允许的冲动而有意识地做出相反的举动。其步骤为：一、压抑不得体的冲动；二、将其反面表露于意识水平。成语中的“矫枉过正”、“欲盖弥

---

① 《石秀》，《新感觉派小说选》，第 71 页。

②③ 《石秀》，《新感觉派小说选》，第 72 页。

④ 《石秀》，《新感觉派小说选》，第 94 页。

彰”、“此地无银三百两”均可视为反向作用的表现。《石秀》的结局处理与《水浒传》相同，即由石秀先杀了头陀与和尚，随后又由杨雄杀了迎儿与潘巧云。对于石秀的行为，金圣叹曾与武松加以比较，认为武松杀潘金莲，是替已死的武大报仇，不杀不足以平人心。而“若巧云，淫诚有之，未必至于杀杨雄也”；以未有之罪而杀四人，不免太“才刻狠毒”了，由此可见石秀不如武松。[①] 金的批评不能不说有一定的道理。倘从防御机制着眼，则石秀的过激行为正可用反向作用来加以解释。

最后想谈谈升华作用。这也是一种防御机制，指的是改变冲动的目的和对象而并不抑制它们的表现，通常总是把原有的欲望引向比较崇高的目标，使之具有建设性的意义和价值。弗洛伊德认为这是自我防御机制的最高水平，他还把一切科学的、艺术的工作热情都归结为本能欲望的升华。这显然是荒谬的，不过在生活中和文学作品中，一个人克制情感的冲动，专心于事业的事例倒并不罕见。牛虻、保尔·柯察金的革命热情固然不能归因为情欲的升华，但另一方面，为理想献身的英雄主义精神的确有效地战胜了儿女之情。即使在普通人身上，把本能冲动引向崇高的例证也很常见。中国的新感觉派系受日本影响而形成，而在《伊豆的舞女》这一日本新感觉派的名作中便可看到升华作用的表现。作品描写一个学生在与江湖艺人的结伴旅游中，对一个烂漫可爱的小舞女隐隐然萌发了初恋之情，而四天后分手时，他郁结的情怀已经苏解。他在码头爽快地答应了几个不相识的矿工的请托，替他们沿路照料一个老婆婆。他并没有什么惊天动地的事业要干，然而却于不知不觉中实现了情欲的升华。这或许就是作品清新隽永的魅力所在。

---

① 金批本《水浒传》，第四十五回。

第二十四章　论内倾

内、外倾的区别，我在介绍气质心理时已略有涉及，现在拟从人格角度再作一些探讨，也就是结合小说创作的实例，来看两者的具体表现。

本章先谈内倾。

内倾与外倾的概念，据说几百年前即已有人采用，但自成学说且有影响的，主要是荣格和艾森克两家。荣格是弗洛伊德的早期合作者，后因观点歧异而分道扬镳。在人格心理学方面，荣格认为人的心理有两种定势。一种指向内在世界，即内倾。其人安静、富于想象、爱思考、退缩、易于害羞、不喜社交。另一种指向外部世界，即外倾。其人爱交际、好外出、坦率、随和、乐于助人、轻信、易适应环境。

由于上述分类过于简单，荣格又引进感觉、思维、情感、直觉等四种机能，其中思维与情感相对立，感觉与直觉相对立。他认为理想的情况应是两种定势与四种机能协调地活动，但实际上每个人都是一种定势和一种机能占优势，于是组合成了八种人格类型。其中属于内倾的是如下四种：

一、思维内倾型。其特点是智商高，强烈渴望私人的小天地，忽视日常实际工作，社会适应性差，情感压抑。

二、情感内倾型。其特点是情感的发泄倾向于内，安静，情绪不外露，对别人的意见和情感漠不关心，孩子般的令人难以理解，思维压抑。

三、感觉内倾型。其特点是被动，安静，艺术性强，不关心人类事业，只顾及身旁刚发生的事物，直觉压抑。

四、直觉内倾型。其特点是偏执而喜欢做白日梦，观点新颖但稀奇古怪，苦思冥想，很少为人理解，但不为此烦恼，以内部经验指导生活。①

荣格的心理学素有神秘主义之称，但他对人格类型的区分则被认为有实际应用价值，以至于西方已有人根据其学说设计出一种人格量表来作为人才使用方面的参考。倘从小说创作看，四种类型似都不难找到对应的形象。譬如《战争风云》中娜塔丽的叔叔杰斯特罗便大体上属于思维内倾型。他无疑是个富于智慧的学者，但对战争进程和自身处境的判断不够正确，实际生活能力的欠缺助长了他的延宕。他关心娜塔丽的安危，但这种情感无形中也遭到压抑。他终于为自身人格的弱点付出了沉重的代价。《论沉静》一章中举过的奥勃洛摩夫也可归入此类。他聪明，爱思索，但不会处理实际事务，他的爱情也被自己的怠惰所压抑而归于破灭。

其他三种类型的例证也可信手拈来。如《论敌意》一章中举过的伦蒙便属于情感内倾型。情感机能，按荣格的解释，主要反映事物可否为个体所接受——是喜欢，还是厌恶，是让人满意，还是令人惊恐，等等。伦蒙对人、对音乐都有敏锐而强烈的爱憎，不为别人的意见和情感所左右，但他的情绪又并不随便流露。在外人看来，他的性格是孤僻而难以理解的。与他同为潦倒的老音乐家而性格迥不相同的是巴尔扎克笔下的邦斯舅舅。两人的根本区别就在于后者身上的感觉机能超过了情感机能。邦斯不像伦蒙那样爱憎分明。他的态度是安静而被动的。他热爱艺术，尤爱玩古董，而最关心的则是如何满足自己每天的口腹之欲。他显然属于感觉内倾型。至于直觉内倾型，是一种相当古怪的人格，属于此型的多为神秘的梦的追求者或为耽于幻想的艺术家。

① 《人格心理学》，第192页。

福克纳的名篇《纪念爱米丽的一朵玫瑰花》中的女主人公庶几可以归为此类。她原是一个画家，曾在家中开授瓷器彩绘课。自从授课停止，她家的前门就永远关上了。她以内部经验指导生活。她的偏执和怪僻在拒绝纳税、拒绝承认父亲之死以及买毒药等一系列事件中表现出来。其中最令人恐怖的举动是让情人的死尸在她亲手布置的新房的床上躺了数十年……

下面我们来看艾森克的人格理论。

艾森克是著名的人格特质心理学家，后来他把研究的兴趣由特质转向维度，从而建立了自己独特的人格维度学说。关于内倾和外倾，他曾设计过一个为许多心理学家所接受的人格结构图。图中以内倾—外倾为一轴，以稳定—不稳定为另一轴。当内倾与稳定相结合时，人的特质表现为被动、谨慎、有思想、安宁、克制、可靠、温和、镇静；当内倾与不稳定相结合时，人的特质表现为文静、不好交际、保留己见、悲观、冷静庄重、严峻、焦虑、心境波动。前者在气质上属于黏液质，后者则属于抑郁质。这样，他在分析人格结构的同时，把气质与人格的相应关系也表达了出来。

艾森克的理论全以实验为基础。他认为研究人格心理，既要重视环境作用，也要重视生物原因。对人格的生物倾向性的探讨构成了他的学说的主要方面。这里不可能对他的实验详加介绍，但略举一二，或许能使我们对小说人物的内、外倾看得格外分明，而对作家塑造性格或许也能带来某些启悟。

譬如《祝福》中的祥林嫂，从她初到鲁家时的“只是顺着眼，不开一句口”，“别人问了才回答，答的也不多”，可以看出她属于内倾型。倘若运用艾森克实验中的“回复”、“适应”等范式来看第二次出现在鲁镇时的祥林嫂，似乎又可得出一些新的结论。

所谓“回复”，指的是被试者在不断作业的情况下，效果减低；经过短暂休息，疲劳消失；再度作业时效果（记分）增加。这种增加称为“回复”。实验结果表明，内倾者的“回复”不如外倾者明显。[①]

如果将这一生物性实验放大到人生舞台上，那么，是否易于“回复”也就成为判别内、外倾的一个标志。祥林嫂的一生活得太苦太累，特别是经受了夫死儿亡的打击后，“她手脚已没有先前一样灵活，记性也坏得多”了。[②] 本来，给鲁家帮佣并不是什么美差，但对于生活无着的人来说，毕竟提供了一片栖身之地。换了阿Q那样的性格，是很容易“回复”过来，从此又过得快活自在的。然而祥林嫂却既不能忘怀过去，也不善于应付现在，对死后魂灵的遭遇更怀着深深的恐惧。她始终未能“回复”并且精神愈来愈不济，工作效率愈来愈低，终于被赶出鲁家，沦为乞丐，在雪夜里结束了悲惨的一生。

所谓“适应”，指的是人对刺激通常会有反应，而当刺激迅速地、重复地呈现时，反应就变得越来越弱了，最后可能完全消失。实验结果表明，内倾者“适应”较慢，且不明显。[③]

祥林嫂第二次来到鲁镇后，逢人就说儿子被狼衔去的悲惨故事，开始自然引起同情，说得多了，“大家也都听得纯熟了，便是最慈悲的念佛的老太太们，眼里也再不见有一点泪的痕迹。后来全镇的人们几乎都能背诵她的话，一听到就烦厌得头痛。”[④] 换句话说，所有的人都对重复出现的刺激产生了“适应”。唯一的例外是祥林嫂自己。请看——

她张着口怔怔的站着，直着眼睛看他们，接着也就走了，似乎自己也觉得没趣。但她还妄想，希图从别的事，如小篮，豆，

---

① 《人格心理学》，第140页。

②④ 《祝福》。

③ 《人格心理学》，第140、141页。

别人的孩子上，引出她的阿毛的故事来。倘一看见两三岁的小孩子，她就说：

"唉唉，我们的阿毛如果还在，也就有这么大了。……"[1]

儿子惨死的故事，对别人是一种刺激，对自己更是一种巨大的创痛。事实上她每次没有说完，就淌下眼泪来，声音呜咽得说不下去，然而她不但不停止，还要故意通过反复述说来触及那心灵的伤痛。这一方面固然是出于宣泄和博取同情的需要；另一方面也说明，作为一个内倾型的人，对于儿子之死造成的刺激迟迟未能"适应"。

对小说创作来说，艾森克的另一个实验范式也许比"回复"、"适应"更常见、更有趣，那就是"消失"。所谓"消失"，指的是在感觉域上同时给予两个在部位上是分离的刺激，则只有一个被感知，另一个消逝了。肤觉、视觉的实验结果表明，外倾者有更明显的消失现象。[2] 如果我们把这一实验引申到更为宽广的领域，引申到人际关系中来，其结论似乎仍然是正确的。小说中有数不尽的见异思迁的故事，包括林黛玉说的"只是见了'姐姐'，就把'妹妹'忘了"[3]，都是对贾宝玉的一种埋怨和警告。而见一个忘一个之类的"消失"现象大都发生在外倾者身上。对于林黛玉、对于痴痴地画写"蔷"字的龄官等内倾者来说，"消失"现象的出现简直是不可想象的。

这里，我想举一个西方的男性内倾者的例子，即美国作家卡森·麦卡勒斯的《侨民》。作品中，男主人公费里斯因种种摩擦同妻子离婚了。之后，女方在纽约建立了新的家庭，男方在巴黎也结了新欢。按常情说，随着新的生活格局的出现，费里斯对前

① 《祝福》。

② 《人格心理学》，第 141 页。

③ 《红楼梦》，第二十八回。

妻应当早已忘怀，然而事实并非如此。小说是从八年后的一次邂逅写起的。其时费里斯因奔父丧，从巴黎赶回佐治亚，归途在纽约做短暂停留。清晨，他正在临街的一家店中进早餐时，意外地看到了她——

他蓦地一震，原来他正隔窗凝望的时候，看见前妻就在窗外的人行道上。伊丽沙白离他相当近，正慢慢走着。他不懂自己的心为何震颤，也不理解随之而来的冲动和她走过后仍萦绕胸臆的柔情。①

于是他立即追寻出去。目送着前妻的身影和朴素的发式，他不由“身心骚动，掌心潮润，心脏怦怦乱跳”，还“不禁想起有一次父亲称赞伊丽沙白‘举止优雅’”。②他没有追上她，却不由自主地给她挂了电话，“她熟悉的声音又使他一震”。③前妻友好地邀请他去家中共进晚餐。踏进家门，乍见她和后夫生的孩子，“他惊讶得笨拙地倒退了一步”。④坐下之后，面对着美丽安详的伊丽沙白，面对着她的后夫和孩子们，面对着这个充满和谐气氛的家庭，他忽然一阵难过，觉得自己“生活得那么孤单，犹如一根无所支承的脆弱的柱子，孑然立在岁月的废墟中间”。⑤之后，当房中只剩下他和她时，她的琴声唤起了他“狂乱的回忆”，“费里斯茫然若失”……⑥直到离开她家，直到第二天登上飞机，他仍然想念着伊丽沙白，“怀着渴望、温柔的妒慕和无法解释的悔恨，他想象伊丽沙白在家人中间的样子”……⑦

那么，是否因为重逢前妻，他就忘了目前的情人珍妮呢？并不。就在赴宴之前，他心里还老想着珍妮，想着“明晚就可以和

---

①②③④⑤⑥⑦ 《小说鉴赏》，中国青年出版社 1986 年版，第 278—290 页。

她在一块啦”。[1] 晚餐桌上，他不仅同伊丽沙白一家谈起珍妮，表示“希望我们很快就能结婚”，[2] 还谈起珍妮的小男孩瓦伦丁。返抵巴黎后，他急不可耐地赶回家，一见面就把瓦伦丁紧紧地抱在怀里……

《侨民》并不是一个单纯的爱情故事，它还反映了一个侨居异国的单身汉的寂寞和对温暖家庭的向往。不过，就人格类型而言，他那不易“消失”的情愫正是内倾性格的表现。

与“消失”现象似可互为补充的是有关视觉后象持续时间的实验。据研究，由于在同一时间中内倾者接受的刺激量较外倾者为多，因此其视觉后象持续的时间也较外倾者为长。究竟有多长呢？心理学实验的结论怕是只有几十秒钟。如果我们不谈后象，而谈记忆表象，那么，在小说家笔下，它竟可以长达八年之久。请看——

“我就是比尔·贝利。很高兴能看到你。伊丽沙白马上就来，她在穿衣服。”

最后一句话触发了费里斯的记忆，往昔的情景一幕幕晃过他的脑海：浴前的伊丽沙白，一丝不挂，白皙的肌肤透出玫瑰色的红润；她半穿衣服，在妆台前对镜梳刷榛壳色的秀发；甜蜜随便的亲昵，软玉般可爱的肉体不容置辩地属他所有。费里斯躲开决堤的记忆，强迫自己去正视比尔·贝利的目光。[3]

后象与表象是不同的概念。后象由刺激作用的后效直接形成，一般不受意识的控制；表象乃是记忆的效果，通常是有意地回忆起来的，表象的持续也可由意识控制。然而，后象与表象是否也有某种联系呢？一个内倾者，在同样的刺激下，既然所接受

---

①②③ 《侨民》。

的刺激量较外倾者为多，那么这刺激留下的印象是否也更深刻，更长期地被保留在记忆中，更容易被唤起呢？至少，从上述例证，从文学的角度看去，答案是肯定的。

《侨民》是一部风格细腻而独特的小说，但它所设计的情感模式并不是唯一的。对于已经错过、已经消逝的爱的追悔与怀念，为许多作家所乐于描绘。譬如罗曼·罗兰对克利斯朵夫与葛拉齐亚首次重逢的描写，便充满了惆怅的抒情的笔调。只是在鸿篇巨制中，主人公的一次表现往往不足以显示全部人格，所以我们不能据此就将两人定为内倾型。特别是克利斯朵夫的易于冲动，易于爆发，更像是一个情感外倾型的人。又如莫泊桑的《我们的心》，与上述模式也颇相似。作品描写一个遭受失恋折磨的中年男子，由于偶然的机遇，与外地一个纯洁的青年侍女相爱了。正当他准备与她结合之际，先前抛弃他的那个美丽而残忍的寡妇重新露面，他的心立刻又被她俘获过去……男主人公无疑属于内倾型。不过这是莫泊桑的最后一部长篇，那时他的精神病也许已很严重，因此正如他别的后期长篇（《皮埃尔和若望》、《如死一般强》）往往表现病态人格一样，本书的男主人公也接近病态的内倾型。

关于荣格和艾森克的理论及其与小说创作的关系，下一章《论外倾》还将继续探讨。

第二十五章　论外倾

荣格描述的八种人格类型中，属于外倾的也有四种：

一、思维外倾型。其特点是按固定规则行事，客观而冷静。积极思考问题。武断。情感压抑。

二、情感外倾型。其特点是极易动感情，尊重权威和传统。寻求与外界的和谐，爱交际。思维压抑。

三、感觉外倾型。其特点是寻求享乐，无忧无虑，社会适应性强。不断追求新异感觉经验，或许好吃，对艺术品感兴趣。直觉压抑。

四、直觉外倾型。其特点是做决定时不是根据事实，而是凭预感。不能长时间地坚持某一观点，好改变主意。富于创造性，对自己许多无意识的东西了解很多。感觉压抑。①

人格类型，有生理与心理之分。古希腊名医希波克拉特根据人体内体液的数量比例提出的四种气质分类，我国先秦医书《黄帝内经》根据人的体格状况和生理解剖特点提出的“阴阳二十五人”，以及现代心理学家根据内分泌种类、胚胎种类、血型种类等提出的各个不同的分型，都属于生理类型。荣格提出的内倾与外倾，则属于心理类型，它是根据人的思想、情感、感觉、行为等特点来划分的。由于小说家对内分泌、胚胎、血型之类生理特征涉笔极少，而对心理与行为的刻画极多，因此，荣格的理论同小说的关系也就自然显得比较密切。

正如前一章提过的四种内倾型不难在小说中找到对应的形

---

① 《人格心理学》，第192页。

象，本章列举的四种外倾型同样可以找到许多生动的小说例证。譬如《战争与和平》中的老贵族——发西利公爵和罗斯托夫伯爵，前者便属于思维外倾型，后者则属于感觉外倾型。前者的性格特征在第一次出场时已经显示出来。那是他即将离开安娜·芭芙洛芙娜家的时候，同属思维外倾型的德路别兹卡雅公爵夫人赶了上来。老太太求他在皇上面前为她的独生子保理斯谋个禁卫军里的职务。公爵起初托辞拒绝，经不住她一再恳求，终于答应下来。他的心理过程是怎样的呢？——

但情面在社会上是一种资本，应该节省，不让它消耗。发西利公爵知道这一点，并且认为，假使他开始替那些央求他的人去请求别人，他不久便不能为自己去请求别人了，因此他很少运用他自己的情面。可是对于德路别兹卡雅公爵夫人的事，在她的新的诉述之后，他感觉到一种良心的责备。她向他提起了这件事实：他入官场时就是她父亲提携的。此外，他还从她的态度上看出她正是那种妇女，特别是那种做母亲的妇女，她们一旦心里有了什么念头，不到满足了她们的期望，是决不罢休的，并且如若不然，便准备作每天不断的纠缠，甚至于哭闹。这最后的考虑使他动摇了。[1]

思维外倾型人的情感压抑，不等于全无情感，只是在处理事务中，理智总是占上风，不会情感用事罢了。发西利公爵是个极自私的人，自私与思维外倾相结合，便构成了他独特的性格。思维的优势使他精于计算，外倾性又使他可以大大方方、毫不脸红地去干卑鄙的勾当。我在《小说之美初探》的《谐谑之美》中谈过他对彼埃尔的态度：先是谋夺后者的巨大遗产；谋夺不成，又

---

① 《战争与和平》，高植译本，第23页。

立刻改变方针，用厚颜无耻的表演促成了女儿爱伦与后者的婚事。事实上这种态度贯串于他的一切计划、一切行为中。就拿他对待上述公爵夫人的求托而言，利己的考虑也压倒一切。当然，其间他似乎有过良心发现的时候，然而受过别人的恩德竟然要由对方提醒才忽然记起，这良心的真伪也就大可怀疑。归根结底，他是担心对方不断纠缠，才把事情勉强承诺下来。

罗斯托夫伯爵的感觉外倾型特征，也在首次出场时就充分表现出来。那天家中正庆祝他妻子和小女儿的命名日。伯爵迎客，送客，带着热爱生活和善于生活的神情，称每一个客人为“亲爱的”，邀每一个客人前来吃饭。当听到客人们谈起彼得堡的一件新闻，即三个年轻人把一只熊和一名警察背靠背绑着丢进河里，熊背上驮着警察游泳时，他笑不可遏，大叫：“好呀！亲爱的，警察的样子一定好看极了。”① 客人们的话题已转向对别素号夫遗产继承权的讨论，他仍然不断想着警察的滑稽样子——

他模仿着警察怎样挥手，又笑出洪亮的、低音的笑声，这笑声使他颤动着整个丰满的身体，就像那些一向吃好饭、尤其是喝好酒的人们笑的一样。“那末，请到我们这儿吃饭。”他说。②

感觉机能，按荣格的解释，是通过感官而意识到外界刺激，它指明事物存在于什么地方，但不说明它是什么东西。思维机能才确认客体是什么东西并形成概念，它是一种产生意义和领悟的过程。从老罗斯托夫伯爵的上述表现，看不出他有任何心计，甚至遗产继承之类敏感的话题也未能引起他的注意。他完全沉浸在由一个新鲜笑话带来的快乐中。他好吃好享受，乐哈哈无忧无虑。他的热情好客则反映了他的良好的社会适应性。

① 《战争与和平》，高植译本，第54页。
② 《战争与和平》，高植译本，第56页。

行文至此，连同《论内倾》一章中所举，我们已经为荣格提出的八种人格类型中的六种找到了相应的小说形象。那么，是否所有的人都只能具有一种类型特征呢？显然不是。且不说在纯粹的外倾与纯粹的内倾之间存在着大量的中间型人格，就是四种机能也可能存在于同一个人身上。一种定势和一种机能占优势，并不等于其他的定势和机能完全不发展。荣格认为与优势机能相对立的机能最少发展，然而在某些成功的小说形象身上我们分明看到了两种机能的交相辉映。所以，从这一点说，我们一方面可以利用心理学的成果来衡量小说创作的成败得失，另一方面也可从小说实践去看心理学的结论是否正确。不必也不应胶柱鼓瑟。

我想起了《战争与和平》中又一位性格鲜明的老人——尼考拉·安德来维支公爵。在他身上，思维与情感两种被荣格视为相互对立的机能便同样得到了充分的发展。他讲究规律。“规律在他的生活方式中达到了最高度的精确性。他是在一定不变的情况下上桌吃饭，不仅是在同一点钟，而且在同一分钟。”[①] 他也在规定的时间进书房和出书房。他还苛刻地要求别人同他一样遵守规则。他总在积极地思考问题，同时非常武断、自信。当他同儿子侃侃而谈拿破仑在战争和政事中所犯的一切错误时，儿子“不禁诧异着，这个老人，独自在乡间，深居简出地住了这许多年，怎么能够那么详细、那么精确地知道并且批评近年来欧洲的一切军事和政治情况”。[②] 凡此都表明，他比发西利公爵更具有思维外倾型的特征。然而他并不客观冷静，而是极易动感情，喜怒皆形于色。特别当外界情境引发他的负性情绪时，他不但毫不掩饰，还要格外夸张地爆发出来。譬如，他一向瞧不起发西利公爵，对后者带着儿子前来提亲尤为反感。那天适逢下雪，对于管家叫人清扫大道一事，他起初只是点了点头，可是当管家补充说这是因为

① 《战争与和平》，高植译本，第 127 页。

② 《战争与和平》，高植译本，第 147 页。

“有一个大臣要来”时，他顿时咆哮起来：“什么？大臣？什么大臣？谁吩咐的？”他越说越气，竟举起手杖向管家挥去。并吩咐：“坏蛋们！……把雪扔回路上去！……”事后，他还特地走到仆人房前去问：“路堵起来了吗？”[①] 此类戏剧性场面几乎在老公爵每次出场时都有程度不同的呈现。而如此鲜明的主观评价，如此强烈的情绪外显，已经不属于思维外倾型，而属于情感外倾型的表现了。

感觉与直觉，按荣格的解释也是相互对立的。感觉发达，直觉就会压抑；反之亦然。可是从小说形象看，两种机能分明也有齐头并举的时候。譬如《论活跃》一章中举过的奥尔迦和娜塔莎，都有开朗快活、热爱艺术、追求新异感觉经验的一面，凡此均与老罗斯托夫伯爵相似，属于感觉外倾型。但另一面，她们的直觉似乎也很发达。荣格所谓的直觉，指的是人在没有实际资料可利用时，对过去和将来事件的粗略推断。它是无意识状态中的知觉过程。直觉与外倾的结合，形成了本篇开头所介绍的凭预感做决定、有创造性却好改变主意等等特征。奥尔迦的情形正是如此。她相信预感，这不仅表现在听见门铃声喜欢预测是哪位客人来临；也不仅表现在丈夫生病时她天天晚上做祷告，丈夫病愈后她又相信“紧跟着春天就要来了，它已经在远处微微地笑，许下了一千种快活事”；[②] 而且表现在她对自己事业的前景怀有盲目的希冀——

河水、天空、河岸、黑影、她灵魂里洋溢着的控制不住的喜悦，都在告诉她，说她将来会成为大艺术家，说在远方那一边，在月光照不着的那一边，在一个广漠无垠的天地里，成功啦、荣耀啦、人们的爱戴啦，都在等她……她，眼也不眏地凝神瞧着远

① 《战争与和平》，高植译本，第 304、305、307 页。
② 《契诃夫小说选》，第 367 页。

方，瞧了很久，好像看见成群的人、亮光、音乐的胜利节奏、痴迷的喊叫，看见她自己穿一身白衣服，花朵从四面八方像雨点般地落在她身上。[①]

本来，直觉内倾型的人也爱幻想，但那是一种封闭的、不为人知的冥想。奥尔迦的幻想则是一种公开的吐露，不但愿意与人分享，而且要把憧憬化作决定，化为行动。正是凭着一种似乎美好的预感，她结交了一批艺术界人士。同时，她又很富于创造性。无论布置房间，自制衣服，还是学音乐，学绘画，她都表现出了创造的才能。只是她不能持之以恒，容易转移兴趣，改变主意。“跳来跳去”四字非常形象地道出了她在艺术上、在生活中的易变性。

前期的娜塔莎也是一个脑子里装满奇思妙想、创造力旺盛的人。只需读读她与索尼亚在银色月夜的对话，就能看到外倾与内倾、活跃与沉静、幻想与务实的鲜明对比。她竟然要对方相信，只要蹲下来抱住膝盖，尽量地抱紧，然后出力一跳就能飞上天去。对方只得煞风景地告诉她：“当心啊，你会跌下去的。”[②] 少女时代，她有过多次恋爱经历，每一次都多多少少带有预感的成分。由于不从实际出发，她曾差点被有妇之夫阿那托尔所诱拐。虽因索尼亚的细心而将此事拦阻，她却因此失去了安德来。从这段插曲，也可看出她容易改变主意。《论内疚》一章中曾约略谈过她的情绪心理，这里就不多说了。

奥尔迦与娜塔莎的人格类型颇为相近，两人的性格却截然不同。前者浅薄，虚荣，蔑视平凡的劳动，攀附名人成为她生活的主要内容。后者纯洁，浪漫，善良，不谙世事，对生活有着真正诗意的理解。前者的缺点为契诃夫所鞭挞；后者则是托尔斯泰真

---

① 《契诃夫小说选》，第371页。

② 《战争与和平》，高植译本，第601页。

诚讴歌的对象。——那么，为什么人格与性格会出现这种不一致，两者的关系究竟应怎样理解呢？

正如《论犹豫》（上）中所说，心理学界对人格有众多定义，对性格有诸多解释，对两者的关系当然也会歧见迭出。凡此均非几句话所能介绍清楚，只能随着我们探讨的进程顺便涉及。这里，我想引用一下索里、特尔福德合著的《教育心理学》，其中关于人格与性格的区别的阐述似乎可以回答上段提出的问题。该书认为，性格与人格显然有重叠的部分，因此要在两者之间作出严格区别是不可能的。一般说来，当问题涉及道德情境，当讨论是非善恶，讨论说谎、偷窃等行为时，人们是从性格方面来探讨的；而当按专横与顺从、内倾与外倾等特征来评述人的社会行为时，人们是在人格这一更为广泛的范畴来探讨的。① 如果我们同意此种观点，那么对奥尔迦与娜塔莎性格的迥异也就不难解释了，因为我们的分析正含有道德评价的意味，她们正是在伦理品质方面显示了不同的价值取向。

本篇对荣格已经谈得过多，该再来看艾森克的有关论述了。在艾氏的人格结构图中，外倾与气质也有密切关系。当外倾与稳定相结合时，其人属于多血质，特质表现为社会化、开朗、健谈、易有反响、悠闲、活泼、无忧虑、善领导。当外倾与不稳定相结合时，其人属于胆汁质，特质表现为主动、乐观、冲动、易变、易激动、进攻好斗、不安定、易怒。试将前面举过的几位小说人物与上述特质表现相对照，可以看出，发西利公爵、罗斯托夫伯爵、奥尔迦均为多血质；安德来维支公爵是比较典型的胆汁质；娜塔莎则以多血质为主，同时含有某些胆汁质的成分。

关于《论内倾》一章中谈过的艾森克的实验范式，本篇无须重复。简而言之，外倾者身上出现的“回复”、“适应”、“消失”诸

---

① 《教育心理学》，人民教育出版社 1982 年版，第 484 页。

现象均较内倾者为明显。另有一种前篇未曾提及的现象，即“警惕”，这里不妨谈一下。该实验要求被试者凭视觉（或听觉）注意发现某些危险信号。时间一长，作业水平会下降，也就是“警惕”逐渐消逝了。实验结果表明，外倾者发现的信号较少，“警惕”性不如内倾者高。如果我们将这一实验也延伸到小说反映的生活中，那么，只需将娜塔莎与内倾型的索尼亚做一比较，就会发现，实验的结论是多么正确。

要对艾森克的理论做全面介绍，在我是很困难的。不过可以指出的是，他的一切实验（包括我们已介绍和未介绍的）其实都证明，内倾者的感觉阈限低，厌恶刺激的程度高，不耐痛而耐感觉剥夺，属于感觉扩大型。外倾者恰好相反：感觉阈限高，渴求刺激的程度高，耐痛而不耐感觉剥夺，属于感觉缩小型。这一区分是否符合小说创作的实际呢？我想，至少，当小说人物处于冒险的、充满刺激的情境中时，其内倾或外倾的表现是与艾森克的结论高度一致的。在姚雪垠的《长夜》、艾芜的《南行记》中，那些渴求刺激，敢冒风险，愈险愈兴奋的角色，难道不都是十足的外倾型人吗?!

第二十六章　论自卑

“这是因为我非常丑陋的缘故！”

“我要飞向他们，飞向这些高贵的鸟儿！……”[①]

安徒生塑造的丑小鸭，怕是早已飞遍五大洲，成为不同肤色、人种的儿童以及成人最喜爱的文学形象之一了。无论在作者生活的时代还是在今天，这故事对于遭遇不公却有进取心的孩子们永远是一种鼓励和安慰，足以抚平他们心头的伤痕，唤起他们做人的尊严，促使他们在最恶劣的条件下去发愤闯荡，去创造奇迹。

从人格心理学的角度看去，丑小鸭的故事也很有意义。它所描述的丑小鸭由自卑而超越的过程似乎正好为阿德勒的个体心理学提供了一个美妙的童话例证。

阿德勒生于维也纳，幼时患有软骨病，矮小的身材、平庸的外貌与他健康漂亮的哥哥形成了鲜明对比。初入学时他成绩也不好，但他没有灰心丧气，而是通过刻苦努力使自己成为班上最优等的学生之一。继而他又立志学医，又潜心研究心理学，由初属弗洛伊德学派而很快自立门户，终于成为有影响的心理学家。可能是从自身的这番经历得到启悟，阿德勒创立的个体心理学（Individual Psychology）强调每个人都有一种自卑感驱使他追求优越以适应环境，从而达到人格的整合和统一。

---

① 《丑小鸭》，《安徒生童话和故事选》，人民文学出版社 1978 年版，第 166—176 页。

关于自卑感的来源，阿德勒在早期的研究中强调生理缺陷与补偿。他认为如果人的某一器官功能不足或有缺陷，人就必须另觅途径以求补偿：或者集中力量发展功能不足的器官；或者发展其他机能来弥补有缺陷的机能。有时，人甚至可以把原先的弱点改变成优势所在，如古希腊的德摩斯梯尼就通过克服口吃而成为大演说家。这叫作“过度补偿”。[①]

丑小鸭并没有什么生理缺陷。他原是一只小天鹅，不幸由鸭妈妈孵化出来，从此生活在鸡鸭群中，于是他硕大的体格被视为丑陋的标志。“他处处挨啄，被排挤，被讪笑”，[②] 连他自己都不怀疑自身确是奇丑无比了，因而他非常自卑，非常悲哀。后来他逃到一个老太婆家，在那里受到母鸡和雄猫的进一步嘲笑——

“你能够生蛋吗？”她问。

“不能！”

“那么就请你不要发表意见。”

于是雄猫说：“你能拱起背，发出咪咪的叫声，和迸出火花吗？”

“不能！”

“那么，当聪明人在讲话的时候，你就没有发表意见的必要！”[③]

如果说，先前在鸭群中他只是因体大而被认为近乎畸形，现在则显然被认为是器官机能有缺陷了，但是他没有就此自暴自弃，也没有去羡慕鸡的下蛋、猫的叫唤。他开始发挥自身的优长，发展另外的机能。他向往碧波，向往蓝天。他坚持在冰封雪压中不停地游泳。当看到南迁的天鹅飞过长空时，“丑陋的小鸭不

---

① 《人格心理学》，第196页。

②③ 《丑小鸭》，《安徒生童话和故事选》，第166—176页。

禁感到一种说不出的兴奋。他在水上像车轮那样不停地旋转着，同时把自己的颈高高地向它们伸着，发出一种那么奇异、那么响亮的叫声……啊！他再也忘记不了这些美丽的鸟儿，这些幸福的鸟儿”。[①] 而当春天再次君临大地时，他终于泼剌剌冲天而起，长成了一只能翱翔万里的最美丽的天鹅。

丑小鸭的经历带有被异类误解的性质。倘若他出生在天鹅群中，这一切就都不会发生。至于人类生活中，因某种器官机能不健全而谋求补偿的情况就太普遍了。我们都知道，盲人的听觉比常人灵敏，聋人的目光比常人锐利，断臂者的双脚往往能做一些复杂的活计。过度补偿的情形也屡见不鲜。除口吃者变成演说家之外，阿德勒还举过不少诸如斜视成为名画家（如塞塔）、耳聋却创作出伟大乐曲（如贝多芬）以及眼盲而成神枪手的例证。

小说反映的既是形形色色的众生相，器官残缺及由此产生的独特心理自然也不会逃过作家的眼睛；在那些善于笔底生花的人写来，更会平添出几分奇特、一片光彩。譬如《基度山伯爵》中有两章专写瘫痪的老将军诺梯埃，经过大仲马的渲染，遂成为书中最饶具兴味的篇章之一。诺梯埃不能说话，不能动弹，全身只剩下视觉和听觉尚在活动，犹如一炉死灰中两点孤独的火花；然而就凭着这两种器官，他可以感知外界的一切，也可以表达自己的意志、情感和需要。他不仅和心爱的孙女共同创造了凭借辞典来进行交谈的方式，而且还非常聪明地利用这一点来设法帮助孙女逃脱不幸的婚姻。尽管大仲马在心理描写方面从未进入一流作家的层次，但在诺梯埃形象的塑造中的确显示了天才的想象力，特别是对老人那内涵丰富的眼神的刻画，完全符合心理学的结论——

① 《丑小鸭》。

在睫毛底下的那一对眼睛里，集中着所有的活力、言语和智慧，这原是常有的事，在一个只用一种器官来代替其他各种器官的人，以前分散在全身的精力就会凝聚在一处。……他用他的眼睛来发号施令；他用他的眼睛来表示感激——总之，他用一对活的眼睛表达出一具尸体脑子里的全部感想，在那个大理石似的脸上，有时会射出一道愤怒的火花，有时会流露出一片喜悦的光芒，看了令人非常吃惊。[①]

这不是对阿德勒理论的一种形象的表述吗？

当然，对于诺梯埃来说，已经无所谓自卑。如果作家描写的不是这样一位老人，而是一个有着美好憧憬、热烈追求的青年，那么在其机能缺陷与补偿活动中必然会有微妙的自卑心理流露出来。如果作者写的是残疾青年，却忽略了他的自卑和对优越的渴望，那无疑是一种败笔。即便是像牛虻这样坚韧的战士，伏尼契也没有忘记在适当的场合写出他因残疾而引发的特殊心态。这心态又同他的经历、他的整个性格相联系与相交融，于是我们面前便走出了一位既符合心理学的一般结论又极其独特的残疾人形象。那是在格拉西尼家的晚会上，亚瑟于十三年后以牛虻的名字首次登场。他对愚蠢而虚荣的女主人的露骨的嘲讽引起了琼玛的反感。她说她“确实以为把一个智力不如自己的人拿来这样开玩笑，是一种不宽厚……这就好比去嘲笑一个瘸子，或者……”[②]她还没有说完，只见——

牛虻突然痛苦地屏住呼吸，把身子缩回，对那瘸脚和残手瞥了一眼。但随即就又恢复了自制力，迸发出一阵大笑。

“这不见得是一个适当的比方，太太，我们这些瘸子并不在

① 《基度山伯爵》(三)，人民文学出版社 1979 年版，第 832 页。

② 《牛虻》，第 110 页。

别人面前夸耀自己的残废，像她夸耀自己的愚蠢一般。至少你得相信我们，我们自己也承认，弯曲的脊背并不比弯曲的行为更使人愉快。这儿有踏步，让我来挽你一把好吗?”①

琼玛做的比喻是无意的，绝无针对牛虻的意思，然而却引起了如此激烈的反应，这正是自卑感的表现。而他那雄辩滔滔的气势、那像猫一样矫捷的动作，以及为琼玛端椅子、要挽她上台阶等举动，则生动地反映了人物克服自卑，追求优越的意向。

我国新时期小说中，也有不少以残疾人为主角的作品，其中影响较大的是航鹰创作的《明姑娘》。作品描写两个盲人之间的恋爱，重笔则在歌颂先天失明的明姑娘的心灵美。她一出世就生活在黑暗中，从未领略过大自然的迷人风光，却凭借自己的双手编织出了生命的绿色。她乐观开朗，善良真诚，不但以顽强的毅力学会了开车床、烹饪、织毛衣和演奏多种乐器，还能照顾、鼓励别的盲人更好更充实地生活下去。她的一切都是对阿德勒自我补偿论的极好说明。那么，她是否也有自卑的时候呢?有的。即使在她早已适应了生活，适应了人们的赞誉、怜惜和顽童的侮弄之时，由于某种特殊情境的出现，自卑感仍会油然而生。

在她和他的关系中，从一开始她就处于引导和帮助的地位。正是因为有了她，信心和勇气才重新回到他的身上。他开始为弥补生理缺陷而奋斗，终于同她一起在运动会上双双获奖，他们的爱情也在共同的人生搏击中走向成熟。可是，当他眼睛复明之后，她却忽然不来了，一个人躲在家中偷偷哭泣。他捧着鲜花去看望她，向她求婚。“他觉得自己把心都快掏出来了，但她却冷静地倚在他的胸前听着，一语不发。他几次要求她答复，她都没有抬头。”②最后——

① 《牛虻》，第 110 页。

② 《青年文学》1982 年第 1 期，第 22 页。

她摇了摇头说："原来咱们是平等的，现在你要给我斟水，搀扶我，照顾我了。你说过，接受施舍会使人变得卑微，被人怜悯是痛苦的事情。爱情中有一丝一毫报答或施舍的成分，都将是不幸的种子。"[①]

小说没有以团圆作结，而是让她去车站送他重返大学课堂。她希望他不要把爱的诺言当成束缚，一切让未来的生活去回答……应当说，《明姑娘》是一部浪漫主义色彩颇重的小说。航鹰的创作多少如乔治·桑所主张的那样，是对一种理想真实的追求。也就是说，女主人公的形象包括她的品格、情操、趣味都是相当理想化的。不过，从她最后的表现中，我们毕竟看到了一个盲人在明眼恋人面前的自卑（尽管这自卑没有引向消极）。也正因为有此一笔，她的性格才没有变得过于扁平，而被赋予了复合之美。

自卑当然不仅仅属于残疾人，所以后来阿德勒就把"对客观的生理缺陷或功能不足的强调转向了对'主观的自卑'或'自卑感'的强调"。[②] 这样，自卑就不再是生物学的，而纯粹是心理学的了。阿德勒认为，人人都有自卑感，它起源于幼年时期。儿童从成人身上看到自己的无能，于是产生自卑。他们渴望获得能力以克服自卑，这就是"补偿作用"。补偿作用是驱使人们去追求自尊、追求优越的基本动力。一般说来，自卑并不是什么弱点，也没有什么不正常。即使成年以后，一个人在别人的大量成就面前仍会不断产生自卑，同时也不断地为达到新的优越目标而奋力。一旦没有自卑感，补偿也就失去了原动力。

那么，自卑是否毫无害处呢？也不是。过度的自卑会造成人的神经症，压垮一个人，使他一蹶不振，终生碌碌无为。阿德勒

---

① 《青年文学》1982 年第 1 期，第 22 页。

② 《人格心理学》，第 196 页。

称这种情况为“自卑情结”。与之相对的是“优越情结”。有这种情结的人不顾他人和社会的需要，过度追求个人的优越，狂妄自大，目中无人，结果为社会所不欢迎。

把自卑感说成是个体追求上进的唯一动力，是片面和荒谬的。离开了社会存在决定社会意识这一唯物论的命题，单从心理学角度去解释人生，不可能达到完全正确的结论，但也无须否认的是，阿德勒提出的自卑与补偿作用的确在生活中普遍存在，在小说人物身上更是屡见不鲜。譬如曾经非常流行的所谓“新写实主义派”小说，我们在那些普普通通的小人物身上，便常可见到各种各样的艰难与奋斗、自卑与自尊。又如我曾向《青年文学》推荐过一部中篇《威风凛凛》，作品并不完美，对人格心理的把握却颇有特色，就在那为数有限的小镇人物身上，自卑的几种类型似乎都已出现。

小说中一再出现、一再提到的词汇是“威风”：或抖自家的威风，或杀别人的威风。威风就是优越，就是自尊。威风的反面是贱，是没骨气，是见人矮三分。西河镇上的人都渴望威风，而渴望的来源往往是先前有过“贱”的经历，于是浓重的自卑化为追求自尊的巨大动力。这一点在金福儿和五驼子身上表现得最为鲜明充分。两人都是水灾年头漂到镇上来的孤儿。还在上学时，金福儿就受五驼子的欺负，曾在厕所里被强迫去舔对方的屁股。后来他靠捡破烂为生，地位的低下可想而知。然而他很有心计，通过捡废纸掌握了一些头儿的隐私，又以此为要挟得到种种方便，于是开办公司，一跃而成西河镇上的首富，最后竟与寡居的女镇长结了婚。他的道路，用他自己的话说，是“卧薪尝胆”；用女镇长的话说，是“臭猪肠竟能扶起来，能出人头地要威风了”；① 用阿德勒的理论对照，则正是一条由自卑而自尊的心路历

① 《青年文学》1991 年第 7 期，第 27 页。

程。不过他太爱报复，爱炫富，他的自尊已超乎常情，明显地带有优越情结了。

五驼子也喜欢抖威风，比起金福儿，更近于变态的肆虐狂。他对赵老师的凌辱特别残忍；对早年的金福儿的侮弄、对城里来的肉贩子的刁难以及对镇上一般顾客的蔑视都显得太过火。他也有自卑感。眼看着金福儿的新楼越盖越高、威风越要越厉害，他的自卑与妒恨一齐爆发，结果使他做出了自剁手指、无票乘车等一系列更加出格的行为，直至杀人犯罪。

与金福儿、五驼子的优越情结形成强烈对比的是赵老师的自卑情结。这是一个被政治运动、被贫穷饥饿、被人们无尽的欺侮完全压垮了的人。他对一切都逆来顺受。别人塞坨猪尿肉在他嘴里，他不敢往外吐；别人画个圆圈让他站着，他不敢往外挪步；别人当众侮辱他的女儿，他也不敢抗争。他的表现，正如人们所议论的那样："骨头都长到哪儿去了?!"[①] 由于故事大半发生在中国人头上已经没有紧箍咒的时期——许多过去无端挨整的人现在都已直起腰来，因此赵老师的性格便多少显得不够典型，不够真实；但用心理学的眼光看去，他正好为自卑的消极性作了旁证。就是说，多年来沉重的自卑已造成他的神经症，以至于一遇外界压迫，便立即低下头去……

那么，西河镇上是否也有人是正常地、健康地在为优越而奋力呢？有的，这便是以"我"为代表的年轻一代。他们看不惯金福儿、五驼子的跋扈，也看不起赵老师的孱弱。他们敢于闯荡，勤于读书，希望凭借知识来实现自尊和优越。他们虽不成熟，却将拥有未来。

---

① 《青年文学》1991年第7期，第9页。

第二十七章　论充实

几乎所有的作家都曾面对一个问题：怎样使生命变得充实？

我国盛唐诗人把建功立业视为生命充实的标志，虽在战乱中都不改其报国立功的初衷，甚至将这种意愿表现得格外强烈和迫切。李白可以兴奋而豪迈地高唱："但用东山谢安石，为君谈笑静胡沙。"① 杜甫于病中还有"勋业频看镜，行藏独倚楼。时危思报主，衰谢不能休"② 这样既深沉含蓄又踌躇满志的诗句。一旦愿望不能实现，他们就觉得苦闷而空虚，于是李白便有"君爱身后名，我爱眼前酒。饮酒眼前乐，虚名何处有"③ 的牢骚，杜甫则发出"惟将迟暮供多病，未有涓埃答圣朝"④ 的悲叹。

中唐人的心态与盛唐人颇不一样。他们经过安史之乱一场浩劫，看得较穿，对皇帝、国家、未来不存太多的幻想。他们或者像白居易那样"志在兼济，行在独善"⑤，因而既作讽喻诗，又作闲适诗；或者根本不谈"兼济"，只是赤裸裸地追求个人的享受、个人的飞黄腾达；也有人于险恶的政争中意识到幸福的短暂，于是乃有《枕中记》、《南柯太守传》一类小说产生，作者否定瞬间荣华，劝人栖心道门，似乎那里才有充实的人生。

这里仅仅举了唐代两个时期的作品，但所表达的出世、入世、独善其身、兼济天下等观念都涉及人生意义的探讨。实际上

---

① 《永王东巡歌》其一。

② 《江上》。

③ 《笑歌行》。

④ 《野望》。

⑤ 《与元九书》。

不论古今中外，也不论作者有意还是无意，文学作品都会流露出一种人生观，只是在抒情体作品中是直接的抒发，而在叙事体作品中往往通过虚构的人物、情节来体现罢了。

人生是否充实，也是心理学研究的课题之一。譬如新弗洛伊德主义的代表之一艾里克森，以提出人格形成的阶段论闻名于世，其落脚点则在说明充实感缘何而来。艾氏认为，人的整个心理发展可分为八个阶段。阶段的顺序系由遗传决定，能否顺利度过却由社会环境决定。每一阶段都存在一种危机，每一次危机的解决都存在积极和消极两种成分。积极的解决有助于自我力量的增强，有利于个人适应环境并增大在后一阶段积极解决危机的可能性；消极的解决则会削弱自我力量，阻碍个人适应环境，并减小在后一阶段积极解决危机的可能性。如果人能顺利度过各个阶段，他显然是幸福和有所贡献的人，他在精神上便会有完善感和充实感。

八个阶段是怎样划分的呢？

第一阶段从出生到一岁左右。这时期婴儿面临的危机是能否对父母、对外界产生基本信赖的情感。如果他得到了爱抚和妥善的照料，情感中信赖的成分将会居多，危机就得到了积极的解决，随之而来的是人格中“希望”品质的形成。反之，人格中将会形成“恐惧”的品质。

第二阶段从一岁到三岁。这时期儿童面临的是自律（自主）对害羞与疑虑的危机。如果父母在不伤害儿童的自律性和自我控制感的原则下，一方面合理地容忍他的不良行为，一方面以足够的坚定使他改正不良行为，获得社会允许的行为，那么在危机得到积极解决的同时，“意志”品质也就在人格中形成。反之，如果训练过严或惩罚不公，儿童的怀疑和羞愧感将会上升并从而丧失意志。

第三阶段从四岁到五岁。这时期儿童心理的两极是创新对罪恶。他的好奇心和求知欲显著增长，开始了对未来事件的计划。如果他的创造性思维、活动和幻想受到鼓励，危机将得到积极解决，他将带着创新精神离开这一阶段。同时人格中将形成“目的”品质，也就是一种正视和追求有价值的目标的勇气。反之，如果他的自我创新和想象受到嘲笑，他便不易建立自信心，而会产生一种罪恶感并倾向于走循规蹈矩的路。

第四阶段从六岁到十一岁。这时期的儿童多数都在上小学，其心理危机是勤奋对自卑。如果通过学校训练，儿童的勤奋感占了优势，危机将得到积极解决，与之相应的是“能力”品质的形成。反之，则可能产生自卑感和“无能”的品质。①

上述四个时期分别相当于弗洛伊德提出的口欲、肛欲、性器、潜伏阶段。不同的是，弗氏过于强调“本我”的冲动，认为个人与社会是对立的。艾里克森则把注意力放在“自我”上，把社会看做一种潜在的力量源泉。个人在环境中受到挑战，如果他胜利地度过危机，他就会更有力量。个人可以通过奋斗而主宰自己的命运。艾氏学说尽管还缺乏科学的严密性，但由于他强调社会因素与人格发展的关系，因而受到心理学家和教育家的广泛重视，被认为是极有用的人格理论之一。

以塑造人物形象为己任的小说，不论它是描述人的整个一生还是人生的某一片段，都不妨用艾氏的阶段理论来加以对照。以上述四个时期来说，或许对儿童文学作品更具参照意义。篇幅所限，这里不能就各个阶段都举出相应的例证，想谈的是一篇名作：都德的《最后一课》。作品通过普鲁士占领下亚尔萨斯省一个小孩的叙述，抒发了法国人民的爱国主义感情。“我”原是个经常迟到、很不用功的学生，可是，在这最后一堂用法文讲授的课上，情况发生了变化——

① 《人格心理学》，第204—209页。

我可是凑合着刚会作文！从此我再也不能学法文了！只能到此为止了！……我是多么恨自己啊，恨自己浪费光阴，恨自己缺了课跑去掏鸟窝，到沙亚河上去滑冰！我那几本书，刚才我觉得那么讨厌，背着那么重的几本书：文法，圣徒传，现在就像是多年的老友，离开他们会叫我十分伤心了。[①]

由于采用第一人称叙事，人物的情感、思绪随着情节的推进历历如绘，因此作品颇富心理小说的特征，而“我”的年龄则恰与艾氏提出的第四阶段相符。显然，“我”经历了勤奋对自卑的心理过程。一个突发事件激起的爱国精神使“我”意识到学习的重要，危机乃获积极解决。

艾氏提出的第五阶段从十二岁到二十岁。这时期人正经历着由少年向成年的转变，他所面临的是“同一性危机”。如果他能权衡所掌握的各种信息（包括自身的和社会的），产生一种知道将会怎样生活的感觉，从而正确地选择自己在生活中所担任的角色，他就获得了自我同一性。反之，则会产生“角色混乱”或“消极同一性”。前者指的是所选角色不正确、不稳定；后者指的是选择了社会文化环境所不予认可的如犯罪等危险角色。

“同一性危机”是个颇具特色的概念，正是有关自我同一性的论述使艾氏学说富于新见。文学作品但凡描写这一时期的青少年，都不妨看看“同一性危机”在其身上的表现。譬如柯岩的《寻找回来的世界》中，那些工读生走上歧途的具体原因各个不同，却无不在心理上面临着“失去”的危机。用艾氏的话来说，如果一个青少年感到所处环境剥夺了他在未来发展中获得自我同一性的种种可能性，他就将以令人吃惊的力量抵抗社会环境。“这种抵抗力量可以在突然被迫保护自己生命的动物身上见到。的

---

① 《法国短篇小说选》，中国青年出版社 1978 年版，第 224 页。

确，在人类社会的丛林中，没有同一性的感觉，就没有自身存在感。”[①] 青少年倘若不能承担正常的社会角色，往往宁肯做一个坏人，也就是实现其“消极同一性”。从这一点说，《寻找回来的世界》不仅是个诗意和温情的标题，而且是个合乎心理学的标题。工读学校的任务不正是为了帮助学生们“寻找”正常的社会角色，以获得积极的自我同一性、获得生命的充实感吗？

伴随着自我同一性而来的是“忠诚”品质的形成。所谓“忠诚”就是“尽管价值体系有着不可避免的矛盾，仍能效忠发自内心誓言的能力”。[②]本文开头举了李、杜等盛唐诗人充满抱负的诗。这种抱负来源于青少年时期获得的自我同一性，而虽在艰难困顿中都能不改其初衷，则正是忠诚品质的表现。

第六阶段从二十岁到二十四岁。这时期心理的两极是亲密对孤独。青年在确证了自我同一性之后，就急于把那种自我认识与另一个人“熔合”在一起。也就是说，他已经易于与别人交往并结成亲密的友谊。与之对应的是“爱”的品质的形成。反之，就会造成孤独和破坏性的隔离。艾氏在这里所说的“爱”，指的是与亲密友谊和私交相联系的爱，而不是狭义的性爱。不过与先前各阶段相比，这时期性感也的确成为比过去更能使人满足的、更为重要的社交经验。[③]

友谊和性爱，也是文学最乐于表现的题材之一。其发生虽不以二十至二十四岁为限，但在青年人之间似乎的确更易引起心灵的共振。《约翰·克利斯朵夫》中，主人公与奥里维的友情便建立在倾心相与的基础上。茅盾的《虹》中，也特意为梅女士安排了一个可以推心置腹的密友，即徐女士。此类例证数不胜数。偶读武汉作家唐镇的中篇《不能远行》，该作并非心理小说，但很有意思的是，它恰好既写了友情，也写了性爱，于平淡的叙述中揭

---

①② 《人格心理学》，第 211 页。

③ 周冠生：《个性心理学》，知识出版社 1987 年版，第 195 页。

示了人物敏感而微妙的心态。

作品中的两位医生（傅泰豪和赵丙文）在大学时代已经“渐渐肥皂、牙膏不分彼此，又渐渐饭菜票也不分彼此，到毕业时，他们便好得像一个人和他的影子了”。[①] 分到同一所医院后，友情有增无减，连手表都不分你我地戴。由于傅健忘，每晚临睡前，照例由赵将“两只表都上满劲。一边上，一边骂傅泰豪‘剥削’他的劳动”。[②]后来，赵先结婚，傅主动搬出去。“临走时，赵丙文忽然觉得傅泰豪有点凄凉，他拿过傅泰豪手上的表，看了看，然后一把一把地上劲，直到上不动了才递给傅泰豪。本来赵丙文还想说句什么玩笑话的，可终于没有能说出来，而且别的什么话也一句没说，眼圈却不由得有点红。”[③]作品没有具体描写两人的思想交流，但通过上述细节，他们的亲密友谊，他们的“爱”的品质，已尽在不言中。

赵的妻子丁苏英，是同时分来的护校毕业生中最引人注目的一个。傅对朋友之妻绝无不轨之想，甚至在对方双双回老家探亲，一定让他暂回原屋去睡时，他也在地板上开铺，而用报纸把双人床盖了个严严实实。然而，当赵告诉他，请他回去睡也是小丁的意思，钥匙也是小丁从身上解下来时，他曾不由得“心里动了一下”，“把那钥匙看了好半天”。[④]进房后，闻到淡淡的、女性的馥香，看到床上发亮的缎被和被头下露出一半的洁白的枕头，他又曾“下意识地伸手在被面上抚摸了一下，只觉着一股奇异的、凉神神的感觉传导上来”，他“愣怔着不动了”。[⑤]在地铺上躺下后——

床底下的东西立刻无遮无掩尽入眼中。三只脸盆，一只很干净的痰盂，丁苏英常穿的白色高跟鞋正在他的头旁……那一夜，

---

①②③④⑤ 《芳草》1990 年第 8 期，第 5—7 页。

傅泰豪很晚才睡着。[①]

这里的潜意识流露，用弗洛伊德理论很容易作出解释，同时也完全符合艾里克森对人在这一阶段的心理特征的分析。实际上，仅仅几个月后，傅泰豪就稀里糊涂地也结了婚。作品没有交代他的恋爱过程，却不能不让人怀疑，那是在一种不甘孤寂的心境中作出的匆忙的选择。

第七阶段从二十五岁到六十五岁。这四十年被认为是一个人的中年期，他所面临的危机是能否关怀和培养下一代。如果他能自觉自愿地为下一代创造精神、物质财富，为他们的成长尽力，那么，在积极解决危机的同时，人格中将发展出“关心”的品质。反之，他就是一个自私自利的人。[②]

以“可怜天下父母心”为主题的小说自然极多，不过艾氏所说具有“关心”品质的人，不仅关心自己的儿女，而且也能关心他人的疾苦和需要，给人以温暖和爱。这样的例证也不少，特别是在浪漫主义文学中，如《悲惨世界》中冉阿让对珂赛特的爱，便闪耀着理想的无私的光芒。这里我想再举一部并无浪漫色彩的短篇，即苏童的《一个白羊湖男人和三个白羊湖女人》。小说情节颇特别：在贫穷落后的白羊湖畔，三个姑娘收养了一个父母双亡的八岁男孩，把他一直培育到高中毕业。她们性格各异，却都富有“关心”的品质。收养“我”时，她们尚未出嫁；待“我”成年，她们都已三十出头，为什么自身很贫苦，却能尽心培养一个异乡来的孤儿呢？从伦理学观点看去，这是善良品德的表现。从心理学角度看来，这是积极解决了艾氏所说第七阶段的心理危机。她们不但一开始就表示“我们去讨饭也要把他养大”[③]，而且

---

① 《不能远行》。

② 《人格心理学》，第 209—212 页。

③ 《青年文学》1985 年第 1 期，第 44 页。

在轮流背他去看电影等各种小事上都表现出真正的关切。请看草棚躲雨时的细节——

芹子姐没做声，她把外面的衫子脱下来给我擦着淋湿的头发，擦了一遍又一遍。[①]

这里人物的行为明显带有母爱的色彩。难怪当“我”在“姐姐们”背上做着梦时，曾迷迷糊糊地喊起“娘”来。尽管她们对“我”也有过不满和责备，但这只是增添了情节和性格的真实性，丝毫无损于她们精神的光辉。这些只上过三年小学、日子过得艰辛的女人们显然从对“我”的尽心抚育中体验到了生命的充实。

第八阶段从六十五岁直到生命结束。这时期人所面临的危机是自我整合对失望。凡是前面七个阶段都能顺利度过的，是享有幸福和对生活有所贡献的人。他们具有完善感和充实感。当回顾过去时，自我是整合的，因而不畏死亡，能平静乐观地与人世告别。与之相应的品质乃是“智慧”。反之，则因自我失望而不愿遽离人世并产生一种无意义感。[②] 正反两方面的例子在小说中都很多。冉阿让弥留之际的微笑，约翰·克利斯朵夫死时淌着幸福的眼泪，皆为自我整合者的表现。而巴金笔下的高老太爷，在行将就木之年，体验到的是一片失望、幻灭、痛苦和孤寂，心里想的是“全完了，全完了”，说明他未能实现自我整合。他不想死，却不得不怀着空虚和无意义感走向人生的终点。

---

① 《青年文学》1985 年第 1 期，第 46 页。

② 《人格心理学》，第 212—213 页。

第二十八章　论需要

上

从纪念侯宝林的电视节目里，听到他与记者的促膝交谈。当问到为什么要说相声时，他说，最主要的原因是“饿”。

这简单的一问一答涉及心理学的一大课题，即动机。所谓动机，其实是一种愿望，它引发人去追求某一事物、从事某一活动，或避开某一事物、停止某一活动。而愿望是人对需要的一种体验形式。青年时代的侯宝林由于饥饿而产生充饥的需要，这种需要被想要吃喝的愿望所体验，于是导致他去北京天桥说相声，用演出挣回的钱来满足生理的需要。

所以，要研究动机，必先研究需要。需要是人格的核心。

心理学家的理论不同，关于需要便有各种各样的学说。譬如在已经提过的各家中，弗洛伊德的“生物欲望”说（见《论本能》一章）、阿德勒的“自卑补偿”说（见《论自卑》一章）便都不失为极有影响的需要学说。此外如弗氏的女弟子霍尼从“基本焦虑”入手，研究神经症的发生，提出了颇为有名的控制基本焦虑的十种策略，也就是十种需要：

一、对友爱和赏识的需要；

二、对支配其生活的伴侣的需要；

三、对狭窄的生活范围的需要；

四、对权力的需要；

五、利用他人的需要；

六、社会认可的需要；

七、赞美的需要；

八、志向和成就的需要；

九、自我满足和独立的需要；

十、对完美无疵的需要。

霍尼认为，正常人也有上述需要，但程度比较适当，适可而止，也不会把自己的生活束缚于一种需要上。神经症的人则往往强烈地固执地追求一种需要，把全副精力都投入到满足这一需要的活动中，以致排斥了其他需要。他们原想因此而摆脱焦虑，结果却陷入更多更深的焦虑之中。[①]

霍尼因把文化因素引入精神分析而使自己的人格学说富于特色。从小说例证看，对一些神经症人的表现，用她的学说也比用弗氏学说更能解释得通。譬如《儒林外史》中的周进和范进，都曾有过神经症的发作。前者是在参观贡院之时——

周进一进了号，见两块号板摆的齐齐整整，不觉眼睛里一阵酸酸的，长叹一声，一头撞在号板上，直僵僵不省人事。[②]

周进也不听见，只管伏着号板哭个不住。一号哭过，又哭到二号、三号，满地打滚，哭了又哭……[③]

后者是在获知中举的消息之后——

范进不着便罢，看了一遍，又念一遍，自己把两手拍了一下，笑了一声道："噫！好了！我中了！"说着，往后一跤跌倒，牙关咬紧，不省人事。老太太慌了，慌将几口开水灌了过来。他

① 《人格心理学》，第 199—204 页。

② 《儒林外史》，人民文学出版社 1977 年版，第 31 页。

③ 《儒林外史》，第 32 页。

爬将起来，又拍着手大笑道："噫！好！我中了！"笑着，不由分说，就往门外飞跑……[1]

周、范的表现，倘用弗氏理论解释，总不免牵强。因为从书中的描写，看不出他们的歇斯底里与先天的生物遗传因素有何关系。他们的哭笑似乎并非盲目的本能冲动，更与性欲毫不相干。而从霍尼的观点看去，事情就比较明白。周和范，其实都是科举制度的受害者。科场的多次失利及由此遭来的奚落、白眼、侮辱，使他们把"社会认可的需要"看得比一切都重。设馆教书和出外经商都不足以缓解心头的焦虑。他们于艰难困顿中屡试屡败，屡败屡试，直至白发苍苍。他们的焦虑也在一种恶性循环中日益加深，终于演出了疯哭、疯笑的一幕。

吴敬梓没有学过心理学。他对人物心态的准确把握又一次证明，但凡善于观察的高明作家，其笔墨总能暗合于科学的结论。而一种学说，能从《儒林外史》这样的现实主义杰作获得印证，也说明它有一定的科学性和现实性。这里，想补充提及的是，霍尼还曾提出两个基本的需要：安全和满足。这两种冲动是无意识的、相互对立的。一个人若想安全，不愿冒风险，则不能获得大的满足。反之，一个人若想获得大满足，则必须冒风险，从而不够安全。[2] 这一理论的适用性也很广泛，不但从文学作品中可以找到很多例证，如《论犹豫》一章中举过的钟繇、宙斯、帕里斯、于连、韩信等人实际上都是在安全与满足之间迟疑不决，而且，现实生活中此类例证也俯拾即得。试看当今股市浪潮中一些既想发财又恐赔本的人的心态，不是完全符合霍尼的有关分析吗？

在关于动机和需要的研究中，一股最有影响的思潮是以马斯

---

① 《儒林外史》，第 41 页。

② 《人格心理学》，第 200 页。

洛为代表的人本主义心理学。在他之前，精神分析学派视人类为动物本能与文化之间冲突的牺牲品，行为主义学派认为人类仅仅是由环境塑造其行为的生物有机体，而两者的眼光又都集中于人类的黑暗面、消极面，因此所研究的只能算是残缺的、病态的心理。马斯洛则以心理健康的、机能健全的人为对象，研究对个人和社会有意义的问题，关心人的尊严、创造性和自我实现，从而形成了心理学的第三势力。①

马斯洛认为，人的需要是按层梯形式分布的。位于底部的是低级需要，它在进化过程和个体成长过程中出现较早，与生存关系密切，比高级需要更为有力和强烈，与动物的需要更为相似。高级需要位于上层，它出现较迟，出现和满足都需有更多的先行条件和更好的环境。它与生存虽无直接关系，但满足之后却能引出更深的幸福体验，达到精神安宁和内在生活的充实。②

需要分为五个层次：一、生理需要；二、安全需要；(以上为低级需要）三、从属和爱需要；四、尊重需要；五、自我实现需要。(以上为高级需要）每个人都沿着需要的层梯向上攀登，在满足了某个层次中的某些有代表性的需要后，他就可能向下一个更高层次的需要前进。③

尽管马斯洛的学说带有描述性，缺少实验依据，因而不够科学，但无可否认的是，人的需要确实存在由低级向高级、由物质向精神、由生理水平向社会水平发展的客观趋势，所以西方一些企业已将他的理论与实际工作相结合，通过一定的管理制度和措施来满足人的各种层次的需要，从而提高工作效率。对文学创作来说，马斯洛理论也有其不容忽视的参考价值。

曾经有段时期，我们的文学画廊中净是些不食人间烟火的“神”，譬如“样板”作品中的英雄人物便大都没有常人的七情六

---

①②③ 《人格心理学》，第295—318页。

欲，而且几乎无例外地均为单身。又曾有段时期，可能是出于对上述现象的深恶，一些作家笔下又出现了只有兽样的本性，全无精神生活可言的人物。对此，学者从文学史和文艺理论的角度可以作出种种评析，而用马斯洛理论衡量，两者的失误也一目了然：前者回避了人的低级需要，后者则忽略了人的高级需要。

与上述失败的创作相反，但凡人物塑造较为成功的小说，其对需要的把握总是比较全面和准确。譬如张贤亮的《绿化树》中，主人公章永璘的复杂性格正是通过多层次的需要体现出来。作者刻画人物的高级需要时，从不忘记低级需要；描写低级需要时，也会顾及高级需要。那是章被释放的一天，因为情绪好，当碰到一位也被释放的某大学哲学系讲师时，彼此竟温文尔雅地握了手并用学者风度交谈起来，这显然是由高级需要引发的行为。但就在谈论《资本论》和黑格尔之时，章永璘仍不时地偷觑着打饭的窗口，唯恐错过了时间，说明对于一个长期处于饥饿状态的人来说，充饥的需要远比精神上的需要来得迫切和有力。

饮食和性、排泄、睡眠均为生理需要。它们处于需要的最底层，直接关系到有机体的生存，为人和动物所共有。某人如果连基本的生理需要都得不到满足，他就会被这种需要所支配、所左右。一个急需排便的人不可能有谈诗论画的雅兴；一个彻夜未眠的人面对最好的演出也会昏昏欲睡。所以，当侯宝林表白“饿”是他从事相声艺术的主要动机时，所说的完全是大实话，不含一点幽默的成分。不过，生理需要一旦获得满足，或者说，人一旦不被饥渴之类的本能所控制，他就仍然会萌发、向往更高级的需要。当侯宝林解决了温饱问题后，可以肯定，他的继续说相声是出于尊重和自我实现等需要。而《绿化树》中的“我”，尽管白天可以通过谄媚、讨好、欺骗，不择手段地去弄吃的，可当夜晚降临，自己吃饱了煎饼，坐在炉边，燃起一根香烟时，思想就活跃起来，看到了灵魂被蒙上的灰尘。他开始谴责自己的堕落，体验到比饥饿更深刻的痛苦。这时左右着他的无疑是一种高层次的需要了。

较生理需要稍高一级的是安全需要。个体在满足了基本的生理需求后，开始关心的是居住、工作场所、秩序及安全等问题，首要目标则是减少生活中的不确定性，增加可预见性。这在儿童身上表现尤为明显。因为他们尚未自立，特别需要有依靠的和确定的生活常规。一旦离开亲人，他们就会有陌生感和危险感。成人的安全需要通常较易得到满足，但人与人之间总有差异。心理学家曾通过实验来测试需要的层梯性。当要求被试者回答生活中最重要的事情是什么时，有人答道："我认为钱、住宅、食物、服饰和汽车是最重要的。"这就是十足的高安全需要，它与那种把自我成长、自我完善放在首位的回答形成了鲜明对比。①

通过人物的不同需要来塑造各个不同的性格，是小说家常用的手法之一。《儒林外史》中，马二先生游西湖，对过往的女客不暇一顾，见了酒店里挂的透肥的羊肉，却喉咙里直咽唾沫，后来遇着洪憨仙，又希望能发财，说明当时囊中羞涩的他，没有性的渴求，只有美食和安全的需要。这同那位满口风雅却忙于纳妾的杜慎卿的需要便显然有所不同。张恨水的长篇《现代青年》中，有一个穷汉，梦想自己当皇帝后，天天可以吃油炸锅巴。他与皇帝的需要之迥异也可以不言而喻。由《小说月报》转载的绍六的《遗嘱》，是一部构思巧妙的短篇。其对人物心态的揭示，也从需要落笔。作品描写一位把毕生心血献给教育事业的高老师，死后引起了人们深深的悲悼。那天正召开肃穆的追悼会，忽从深圳赶来另一位退休教师姜保康，当众宣读了一份高老师立下的遗嘱。原来，早在二十多年前的"文革"期间，同住牛棚的高、姜担心在批斗中横遭不测，于是由高提议，各自写份遗嘱，交换保存。

① 《人格心理学》，第310页。

高的遗嘱的主要内容是，除了不为丧事多花一分钱外，还把自己的藏书、字画及存款全数捐献给学校。遗嘱激起了人们对逝者的更高的崇敬。

然而故事到此并未结束，或者说，主要的情节尚未展开。因为，就在念完高的遗嘱之后，姜突然想起了自己的那份遗嘱，思绪一下子翻腾起来——

重要的是我并不记得我在遗嘱中究竟写了些什么。

假如我同高老师一样，也写了那些崇高的语言，那我现在拥有的财产——九万人民币、两万港元和四千美金，外加东岙小区的那栋三居室的商品房岂不有朝一日化为公有？①

他又想到，假如遗嘱系将财产留给妻子，那么在前妻和后妻以及各自的子女之间必会引起纷争和怨恨。他想得很多，堕入了一种平庸而不安的心境中，于是赶紧要求参加对高老师遗物的清理，以便找回自己那份遗嘱……

作品并不完美，在情节的叙述和题旨的揭示两方面均有人工的痕迹，但对两位老教师性格的区分十分清楚，原因即在作者把握了两者需要层次的不同。高的需要属于下文将要谈到的自我实现者的层次，而姜的需要中虽然混杂了尊重和爱的成分，其主旋律却是一种高安全需要。

儿童总是在满足了生理需要和安全需要后才体验到爱，因此在马斯洛的层梯学说中，归属和爱的需要处于更高一级的层次。爱与性不是同义语。性可以作为一种纯粹的生理需要被研究，爱则带有丰富的情感色彩。古往今来的哲人、作家关于爱发过无数的议论，下过各种各样的定义，心理学家的解释也莫衷一是，这

① 《海燕》，1992 年第 10 期，第 20 页。

恰好证明了爱是一种比较高级的需要。爱区别于性的一个显著标志是，爱不仅是接受和获得，同时也是给予甚至牺牲。文学创作中，爱是一个永恒的主题。不知多少作家描写、歌唱过爱，然而成功的描写大都具有上述既得到又付出的特点。譬如屠格涅夫的《前夜》中，英沙罗夫爱上叶琳娜后，不是热烈地追求，而是痛苦地不告而别，因为他首先想到的是对方。由于自己的事业在保加利亚，两人的结合意味着她将不得不同祖国、亲人断绝联系，还要忍受贫困，经历危险……而叶琳娜起初对他的态度有点捉摸不透，一旦意识到“他爱我”时，“这思想忽然闪光似地掠过她的全身，于是，她就直直地凝注着黑暗；一抹秘密的、谁也看不见的微笑，使她的嘴唇分开了……”[①] 她体验到巨大的幸福，“因为她已经获得了一切”。[②] 她冒着暴风雨追上了他。当他告知前途的种种艰难和自己的顾虑后，她的回答是——

“我知道，一切我都知道……我爱你！”[③]

如同屠氏笔下所有的爱情均不圆满那样，《前夜》的结局也是悲剧性的。英沙罗夫病逝了。叶琳娜没有返回俄国，却学会了保加利亚语，因为她要“忠于他的遗志，忠于他的终生事业”。[④] 这里，人物的需要就不但与生理无关，并且也超出一般爱的层次，而进入自我实现的层次了。

下

有关小说人物心理的探讨，到本节准备暂时画一句号了。我

---

① 《前夜 父与子》，人民文学出版社 1982 年版，第 101 页。

② 《前夜 父与子》，第 108 页。

③ 《前夜 父与子》，第 109 页。

④ 《前夜 父与子》，第 195 页。

们在心理学领域其实还跋涉甚浅，不过已经可以看出，若干用一般文艺理论作过评析的问题，在心理学的烛照下，又会得出新的解释。这里，不妨继续沿着需要的层梯，再做一番浏览。

上一节谈到了爱。与爱处于同一层次的是归属的需要。用马斯洛的话来说，“现在这个人会开始追求与他人建立友情，即在自己的团体里求得一席之地。他会为达到这个目标而不遗余力。他会把这个看得高于世界任何别的东西”。[①] 友情和群体在生活中的确不可或缺，除非像鲁滨孙那样被困于孤岛，一个人很难彻底地离群索居。我国古代哲人很少谈论性爱，关于友情则发过无数议论。从孔子的“有朋自远方来，不亦乐乎”[②] 到李贽的“夫天下无朋久矣”[③]，见解各种各样，却无不视友情为生活之必需。小说中此类刻画也甚多，《论充实》一章中举过的《约翰·克利斯朵夫》、《虹》以及《不能远行》等均可移作人的归属需要的例证。此外，从反面（也就是从失去友情、失去群体的角度）落笔的例子也不少。譬如安娜·卡列尼娜的自杀，固然可以视为刺激性忧郁症的表现（见《论忧悒》一章），同时也是归属和爱的需要未获满足的结果。她被社交界拒之门外，又与儿子隔绝，又不能整个地赢得渥伦斯基，那么，活着还有什么意义呢？

比归属和爱更高一级的是尊重的需要，即一方面追求自尊，包括获得信心、能力、成就、独立、自由等愿望；另一方面要求来自他人的尊重，并相应地产生威信、认可、地位、名誉等情感。尊重的需要如果不能得到满足，将产生自卑感、虚弱感和无能感，而健康的自尊应建立在实际的成就上。[④] 文学作品有关自尊和尊重的描写数不胜数。如我国演义小说中常常写到的激将

---

① 戈布尔：《第三思潮：马斯洛心理学》，上海译文出版社 1987 年版，第 43 页。

② 《论语·学而》。

③ 《焚书·朋友篇》。

④ 《人格心理学》，第 300 页。

法，便是巧妙地利用了人对尊重的需要；而西洋小说中，每逢写到决斗，说来说去，也无非是为了维护自尊、赢得尊重而已。在类型化形象身上，自尊有时可以成为人的基本特征甚至唯一特征，如司马迁笔下的廉颇、罗贯中笔下的关羽，皆可归入此类。至于性格化形象而以自尊为主要特征的也不乏其例，最著名的是阿 Q，所谓精神胜利法便是对自尊需要的一种自欺式的满足。

不过，性格化形象均具复合之美。与之相应，其需要的层次也往往比较多样。拿阿 Q 来说，他经常面临饥饿的煎迫，为了"求食"，曾跳进尼姑庵去偷萝卜；他又时常想"女人"，要同吴妈"困觉"——凡此均为生理需要。辛亥革命爆发后，他飘飘然幻想"造反"的前景：除了杀男人和娶女人，便是把赵钱二家的元宝、洋钱、洋纱衫以及秀才娘子的一张宁式床统统搬到土谷祠来，由此表现了十足的安全需要。此外，他又喜欢去酒店与人调笑，口角；当他准备"投降革命党"而遭到假洋鬼子的驱逐时，曾产生深深的失落感——说明他还有归属的需要。当然，他的核心需要始终是自尊。在他的一切需要上几乎都闪耀着自尊的影子。记得黑格尔说过，理想的人物性格应当既复杂斑斓，又完整合一。"只有这样的多方面性才能使性格具有生动的兴趣。同时这种丰满性必须显得凝聚于一个主体，不能只是乱杂肤浅的东西。"[①] 如果我们承认，需要作为行为的动机与性格关系密切，那么可以说，一个成功的性格化形象，其需要的层次也多半是既丰富多彩，又统一而独特的。

各种层次的需要，有时和谐地统一着，有时又互相冲突，互相排斥。我国古代伯夷、叔齐的不食周粟，孔子的拒饮盗泉，都是用精神需要抑制生理需要。上文所谈《绿化树》中主人公的表现则是生理需要排斥了精神需要。不过这些事例都发生于特殊情

① 《美学》第一卷，商务印书馆 1982 年版，第 303 页。

境，而在相对康宁的现代生活中，生理需要特别是饮食需要通常较易得到满足，所以对于小说家来说，更常碰到、更须写好的是另外几种层次的需要。

行笔至此，想起了友人戢遐龄的短篇《驰飞的空间》。这是一部典型的心理小说，写的是女主人公“我”作为丈夫的模特儿，坐在画布面前时思绪的驰飞与交响：“你作画，我也作画……我的画却在脑海里。一幅幅，瞬息万变……像野马……奔驰在无边无际的空间……”她由丈夫的毛衣想起当初编织的情景，想起宁静的空间、温馨的家庭；又由毛衣的外形想起丈夫的躯体，想起赤裸的大卫，想起虚伪的道德观，想起许多吃人的目光。她坐在那里，时而按照丈夫的要求调整姿势、表情，时而意马心猿，做了无数个白日梦。这里无意重复她的种种回忆和幻想，想说的是，她的一切遐思其实都是需要的表现。不过她没有低级需要；她的高级需要则相互冲突，由此造成了惶惑与痛苦。她需要爱，也需要尊重。当想起丈夫忙于创作，因而总是什么事都让她去请假时，一种不满油然而生——

我是在领受着你的轻视，你是在向我证实着你的强大。在我们的家庭中的确你是中心，你是强者，你是保护对象。而我呢，是弱小的，在你的剥夺和侵占中，我的体积越缩越小了，可我思想的空寂却越拉越大。你给我创造了更多的艰难，使我更失望。[①]

有意思的是，两种需要的冲突没有持续多久，爱的需要就以不容置疑的优势宣告了胜利。那是在丈夫发觉肖像画得不够好因而恐慌和泄气时，“我”立刻忘了刚才的牢骚而去百般鼓励、抚慰对方了。

---

① 《驰飞的空间》，《采石》1986 年第 8 期。

把“我”的怨恨仅仅归结为尊重需要的欠缺，也许还不够全面，不够贴切。因为她在驰飞的思绪中曾一再感叹时间的流逝，思索生存的价值，这就涉及下文所要探讨的自我实现的需要了。

马斯洛最初把基本需要分为七个层梯，除了已经谈过的四个层梯之外，还有自我实现的需要、求知的需要和审美的需要。后来他把三者合并，统称为自我实现的需要。他认为这是最高层次的需要，或者说是最高形态的不满足。当一个人对爱和尊重的需要得到合理满足后，自我实现的需要就出现了。所谓自我实现，扼要说来，就是使潜在的能力、天资得到充分发挥，使自己成为自己所认为理想的人。“一个人能成为什么，他就必须成为什么。”① 譬如音乐家必定要作曲或演奏，画家必定要绘画，诗人必定要写诗，科学家必定要从事研究，等等。自我实现的需要在个体心理发展史上出现最晚，而且只有少数人能够真正地自我实现。对于多数人来说，它只是一个奋斗目标。马斯洛曾从他的学生、熟人和历史名人中选出四十八位加以研究，结果认为其中十人是“部分的”自我实现者，二十六人是“潜在或可能的”自我实现者，只有十二人或许是真正的自我实现者，其中包括爱因斯坦、亚当斯、詹姆士、赫胥黎、斯宾诺莎、林肯和杰斐逊等。②

自我实现者有些什么特征呢？据马斯洛研究，他们既有积极特征，也有消极特征。积极特征是：

一、准确和充分地知觉现实；

二、对自己，对别人，对大自然表现出较大的宽容；

三、自发性、单纯性和自然性；

四、以问题为中心，不是以自我为中心；

五、超然于世的品质和独处的需要；

---

① 《第三思潮：马斯洛心理学》，第 45 页。

② 《人格心理学》，第 302—303 页。

六、自主的、独立于环境和文化的倾向性；

七、永不衰退的欣赏力；

八、周期的神秘或顶端（或高峰）体验；

九、和所有的人打成一片的倾向；

十、仅和为数不多的人发生深重的个人友谊；

十一、接受民主价值的倾向；

十二、强烈的审美感；

十三、十分完善的毫无恶意的幽默感；

十四、创造性；

十五、抵制适应社会现存文化。[①]

世上没有完人，自我实现者也有缺点。他们在日常生活中常常表现得笨拙糊涂，有浪费、考虑不周的习惯；有时也会厌烦、激动、固执己见；对自己的活动产品，对家庭、朋友和孩子，不能摆脱肤浅的虚荣、骄傲和偏爱；发脾气也不为罕见，偶尔还会表现出令人吃惊的冷酷。凡此均为消极特征。[②]

马斯洛凭自己的直觉标准挑选研究对象，进而由这很小的样本归纳出自我实现者的普遍特征，这显然缺乏严格的科学性，甚至带有神秘主义的色彩。不过就小说批评而言，上述理论仍不失为一种有价值的标尺。譬如前些年，有学者运用系统论分析阿Q性格，发现那是一个十分复杂的系统。前文从动机角度去看阿Q，发现他身上需要的层次也很丰富。然而，不论其性格多么复杂，需要多么丰富，在他身上，却找不到任何自我实现者的特征，说明这一高级需要与他无缘。由此可见鲁迅对人物心理的把握是多么准确和富于分寸。如果我们刻画一个愚昧麻木的农民，偏要将自我实现的需要加到他身上，以表现性格的“丰富”，那么，最后走出来的，就必然是一个性格分裂的、不可信的、失败

---

① 《人格心理学》，第303－306页。

② 《人格心理学》，第306－307页。

的形象。

同样，如果我们刻画一个具有某种理想，某种自觉意识的人物，却忘了表现他的自我实现的需要，那恐怕也是一种失误。当然，人物的生平、性格不同，需要的具体对象和程度会有所差别。凡尔纳科幻小说中的科学家、探险家，为了探求科学的奥秘而忘怀一切，在百折不回的追求中不时领略到巨大的幸福，产生如马斯洛所说的高峰体验，他们大概都属于真正的自我实现者。《前夜》中的英沙罗夫和叶琳娜，把解放保加利亚的事业置于压倒一切的地位，把爱情融化在崇高理想的追求中。前者病逝后，后者依然留在他的祖国，忠于他的终生事业，他们也属于真正的自我实现者。

至于程度的差异，不妨仍以《驰飞的空间》为例。作品写了两个人物：作为妻子的“我”和作为丈夫的“你”。从两人的表现看，“你”全身心地投入绘画艺术，一忧一喜都与笔触、色彩相连接，显然具有较强的自我实现的需要。而“我”尽管也意识到自身的价值，曾产生“一种无所事事的恐慌”，但目标既不如对方明确，使命感也不如对方强烈，故按马斯洛的标准衡量，或许只能算是“潜在或可能的”自我实现者。

马氏为自我实现者归纳了诸多特征，其中最为著称的是高峰体验。所谓高峰体验，指的是一个人感到处于人生的最佳时刻，体验到强烈的幸福、欣喜、完美。这时他似乎特别坚强，自信，特别专心致志，也特别能发挥作用。据马氏研究，所有的自我实现者都有周期性的高峰体验，但次数不一。体验次数少者可能更有实际工作效率；而体验次数多者可能更有诗意，对事物更富于审美的观照。

文学作品描写自我实现者，不必也不可能将马氏所述的特征一一表现出来，但一般来说，总得写出他的一二次高峰体验，才能令人信服。譬如《论兴趣》一章中曾以《地心游记》为例，谈到黎登布洛克教授在解读了羊皮纸上的古怪文字后欣喜若狂的表现，而教授当时的情绪正说明他产生了高峰体验。又如约翰·克利斯朵夫显然也属于自我实现者，罗曼·罗兰便不止一次写到他如何受到生灵的和平与欢乐的气息的感染，在大自然的怀抱里如痴似醉，觉得自己已经抓住了美，抓住了生命……

其实，对于作家来说，高峰体验并不陌生。一个真正醉心于创作的作者，大概都有过类似的最佳时刻，尽管他不一定是完全的自我实现者。最近，偶尔读到《斯好散文精选》的原稿。在我结识的散文家中，斯好是最真诚也最投入的一个。她的作品都是心灵的真实记录，因而从中也就可以窥见创作过程中她的苦闷骚动，她的凝神寂虑，她的欣悦自得。毫无疑问，她有过高峰体验。在选集的自序中，她说了这么一段话——

创造对于人生，永远是明灯一样高悬闪耀的。它照彻我们，让我们忘却渺小与卑微，平庸与短暂，让我们体味个体、群体与时空抗衡的喜悦。写作于我之所以已是生命本身，就是因为当我执笔时，当我用语言文字捕捉我的感受、体验、认知、想象，并且将它们编织成形，艺术地再现出来时，我才体味到生命的喜悦，生命的价值，同时知道这是我与这个世界联系的最好方式。

在另外几处地方，她也说过大意相仿的话。既然唯当写作时才品味到创造的喜悦，领悟到生命的价值，那么，这不是高峰体验，又能是什么呢？类似的感受在许多作家的创作体会中都可读到。若干年前，巴黎图书沙龙曾约请世界各国著名作家就“您为什么写作”一题撰文，而在那各式各样的回答中，便有很多人谈到写作是最大的快乐，写作如同呼吸，写作是救生圈，只有写作时才意识到自身的价值、自身的存在……凡此都于无意中表明自已有过高峰体验。[①] 既然如此，当作家要为笔下人物渲染一种高峰体验的境界时，笔墨也就不会很生疏。

当然，艺术最忌重复。同样写高峰体验，写自我实现，手法可以千变万化，对象也绝不限于成就卓著的科学家、艺术家。勤于一艺的医生、教师、工人，醉心于某一事物的收藏家、爱好者，等等，都有可能进入最佳状态，都有可能实现潜能。甚至青年学生，当其志向确定，锐意进取之际，也会表现出自我实现者的特征。1939年，年方十八的张爱玲写过一篇《天才梦》。文中谈到“对于色彩，音符，字眼，我极为敏感”，而在日常生活及待人接物方面，“我显露惊人的愚笨”。[②] 不但不会削苹果，织绒线，而且怕见客，怕上理发店，“在一间房里住了两年，问我电铃在哪儿我还茫然”。[③] 然而，“我”又偏偏懂得“享受微风中的藤椅，吃盐水花生，欣赏雨夜的霓虹灯，从双层公共汽车上伸出手摘树巅的绿叶。在没有人与人交接的场合，我充满了生命的欢悦”。[④] 在我国现代文坛，张爱玲可能是最具自我实现特征的作家之一，而她的需要层次之高，则在青年时期似已表现出来。

---

① 《世界100位作家谈写作》，上海文化出版社1987年版。

② 《张看》，皇冠出版社1976年版，第279页。

③ 《张看》，第278页。

④ 《张看》，第279页。

“文学之门”后记

文学的诸多领域恐怕都有各自的门径、藩篱和堂奥。门径不对，则连藩篱都难以窥探，更别说登堂入室了。

“文学之门”收拙著五种，记录了我在若干领域门前门后、域内域外的流连驻足、漫步徘徊。

下面分别就各书作些说明。

文学历来可分为抒情和叙事两大类，最具抒情性特征的体裁是诗歌，《诗词曲联讲座》可以说是在传统诗歌门前的一次导览。2003年，我受邀为武汉大学国学班开设诗词写作课，那时只备有一份简略的教学提纲，没有写成完整的讲义。后来我担任了几届黄鹤楼诗词大赛的评委，看到诗词爱好者那样众多，而真正入门者又很稀少，便觉得将自己的愚人一得整理出版，也许并非多余，于是便有了这本类似讲义的小书。

学诗如同一切作业，有个程序。我从老辈获闻的教诲是：一、从模仿开始，先学写一句，再学写整首的诗；二、诗有各种体裁，学习的顺序应是先五古，次五律，次七律，次七古，绝句与排律则在学律诗的过程中一并练习。拙著的篇目基本依照这一顺序，只是在诗之后增加词、散曲和楹联，还以两讲的篇幅分别介绍唱和、联句、诗钟及诗话与词话。全书谈诗的部分最多，谈词的内容较少，谈散曲和楹联更加简略。这是因为诗、词、曲、联具有共性，谈诗时已经述及的问题，后文无须再重复。

该书由时在北京大学中文系中国古代文学专业攻读博士的王颖作序。当年我在珞珈山为国学班开课时，她是班长，也是学校诗社的重要成员。序言引起我对一段教学经历的美好回忆，文中的溢美之词则增添了我的愧怍之情。

最具叙事性特征的体裁是小说，而中国文学史上，白话小说之外，另有历史更为悠长的文言小说。《志怪传奇新说》是我在这片古老园地的一次探索。探索的重点包括两个方面：一、从志怪到传奇再到《聊斋志异》，有一条怎样的发展轨迹？二、志怪、传奇、《聊斋志异》的作者，各表现了怎样的幻想和寄托？由此折射出怎样的社会文化心理？

该书曾先在我国台湾省出版，书名《幻想和寄托的国度——志怪传奇新论》。一年后由工人出版社出简体字本时，请老诗人曾卓写序。我一直是曾老那些精湛的文艺随笔的忠实读者，他对美有着真正的感悟，所以我愿首先向他请教。不久我就读到了一篇既专业又富文采的序。曾卓的随笔有一大特点，就是能用简省的笔墨复述所评作品的主要内容，同时很自然地插入自己的议论。而拙著是一部论题比较生僻的书，他竟然也能准确而简洁地复述要点，并加以评析。这既说明他读书认真，也显示出他学养的深厚。至于序中用含蓄的笔调暗示对某些鄙见不妨展开讨论这一点，其实也正是我的心声。诗云："如切如磋，如琢如磨。"有哪一种学术能离开驳难、争鸣的空气得到发展呢？

在写《志怪传奇新说》的过程中必然接触大量文言笔记，于是又受友人之邀，编了一本《幽默笔记选评》。笔记是一种内涵驳杂而形式自由的文体，它与志人、志怪小说有所重叠，又与掌故、野史、轶闻、趣谈乃至考据、鉴定等皆有重合，数量之巨常使一般读者不知从何读起。拙编从一个特殊的视角切入，从浩如烟海的笔记中精选了百余则富于幽默感的作品，加以注释、翻译和点评，希望能在这个领域与读者分享前人的所崇与所鄙、诙谐与机敏。

"文学之门"中的另外二种均曾先在《青年文学》专栏连载，而后出书。

《小说之美初探》旨在探讨小说的审美形态，构架则受到古典文论的启迪。1981年冬，当我准备为行将创刊的《青年文学》

承担“小说之美”专栏时，首先想到的是司空图的《二十四诗品》。我希望借助传统的民族的形式，写成一种现代“小说品”。它将从古今中外的小说实际出发，归纳出十几二十种小说美的表现形态；它的语言也当力求生动活泼而带有较多的形象性。

“小说之美”连载数年，发表的次序有点散乱，出书时重新编排，大体可归为四类：第一类侧重于整体风格的赏析；第二类化整体为局部，分别从性格、语言、气氛、细节、结构等方面进行探讨；第三类侧重于技巧的品评；第四类侧重于现代派风格的介绍。

专栏连载到将近三分之二时，美学家蒋孔阳教授阅读了已发表的各篇。他认为我对一般风格谈得较多，而对小说特性阐述不足。当时他的序已写好，上述意见便被作为“希望”在序的末段提了出来。蒋先生严肃而诚恳的学者风，使我受益，令我感动。在以后发表的各篇中，我有意识地加强了对小说特性的介绍。恰好这时《青春》也约我承担一个专栏，这就给了我机会，可以从更多方面去探讨小说之美。该专栏文章后来取名《小说谈屑》，作为附录收进了书中。

《形象心理试论》起笔于20世纪90年代初，其时正值文艺心理学广为流行。我发现，研究者的兴趣大都集中于以作家为对象的创作心理，而对以作品人物为对象的形象心理和以读者为对象的接受心理则甚少问津；于是我又想起鲁迅说过的话：除了特种学者，一般人读《红楼梦》，见到的只是贾宝玉，不会把个曹雪芹念念不忘地记在心里。既然如此，为一般人着想，我何不对贾宝玉们的心理研究一番呢？

为适应专栏形式，书稿各篇采用简洁整齐的小标题，行文则力避枯燥艰涩，这样一共写了二十八论。前十四论谈情绪，自然也谈及情感；后十四论谈人格，包括气质和性格，同时介绍一些学派理论。在我看来，作家塑造形象，既要从整体上把握人物相对稳定的气质和性格，又要从变化的角度把握人物在特殊情境中的情绪和情感。有了这两条，也就获得了开启人物心灵的钥匙。

此书从内容设置到标题拟定，都曾得到北京大学心理学系孟昭兰教授的指点和匡正。她的序言科学地阐释了心理学与文学的密切关系。

“文学之门”将以大字本问世。作为一个线装书的爱好者，我对大字读物有着天然的亲近感，但把自己的书印成大字，在我还是首次。深感荣幸的同时，希望拙著能给读者带去阅读的愉悦，舛谬之处，则盼诸位不吝赐正。

俞汝捷